Das war 83

STERN JAHRBUCH

das war 83

Herausgeber: Rolf Gillhausen, Peter Scholl-Latour
Redaktion: Hans-Joachim Maass, Text
Gerhard O. Aeckerle, Bild
Gestaltung: Franz Epping
Produktion: Bernd Bartmann
Satz: Karl Neef GmbH & Co., Wittingen
Druck: Brillant-Offset, Hamburg

1. Auflage 1984
ISBN: 3-570-00565-8

Zu diesem Buch

Die Jahrbücher des STERN werden nach und nach zu einer Bibliothek der Zeitgeschichte: Dies ist bereits der siebente Band. Die Resonanz bei den Lesern ermutigt uns zum Weitermachen.
An Ereignissen, die festzuhalten sich lohnt, hat es auch 1983 nicht gefehlt.
Bei uns in Deutschland stand im Frühjahr die Bundestagswahl im Mittelpunkt des Interesses. Nach der „Wende" vom Herbst 1982 erhielten die neuen Koalitionspartner am 6. März das Votum der Wähler. Die Mehrheit der Bürger hoffte, die neue Regierung werde die Wirtschaftskrise besser bewältigen als die alte. Es blieb bei der Hoffnung: Stahl- und Werftenkrise sowie die beunruhigend hohe Arbeitslosigkeit waren auch am Jahresende noch ungelöste Probleme.
Die Diskussion um die Nachrüstung wurde im Herbst durch vollendete Tatsachen beendet: Die ersten Pershing II-Raketen auf deutschem Boden sind inzwischen einsatzbereit.
Außerhalb der Bundesrepublik wurde wie in den Vorjahren viel vom Frieden geredet – dem inneren wie dem äußeren. Auch da blieb es bei Worten.
Der Nahe Osten ist nach wie vor ein Pulverfaß. Im Libanon kämpften Moslems, Christen, Palästinenser, Drusen, Schiiten und Syrer um die Vorherrschaft – auf dem Rücken der Zivilbevölkerung, die hilflos mitansehen muß, wie das einst blühende Land im politischen und wirtschaftlichen Chaos versinkt.
Syriens Nachbarland Irak kämpft seit Jahren einen Grenzkrieg gegen den Iran, den die Welt manchmal zu vergessen scheint – sehr zu Unrecht.
Die Sowjetunion hat mit dem brutalen Abschuß eines zivilen Jumbo-Jets mit 269 Menschen an Bord ihre fast neurotische Angst vor „Spionage" gezeigt. In Afghanistan geht der Kampf gegen die Zivilbevölkerung weiter: Die sowjetischen Truppen überziehen jetzt selbst entlegene Bergdörfer mit Terrorangriffen aus der Luft. Den Widerstandswillen der Afghanen haben die Sowjets dennoch nicht brechen können.
Die zweite Supermacht, die USA, hat am anderen Ende der Welt für Schlagzeilen gesorgt: Sie ließ auf der kleinen Karibik-Insel Grenada Truppen landen, um „der Ausbreitung des Kommunismus in der Karibik" entgegenzuwirken.
Ein Krieg des Jahres 1982 hat am Ende doch zu einer positiven Entwicklung geführt: der Kampf um die Falkland-Inseln im Südatlantik. Die argentinischen Generäle haben dieses militärische Abenteuer mit dem Verlust der Macht bezahlen müssen. Seit dem Herbst hat Argentinien wieder eine zivile, frei gewählte Regierung, die ohne Zögern darangeht, die Verbrechen der Junta aufzudecken.
Selbstverständlich findet der Leser in diesem Buch nicht nur die Krisen des Jahres. Berichte und Bilder aus Kultur, Mode, Wissenschaft, Sport und Gesellschaft sorgen dafür, daß diese Jahreschronik keine „Schlagseite" bekommt. Wie in den Vorjahren wird auch der berühmten Toten des Jahres gedacht.
Ein Hinweis für Leser, die das Jahrbuch noch nicht kennen: Die Berichte sind nicht chronologisch, sondern alphabetisch nach Stichworten geordnet. Am Ende des Buches finden sich ein synchronoptischer Jahresüberblick mit Kurzmeldungen aus Deutschland, dem Ausland, aus Kultur/Wissenschaft und Sport sowie ein Personenregister.

Hamburg, im Januar 1984

Die Redaktion

8 Abenteuer:
Plötzlich hielt er seine Flosse hin. – Auf die alte Tour.
Von Gerhard Schnitzer

12 Afghanistan:
Kein Licht am Ende des Tunnels.
Von Mario R. Dederichs

14 Aktzeichnen:
Serail des Auges.
Von Jürgen Kesting

16 Argentinien:
Die Erlösung von der Herrschaft des Schreckens.
Von Mario R. Dederichs

18 Asylanten:
Das Ende eines Rechtsweges.
Von Sebastian Knauer
Warten ohne Ende.
Von Heiner Bremer

24 Attentäter:
Vergebung für den Attentäter.
Von Barbara Beuys

26 Aufsteiger:
Reggae und Rackett.
Von Teja Fiedler

28 Auktion:
Das teuerste Kunstwerk der Welt.
Von Peter Dyckhoff

30 Ausländerfeindlichkeit:
Nazi-Randale im Stadion.
Von Gerhard Kromschröder

32 Bohrinsel:
30 Ölarbeiter bleiben verschollen.
Von Peter Thomsen

34 Bumerang:
Das war Darnells Geschoß.
Von Burkhard Lüpke

36 Bundesrepublik Deutschland:
Die Wende geschafft.
Von Heiner Bremer
Anklage in der Flick-Affäre. – „Stell Dir vor, die Werften gehör'n uns . . ."
Von Ulrich Rosenbaum

42 China:
Das Reich der Mitte wird Sportnation.
Von Burkhard Lüpke
Chinas grausamer Feldzug gegen das Verbrechen.
Von Almut Hielscher

46 Computergrafik:
Der elektronische Griffel ersetzt den Pinsel.
Von Rainer Köthe

48 DDR:
Nachtfrost statt Eiszeit.
Von Peter Pragal

52 Drachenfliegen:
Das gefährliche Riesenspielzeug.
Von Gerhard Schnitzer

54 Energie:
Mit Atomkraft in die Pleite?
Von Sebastian Knauer
Boom für Windmühlen.
Von Klaus Thews

58 Entführung:
Adlers Sturzflug.
Von Hans Oberländer

60 Erdbeben:
Als in Anatolien die Erde bebte. – In Pozzuoli bebt die Erde langsam.
Von Wilfried Krause

64 Ernte:
Blutrote Ernte.
Von Wilfried Krause

66 Fernsehen:
Ein Sturm kassierte.
Von Eckard Presler

68 Feuerwerk:
Feuerzauber in Lissabon.
Von Klaus Ahrens

70 Film:
Drei Frauen, zwei Filme, ein Schicksal.
Von Dorothee Kruse
Hoffentlich nie: der Tag danach.
Von Uschi Neuhauser

74 „Flasher":
Wie's drunter aussieht . . .
Von Evelyn Holst

76 Flugzeugabsturz:
Wie eine Bombe.
Von Wilfried Krause

78 Flugzeugentführung:
Spiel mit dem Mord.
Von Mario R. Dederichs

80 Frankreich:
Heißer Frühling in Paris. – Abschied von einer Utopie.
Von Lutz Bindernagel

84 Friedensbewegung:
„Vom Kreml gesteuerte Armeen." – Stationierung gegen den Bürgerwillen.
Von Ulrich Völklein

88 Geburtstage:
Im Osten – viel Neues.
Von Birgit Lahann

90 Gestorben:
Die Toten des Jahres.
Von Jürgen Kesting

94 Giftskandal:
Seveso ist überall.
Von Sebastian Knauer

96 Gipfeltreffen:
Ein Helmut ist immer dabei.
Von Ulrich Rosenbaum

98 Greenpeace:
Hilfe für Pottwale.
Von Peter Thomsen

100 Grenada:
Massaker, Umsturz, Invasion – das Ende des „roten Paradieses".
Von Hans-Joachim Löwer

108 Großbritannien:
Ein strahlender Sieg und eine bittere Sex-Affäre.
Von Mario R. Dederichs
Der Sieg des britischen Humors.
Von Hans-Joachim Löwer
Der Nordirland-Krieg erschüttert London.
Von Jochen Schildt

114 „Hitler-Tagebücher":
Einer Fälschung aufgesessen.
Von Ulrich Rosenbaum

116 Hochwasser:
Die Flüsse traten über die Ufer.
Von Gerhard Schnitzer

118 Indien:
Die „Königin der Banditen" gab auf. – Massenmord mit Pfeil und Bogen.
Von Peter-Hannes Lehmann

122 Iran:
Haß als Drill.
Von Hans-Joachim Löwer

124 Iran–Irak:
Eskalation am Golf.
Von Mario R. Dederichs

126 Israel:
Der Prophet legt seine Bürden ab.
Von Mario R. Dederichs

128 Japan:
Nichts geht mehr ohne den „Schatten-Shogun".
Von Mario R. Dederichs

130 **Jubiläum:**
Feuerwerk zum Hundertsten.
Von Birgit Lahann
Wagner und kein Ende.
Von Jürgen Kesting
Mit Luther durch das Jahr.
Von Tilman Jens

136 **Jumbo-Abschuß:**
Der Abschuß, der die Entspannung vom Kurs brachte.
Von Uwe Zimmer

146 **Klick:**
Der rettende Sprung.
Von Hans-Joachim Löwer

148 **Kriegsverbrecher:**
Der Schlächter von Lyon.
Von Sebastian Knauer

150 **Küstenschutz:**
Trutz, blanker Hans.
Von Rainer Köthe

152 **Kunst:**
Der Glanz des alten Afrika.
Von Rainer Köthe
Blüten-Traum für Florida.
Von Klaus Ahrens
Frauen und Kathedralen.
Von Jürgen Kesting

160 **Kunstflug:**
Am Fallschirm hing ein Toter.
Von Hans-Joachim Löwer

164 **Leichtathletik:**
Ein Showboat fährt Volldampf voraus.
Von Teja Fiedler

166 **Libanon:**
Ein neuer Anfang in den Ruinen von Beirut.
– Grab der Hoffnung.
Von Mario R. Dederichs

180 **Marathonlauf:**
Rennen und laufen lassen.
Von Burkhard Lüpke

182 **Maßarbeit:**
Schiff auf Raten.
Von Peter Thomsen

184 **Medizin:**
Er war ein Gefangener seines Herzens.
Von Klaus Lempke
Todkrank und ausgestoßen.
Von Hans-Hermann Klare
Durch den Chirurgen gewachsen.
Von Klaus Lempke
Eine Handvoll Leben.
Von Hans-Hermann Klare

192 **Menschen:**
Auf ein Neues.
Von Eckard Presler

194 **Mode:**
Mit Glanz ins Wasser.
– Figur-Macher.
– Manns-toll.
– Mode-Revoluzzer.
Von Barbara Larcher

202 **Nachrüstung:**
Die Wacht am Rhein.
Von Ulrich Völklein

206 **Nigeria:**
Die Vertreibung der Sündenböcke.
Von Hans-Joachim Löwer

210 **Notlandungen:**
Pilot und Flugzeug wohlauf.
Von Peter Thomsen

212 **Parteien:**
Ende der Schonzeit.
– Denkzettel für einen Alleinherrscher.
– Die Leihstimmen-Partei.
Von Heiner Bremer
Eine neue Farbe im hohen Haus.
Von Sebastian Knauer
Das harte Brot der Opposition.
Von Ulrich Rosenbaum

222 **Philippinen:**
Ein Mord, der eine Diktatur ins Wanken bringt.
Von Hans-Joachim Löwer

226 **Polen:**
Eine Pilgerfahrt zwischen den Fronten.
Von Barbara Beuys

232 **Pop:**
Drei finstere Dadaisten.
Von Barbara Larcher

234 **Radfahren:**
Die Formel-1-Radler.
Von Burkhard Lüpke

236 **Raumfahrt:**
Fast wie ein Flugzeug.
– Alltag im Weltall.
Von Peter Thomsen

242 **Selbstmord:**
Selbstmord vor der Kamera.
Von Peter Thomsen

244 **Sommer:**
Der Super-Sommer.
– Unter die Haube gekommen.
Von Gerhard Schnitzer

250 **Sowjetunion:**
Der Mann, der nie richtig da war.
Von Mario R. Dederichs
Frühling an der Newa.
Von Uwe Zimmer

254 **Strumpfhose:**
Beine bis zum Himmel.
Von Barbara Larcher

256 **Tankerunglück:**
Der Ölteppich trieb aufs Meer.
Von Rainer Köthe

260 **Tiere:**
Falken, die nur Erster Klasse fliegen.
– Die Falken kommen wieder.
Von Gerhard Schnitzer

264 **Triathlon:**
Dreimal durch die Hölle und zurück.
Von Burkhard Lüpke

272* **Vereinigte Staaten:**
Reagan aus der Asche.
Von Uwe Zimmer
Älter als ihre Mannschaft.
Von Peter Thomsen
Der Sieger des Jahres.
Von Burkhard Lüpke

280 **Volkszählung:**
Der numerierte Bürger.
Von Sebastian Knauer

282 **Vulkanausbruch:**
Energie von zwanzig Kernkraftwerken.
Von Birgit Lahann

266* **Waldbrände:**
Die Wälder brannten.
Von Gerhard Schnitzer

268 **Waldsterben:**
Es war einmal . . .
. . . ein Wald.
Von Horst Güntheroth

284 **Zensur:**
Eine Zensur findet doch statt.
Von Ulrich Rosenbaum

286 **Zivilschutz:**
Ab in den Bunker.
Von Wolfgang Metzner

288 **Bildnachweis**
289 **Synchronoptische Tabelle**
328 **Register**

* Aus technischen Gründen umgestellt.

Plötzlich hielt er seine Flosse hin

Die Kajak-Fahrer bekamen einen Todesschrecken, als auf einmal das vier Meter breite Endstück eines Wals haarscharf an ihnen vorüberzog. Mit solchen Gefährten hatten sie bei ihrer Paddeltour in der Prince-William-Bucht am Golf von Alaska nicht gerechnet. Doch die bis zu 15 Meter langen Bukkelwale treiben sich ganz gern mal an der Küste und sogar in den Mündungen großer Flüsse herum. Eine Gefahr für Menschen sind sie trotzdem nicht. Die friedlichen Riesen passen sehr gut auf, daß sie mit ihren Flossen keinen Schaden anrichten.

Auf die alte Tour

Zur Erinnerung an den ersten Flug mit einem Heißluftballon vor 200 Jahren machten jetzt zwei Franzosen die Reise über die Dächer von Paris nach. Genau wie das historische Vorbild war die aufgeblasene Hülle mit dem Liliensymbol der damals regierenden Bourbonen verziert. Für die 18 Kilometer lange Strecke vom Eiffelturm nach St. Cyr brauchten die modernen Ballonfahrer 45 Minuten – etwas mehr als ihre Vorgänger von 1783.

Kein Licht am Ende des Tunnels

Afghanistan ist für die Sowjetunion kein Desaster à la Vietnam geworden, aber auch nicht der rasche „Befriedungsfeldzug" gegen „konterrevolutionäre Banden", die dem Moskautreuen Regime des Babrak Karmal das Leben schwer machen. Vier Jahre nach dem Einmarsch von 100 000 Sowjet-Soldaten kontrollieren die moslemischen Rebellen, die Mujaheddin, weite Teile des Landes sowie die wichtigsten Überlandstraßen. Im Panjshir-Tal ertrotzte der als „Tito Afghanistans" gefeierte Guerillaführer Ahmed Shah Massoud sogar einen monatelangen Waffenstillstand von den rüstungstechnisch weit überlegenen Sowjets. Dennoch fehlt den zersplitterten und zerstrittenen Mujaheddin die Kraft zum entscheidenden Sieg. Die Sowjets schafften den Durchbruch ebensowenig, und Karmals Macht bleibt auf die befestigte Hauptstadt Kabul und einige größere Orte beschränkt. Den USA kommt die Patt-Situation, bei aller Sympathie für die Rebellen, gelegen: Sie profitieren, solange Moskau, von aller Welt verurteilt, im afghanischen Saft schmort.

Nachtgefecht in Kabul: Leuchtspurmunition erhellt bei einem Guerillaüberfall den Himmel über der afghanischen Hauptstadt. Den schlecht ausgerüsteten Mujaheddin gelangen immer wieder überraschende Schläge gegen das Linksregime Babrak Karmals und seine sowjetischen Waffenbrüder. Doch seit dem Sommer blieb das festungsartig gesicherte Kabul vor weiteren Angriffen verschont.

Serail des Auges

In den oberflächlichen und verlokkenden Reiz-Phänomenen drücken sich die Phantasien einer Epoche und einer Gesellschaft oftmals deutlicher aus

als in den Werken der hohen Sphären: Pin-Ups sind die Abziehbilder des Immergleichen, die Anpassung der Frau an den Typus, die Ausschaltung der Individualität. Für den Franzosen Aslan ist das Pin-Up „ein Mädchen, das gut lebt, das gesund und fröhlich ist und die Tabus der Sinne und des Sex nicht kennt". Seine ersten Pin-Ups hat er vor einem Vierteljahrhundert gemalt. Die Körper der Frauen bilden sich, so hat er seither erfahren, nach der Mode: „Also male ich", sagt er, „meine Frauen nach Modellen, die ich zuerst fotografiere." Der „sculpteur sur femme" brachte in der Edition Carrè-re-Lafont eine große Bilder-Retrospektive mit seinen „Einladungen ins Serail des Auges" heraus.

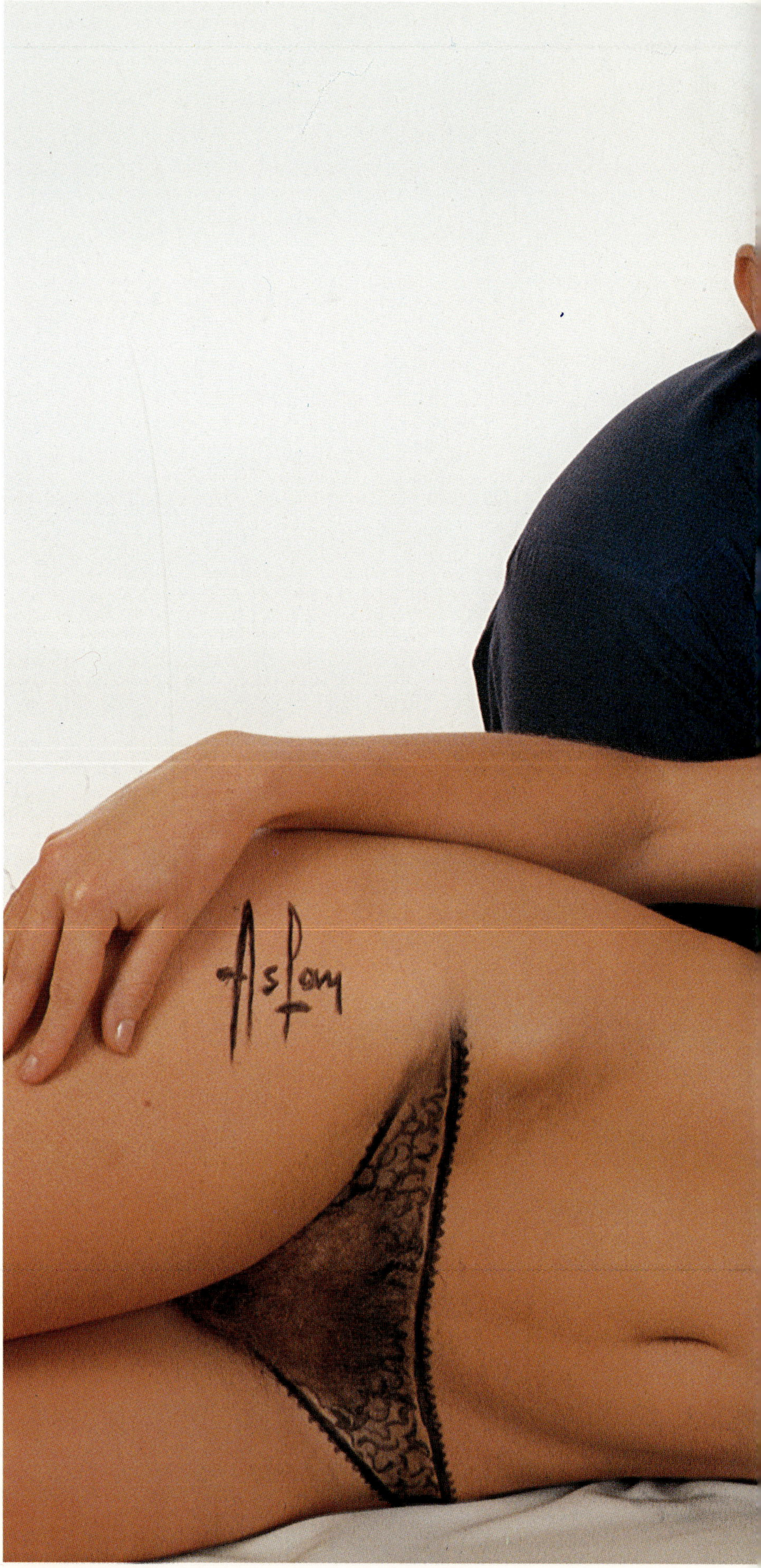

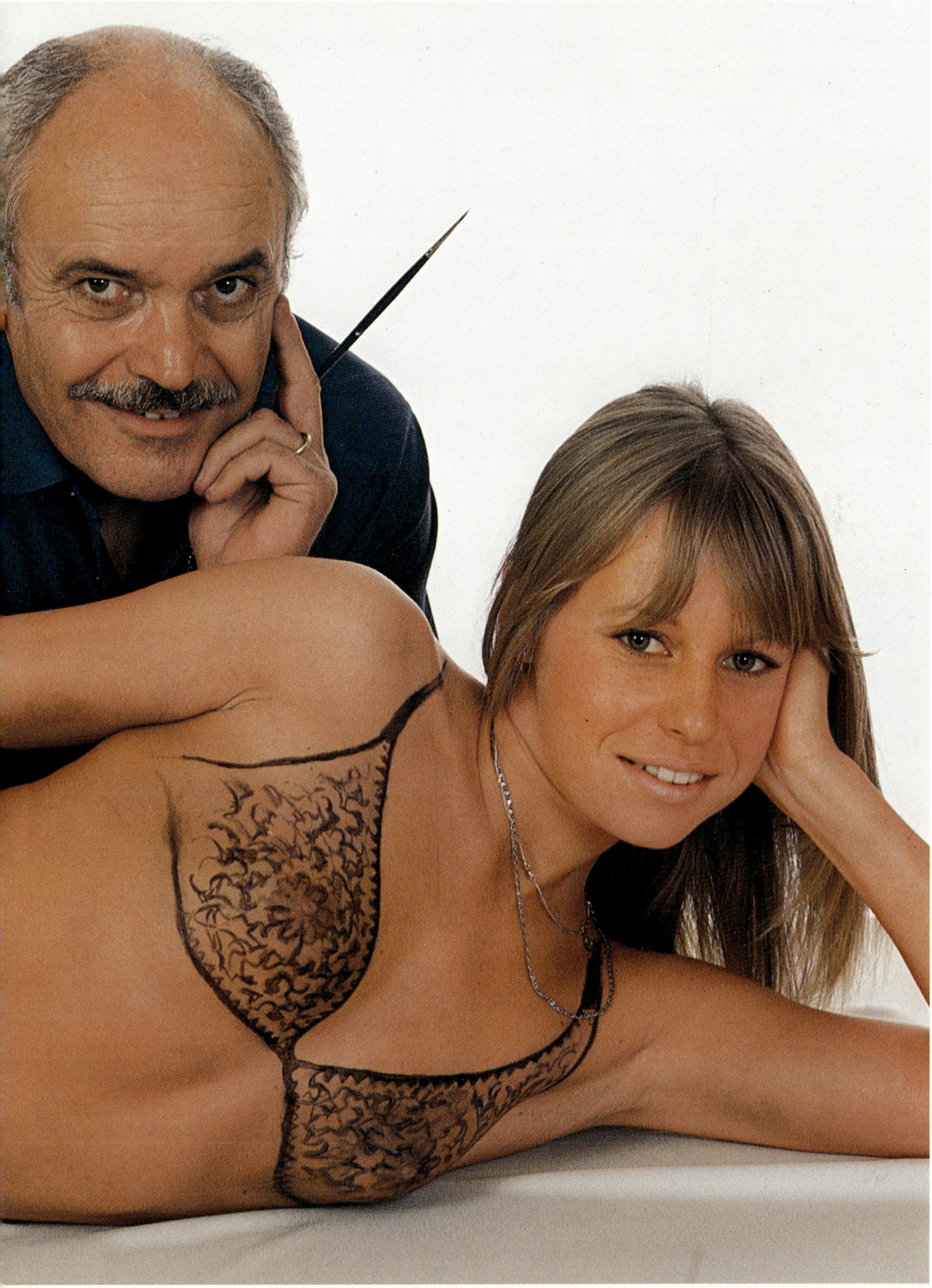

Die Erlösung von der Herrschaft des Schreckens

In argentinische Geschichtsbücher wird 1983 als ein historisches Jahr eingehen – das Jahr, in dem eine blutige Terrorherrschaft der Militärs zusammenbrach und ein hoffnungsvoller neuer Anlauf zu Demokratie und Rechtsstaatlichkeit begann. Seit der verheerenden Niederlage im Krieg um die Falkland-Inseln mit Großbritannien im Frühjahr 1982 war die Uhr der Generäle abgelaufen. In Protestkundgebungen forderten Hunderttausende von Argentiniern offen die Rückkehr zur Demokratie. Auch der letzte Junta-Präsident General Reynaldo Bignone konnte die Macht der Militärs nicht wiederherstellen, zumal sie in der Wirtschaftspolitik total versagt hatten: Eine jährliche Inflationsrate von 925 Prozent machte das Geld beinahe wertlos; Armut und Unterernährung breiteten sich in einem Land aus, das Fleisch exportiert; bei ausländischen Kreditgebern stand Argentinien mit über 40 Milliarden Dollar in der Kreide. Nur die Furcht, wegen der Greueltaten im „schmutzigen Krieg" gegen Oppositionelle in den 70er Jahren zur Rechenschaft gezogen zu werden, ließ die Militärs noch zaudern. Mit einer Selbst-Amnestie im Sommer glaubten sie, die Lösung gefunden zu haben. Bignone setzte für den 30. Oktober Wahlen an. Viele Beobachter erwarteten, die neue Zivilregierung werde wieder in die Hände der Peronisten fallen, deren letzte Präsidentin Isabelita Perón 1976 von den Streitkräften gestürzt worden war. Hinter ihrem Kandidaten Italo Luder stand die mächtige Gewerkschaftsbewegung, die Juan Perón in den 40er Jahren nach dem Vorbild der italienischen Faschisten gegründet hatte. Doch mit 53 Prozent der Stimmen siegte der Anwalt Raúl Alfonsín, Führer der Radikalen Bürgerunion (UCR), einer sozialdemokratisch geprägten Bewegung. Alfonsín hatte versprochen, mit den Hypotheken der Vergangenheit aufzuräumen und das Machtkartell der Militärs und der Peronisten zu bre-

Mit ständigen Demonstrationen in Buenos Aires erinnerten die „Mütter von der Plaza de Mayo" an das Schicksal ihrer „verschwundenen" Angehörigen. In der Zeit des Militärregimes von 1976 bis 1983 wurden fast 30 000 vermeintliche und echte Gegner der Generäle beseitigt. Verhaftungen, Folterungen und Ermordungen waren an der Tagesordnung. Das finstere Erbe der Diktatur machte der am 30. Oktober gewählte zivile Präsident Raúl Alfonsín, hier mit seiner Enkeltochter, zu seinem ersten Anliegen: Kaum im Amt, ließ er eine von der letzten Junta erlassene Amnestie für die Greueltaten der Militärs während des „schmutzigen Krieges" aufheben und leitete Verfahren gegen Hauptschuldige ein, auch gegen Junta-Chefs.

chen. „Hier beginnt eine neue Epoche im Leben der Nation", sagte er in seiner Antrittsrede. „Wir werden vor allem eine Regierung der Wahrheit sein." Er verlor keine Zeit, die heißen Eisen anzupacken. Sofort hob der neugewählte Kongreß das Amnestie-Gesetz der Junta auf. Gegen führende Militärs, darunter den Präsidenten Bignone und seinen Vorgänger General Leopoldo Galtieri, wurden Strafuntersuchungen eingeleitet. Die Suche nach 30 000 verschwundenen Terror-Opfern brachte fast täglich neue Leichenfunde zutage. Alfonsín widerstand aber den Forderungen nach Todesstrafe und Schnellverfahren. In einer Demokratie, so der Präsident, muß das Recht über der Rache stehen.

Regieren mit harter Hand: Bundesinnenminister Friedrich Zimmermann verschärfte die Ausländergesetze in der Bundesrepublik. Auch Asylbewerber aus Ländern, die gegen die Menschenrechte verstoßen, müssen mit ihrer Abschiebung rechnen. Im Fall des Türken Kemal Altun wollte der Minister nicht die „gute Zusammenarbeit auf polizeilichem Gebiet" gefährden.

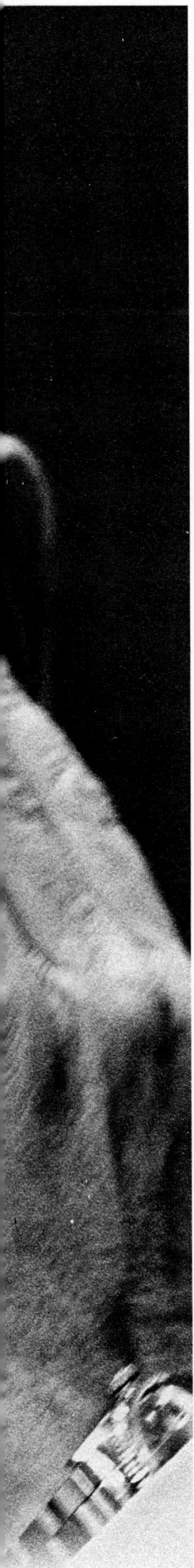

Das Ende eines Rechtsweges

Artikel 16 des Grundgesetzes lautet: „Politisch Verfolgte genießen Asyl." An diese Verfassungsgarantie konnte der 23jährige Türke Kemal Altun nicht mehr glauben. Während der Verhandlungen über sein Asylverfahren vor dem Berliner Verwaltungsgericht stürzte er sich am 30. August vom sechsten Stock in den Tod. Ein Landsmann, der ihn retten wollte, konnte den Verzweifelten vor dem Fenstersprung nicht mehr erreichen.

Der Fall Altun ist ein Lehrstück für den Umgang mit Asylbewerbern in der Bundesrepublik. Nach dem Militärputsch in der Türkei reiste Altun 1981 illegal nach West-Berlin ein. Nach einigen Monaten stellte er den Antrag auf politisches Asyl. Zur Begründung führte er seine Mitgliedschaft in der verbotenen Vereinigung junger revolutionärer Gymnasiasten in Ankara an. Zudem wurde er von den türkischen Behörden der Mithilfe bei der Ermordung des ehemaligen Zollministers beschuldigt. Die Türkei stellte ein förmliches Auslieferungsbegehren.

Altun klagte vor dem Bundesverfassungsgericht ohne Erfolg gegen seine Abschiebung. Die Bundesregierung billigte im Februar 1983 die Auslieferung Altuns. Bundestagsabgeordnete der Grünen protestierten ebenso wie der UN-Flüchtlingskommissar und amnesty international gegen diese Entscheidung. Der Liedermacher Wolf Biermann und der Bundesgeschäftsführer der Grünen, Lukas Beckmann, ketteten sich in einem Stahlkäfig an den Gitterzaun des Bundeskanzleramts in Bonn, um gegen die Abschiebung zu protestieren.

13 Monate saß Altun in Abschiebehaft. Im Sommer dieses Jahres wurde er schließlich vom Zirndorfer Bundesamt als „politisch Verfolgter" anerkannt, er konnte neue Hoffnung schöpfen, in der Bundesrepublik bleiben zu dürfen.

Doch Bundesinnenminister Friedrich Zimmermann (CSU) ließ gegen diese Entscheidung Beschwerde einlegen und drängte auf eine zügige Auslieferung. Nach einem Staatsbesuch in der Türkei forderte Zimmermann eine „positive Behandlung" des Falles Altun, „im Interesse einer nach wie vor guten Zusammenarbeit mit der Türkei auf polizeilichem Gebiet". Auch Bundesjustizminister Hans Engelhard (FDP) drängte in einem Schreiben an Außenminister Genscher auf „sofortigen Vollzug der Auslieferung".

Vor der endgültigen Gerichtsentscheidung sah Altun keine Chance mehr, der Auslieferung an die türkische Justiz zu entgehen. Er beging Selbstmord. Im selben Jahr erhängten und verbrannten sich in Berlin vier weitere Asylbewerber.

Die forsche Ausländerpolitik von Innenminister Zimmermann hat dem Ruf der Bundesrepublik im Ausland geschadet. SPD-Bundesgeschäftsführer Glotz erinnerte an die vielen jüdischen Asylbewerber, die im Dritten Reich im Ausland Aufnahme gefunden haben. In der Bundesrepublik ist die Zahl der Asylbewerber drastisch gesunken: Von 1980 bis 1983 sank die Zahl der Asylsuchenden von 107 818 auf 11 407 Personen.

Der 23jährige Türke Kemal Altun kämpfte über zwei Jahre um seine Anerkennung als politischer Flüchtling. Die Bundesregierung beschloß trotzdem seine Abschiebung in die Türkei, wo ihn ein Prozeß wegen Mitgliedschaft in einer verbotenen Organisation erwartet hätte.

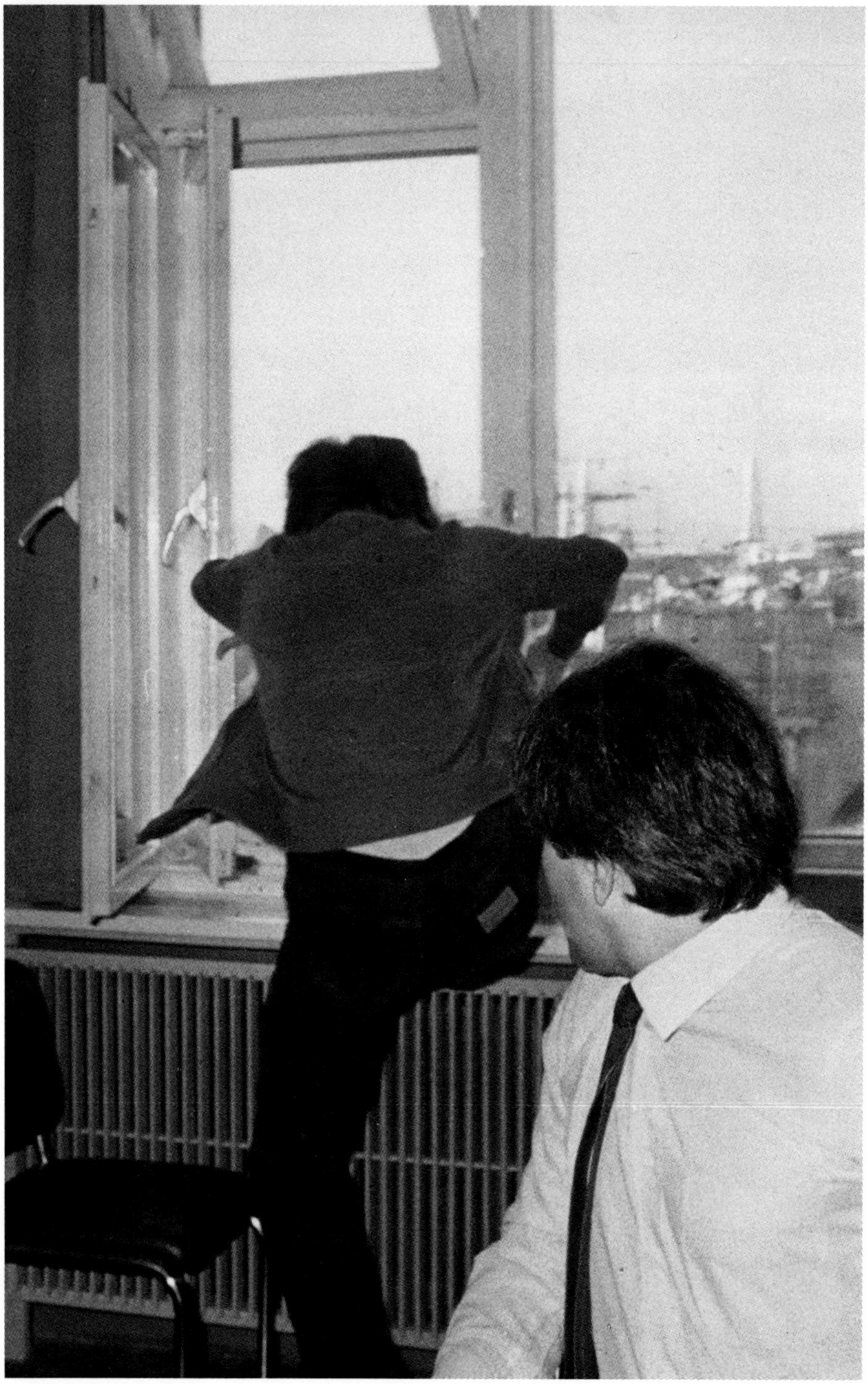

Das Ende eines Asylverfahrens. Am 30. August wird vor dem Berliner Verwaltungsgericht der Fall des Türken Kemal Altun verhandelt. Nach dem Willen von Bundesinnenminister Friedrich Zimmermann (CSU) soll er an die Türkei ausgeliefert werden. Dort erwartet ihn ein Prozeß wegen Mitgliedschaft in einer verbotenen Organisation und Beihilfe zum Mord. 13 Monate hatte Altun in Abschiebehaft gesessen.
Der 23jährige Altun sieht keine Chance mehr, in der Bundesrepublik zu bleiben. Mitten im Verhandlungstermin springt Altun auf das Fensterbrett. Entsetzt versucht ein Landsmann, den jungen Mann vor dem Fenster noch zu erreichen. Doch Altun stürzt aus dem sechsten Stockwerk des Verwaltungsgerichts in die Tiefe.

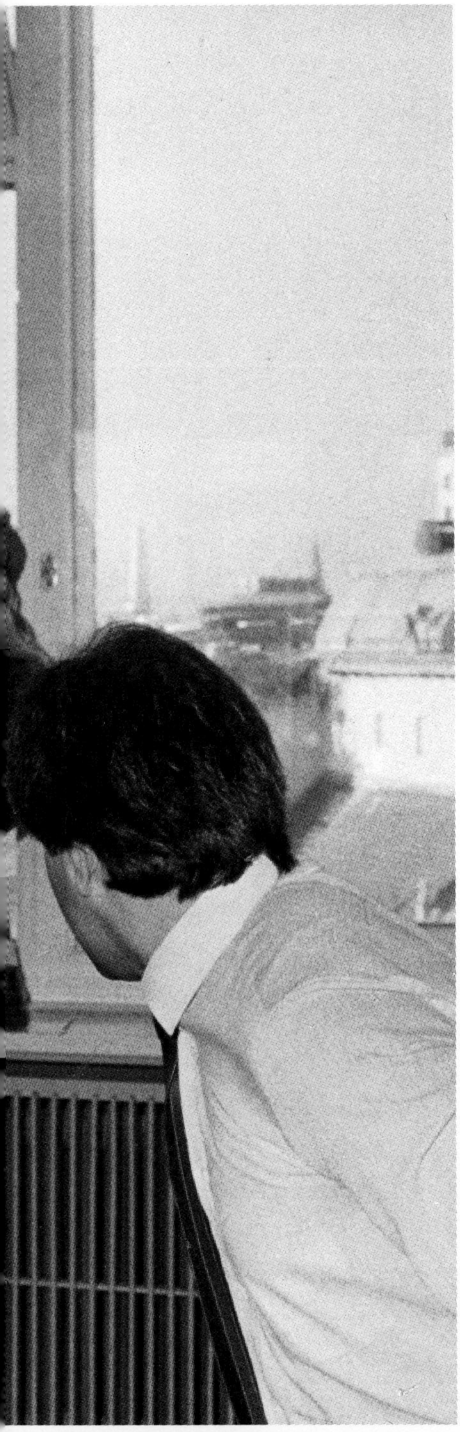

Sein Tod markiert für Berliner Verwaltungsrichter den „beschämendsten Fall der deutschen Asylgeschichte". Obwohl er bereits als „politisch Verfolgter" anerkannt war, ließ Bundesinnenminister Zimmermann dagegen Einspruch einlegen. Die Bundesregierung beschloß die Abschiebung des Türken. Zimmermann erklärte vor Kollegen: „Hätten wir Altun rechtzeitig an die Türkei ausgeliefert, dann wäre er noch am Leben."

Asylanten

Warten ohne Ende

Hinter einem Zaun aus Maschendraht hausen in einem Lager in Heilbronn Asylbewerber aus Afrika, Asien und Osteuropa in tristen Holzbaracken. Arbeiten dürfen sie nicht; ob sie abgeschoben werden, wissen sie nicht.

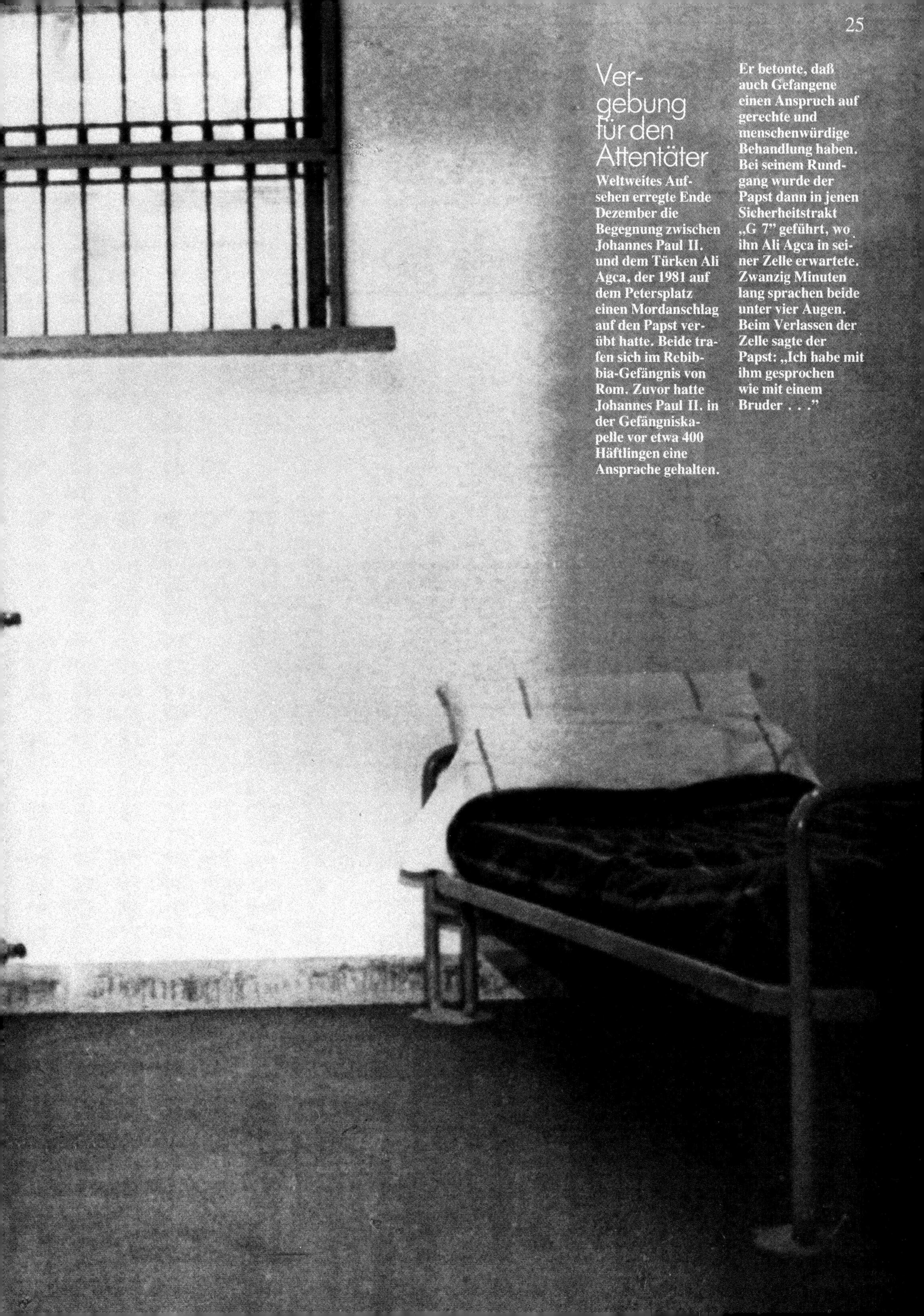

Vergebung für den Attentäter

Weltweites Aufsehen erregte Ende Dezember die Begegnung zwischen Johannes Paul II. und dem Türken Ali Agca, der 1981 auf dem Petersplatz einen Mordanschlag auf den Papst verübt hatte. Beide trafen sich im Rebibbia-Gefängnis von Rom. Zuvor hatte Johannes Paul II. in der Gefängniskapelle vor etwa 400 Häftlingen eine Ansprache gehalten. Er betonte, daß auch Gefangene einen Anspruch auf gerechte und menschenwürdige Behandlung haben. Bei seinem Rundgang wurde der Papst dann in jenen Sicherheitstrakt „G 7" geführt, wo ihn Ali Agca in seiner Zelle erwartete. Zwanzig Minuten lang sprachen beide unter vier Augen. Beim Verlassen der Zelle sagte der Papst: „Ich habe mit ihm gesprochen wie mit einem Bruder . . ."

Reggae und Rackett

Er hat Farbe ins Tennis gebracht: Yannick Noah, ein 23jähriger Franzose aus Kamerun, hat 1983 in Hamburg die Internationalen Deutschen und in Paris die Offenen Französischen Meisterschaften gewonnen. Seitdem gehört er zu den besten Zehn der Tenniswelt. Wo der Sohn eines dunkelhäutigen Fußballprofis und einer weißen Lehrerin antritt, hat er das Publikum hinter sich. Wegen seines eleganten und risikoreichen Angriffsspiels, das er mit oft artistischen Netzattacken abschließt, aber auch wegen seiner Rastafa-Frisur und seines breiten Lächelns. Seine größten Konkurrenten kann Sonny-Boy und Reggae-Fan nicht leiden: John McEnroe mit seinen notorischen Schiedsrichterbeleidigungen und den Tschechen Ivan Lendl: „Der macht soviel Geld und kann trotzdem nie lachen." Entdeckt wurde Noah als 11jähriger von Arthur Ashe, dem ersten schwarzen Spitzenspieler. Nach einer halben Stunde Zuschauen sagte Ashe damals spontan: „Den Jungen sehen wir in Wimbledon wieder."

Das teuerste Kunstwerk der Welt

London, Bloomfield Place, Sotheby's, 6. Dezember 1983, 11.45 Uhr Ortszeit: Auktionator Richard Came ruft das Los Nr. 50 auf – „The Gospels Of Henry The Lion", das Evangeliar Heinrichs des Löwen. „Eine Million Pfund", sagt Mr. Came, als seien 4,1 Millionen Mark die normalste Sache der Welt. 150 Sekunden später liegt das Gebot bei 7,4 Millionen Pfund, so etwa 28,5 Millionen Mark (plus dreieinhalb Millionen Mark für Sotheby's). „Niemand mehr?" fragt Mr. Came, dem jetzt die Schweißperlen auf der Stirn stehen. Nein, niemand mehr!

Das teuerste Stück Kunst, das bislang auf der Welt gehandelt wurde, wechselte in knapp drei Minuten den Eigentümer; in einem von dem Bankier Hermann Josef Abs eingefädelten Coup. Denn das Londoner Auktionshaus Quaritch, das von Mr. Came den Zuschlag erhielt, handelte – unter Assistenz des als potentieller Mitbieter stillhaltenden New Yorker Buchhändlers H.P. Kraus – im Auftrag der Deutschen. Und die beiden kassierten dafür nochmals 1,5 Millionen Mark.

Zu der Rettungsaktion hatte Abs das Land Niedersachsen, wo das Evangeliar um 1175 im Kloster Helmarshausen entstanden ist, den Freistaat Bayern, die Stiftung Preußischer Kulturbesitz und ein Bankenkonsortium zusammengebracht. Bis zu zehn Millionen Pfund war Abs bereit, in London für das Evangeliar mit seinen 41 ganzseitigen Miniaturen zu zahlen. Nur das Getty-Museum hätte diese Summe überbieten können, doch die Kalifornier hielten still. Sie erklärten, dieses „nationale Monument" gehöre nach Deutschland. Wie es zu Sotheby's gekommen ist, blieb rätselhaft.

Die Welfen, zu deren Schatz das Evangeliar noch bei Kriegsende gehörten, wollen es „verpfändet" haben, um sich in schlechten Zeiten über Wasser zu halten. Aber an wen? An die weitverzweigte Familie? Seit 1949 jedenfalls, so Welfen-Chef Prinz Ernst August,

habe sich die wertvolle mittelalterliche Handschrift nicht mehr auf deutschem Boden befunden. Ein wichtiges Datum. Denn 1955 setzten es die Behörden auf die Liste „national wertvollen Kulturguts". Doch sechs Jahre später wurde der Posten wieder gestrichen, weil die Welfen versicherten, sie hätten das Evangeliar nicht mehr. Ein Großteil der aus Steuergeldern und Spenden finanzierten 28 Millionen Mark, darüber sind sich die Experten einig, aber floß in die Welfen-Kasse. Über den endgültigen Verbleib der Handschrift haben sich die Geldgeber noch nicht geeinigt; vorerst wird sie in der Wolfenbütteler Herzog August-Bibliothek aufbewahrt werden.

Zurschaustellung vor der Auktion: Auf Gold und in leuchtenden Farben die Blätter 169 und 170 des Evangeliars mit Christus, wie er den Blinden heilt und Lazarus erweckt (links), sowie dem letzten Abendmahl und der Fußwaschung (rechts). Während der Auktion (oben): Auktionar Richard Came nennt die Millionenbeträge durchs Mikrophon. Nach der Auktion (unten): Alles stürzt sich auf das erfolgreiche Trio Nicholas Poole Wilson (vom Londoner Auktionshaus Quaritch), „Koordinator" Hermann J. Abs und den New Yorker Buchhändler H.P. Kraus (von links).

Mit Hitler-Gruß, Hakenkreuz-Fahne und Nazi-Liedern auf der Fahrt zum Eröffnungsspiel der neuen Bundesliga-Saison 1983/1984: Mitglieder des neonazistischen Fußball-Fanclubs „Borussenfront" aus Dortmund, auf deren Konto zahlreiche blutige Überfälle auf Türken gehen.

Zum Fußball-Länderspiel zwischen der deutschen und türkischen Nationalmannschaft am 26. Oktober 1983 in Berlin riefen rechte Fußballfans in Flugblättern zum Kampf gegen das „stinkende Türkenpack" auf. Ihre Parole: „Kreuzberg muß brennen". Doch ihre Rechnung ging nicht auf: 6000 Polizisten verhinderten Ausschreitungen, Deutsche und Ausländer demonstrierten im Stadion gemeinsam gegen die Hetztiraden der Rechtsradikalen.

Nazi-Randale im Stadion

Anfang des Jahres hatte der „Führer" die neue Losung ausgegeben: Seine Gefolgsleute sollten von nun an verstärkt neue Kameraden unter den „Skinheads" (Kahlköpfen) und Fußballfans rekrutieren, „die uns sehr helfen, aber politisch noch nicht ganz zu uns gehören". Das Kommando kam von dem ehemaligen Bundeswehrleutnant Michael Kühnen, der 1979 wegen Volksverhetzung und Aufstachelung zum Rassenhaß zu vier Jahren Freiheitsstrafe verurteilt worden war.

Im Januar 1983, wenige Wochen nach seiner Entlassung aus dem Hochsicherheitstrakt der Justizvollzugsanstalt Celle, gründete Hitler-Bewunderer Kühnen trotz verschiedener gerichtlicher Auflagen sogleich eine neue Untergrund-Truppe: die „Aktionsfront Nationaler Sozialisten/Nationale Aktivisten" (ANS/NA), in der er seine alten Anhänger wieder um sich scharte.
Der Befehl des „Führers" Kühnen, Fußball-Fanclubs zu unterwandern und deren latente Gewaltbereitschaft für politische Aktionen gegen Ausländer zu nutzen, wurde prompt ausgeführt: Reihenweise drifteten Fanclubs nach rechts ab und ließen sich von den Neonazis einspannen. Staatsschützer bescheinigten schließlich den rechten ANS-Agitatoren in den Stadien erhebliche Fortschritte bei ihrer Arbeit, „das nazistische Gebaren solcher Leute mit einer politischen Überzeugung auszustatten, so daß sie schließlich wirklich Nazis sind".
Fußball-Randale und rechter Untergrund verfilzten sich bei Clubs im ganzen Bundesgebiet, wo altgediente Kühnen-Kämpfer für die rechte Stimmung sorgten – ob in Hamburg, Berlin, Frankfurt, Hannover, Karlsruhe oder Stuttgart. Oder in Dortmund, wo der Fanclub „Borussenfront" regelmäßig zum „Türken-Klatschen" und zu Überfällen auf Ausländer los zog, was 37 „Borussenfrontlern" über ein Dutzend Strafverfahren eingebracht hat – unter anderem wegen „Bildung einer kriminellen Vereinigung".
In der Nacht nach dem Nikolaustag rollte eine Großrazzia bei Neonazis in neun Bundesländern an. Die „Aktionsfront Nationaler Sozialisten/Nationale Aktivisten", mit 270 Mitgliedern inzwischen die größte rechtsradikale Vereinigung, wurde verboten. Kühnen gab sich dennoch siegessicher: „Wir werden weiterkämpfen."

30 Ölarbeiter bleiben verschollen

Um 18.33 Uhr, als die Tagschicht gerade beendet war, erschütterte ein Knall die „Alexander Kielland". 212 Arbeiter auf der schwimmenden Wohn-Plattform hatten sich eben in ihre Quartiere zurückgezogen, saßen im Bordkino oder aßen zu Abend. Viele blickten nicht einmal auf, als die 10 000 Tonnen schwere Stahlkonstruktion wie von einer Explosion erschüttert wurde.

Sieben Meter hohe Wellen sind nichts Ungewöhnliches im „Ekofisk-Feld" mitten in der Nordsee. Doch als der Fußboden sich langsam neigte und Sirenen losheulten, merkten sie, daß es diesmal Ernst war. Die Bohrarbeiter rannten an Deck und versuchten, die Rettungsboote zu erreichen. Aber die 40 Meter hohe Kunst-Insel schlug binnen Minuten um. Nur 89 Männern gelang die Flucht aus dem kenternden Stahlgebirge. 87 wurden tot geborgen, 36 blieben auch nach tagelanger Suche verschollen.

Die Ursache für die Katastrophe am 27. März 1980 war bald gefunden. Eins der zehn Meter dicken Beine, auf denen die Plattform schwamm, war wegen schlampiger Schweißnähte abgebrochen. Da die „Kielland" durch nachträgliche Aufbauten überlastet war, kenterte sie sofort. Nur die vier übriggebliebenen Beine ragten nach dem Unglück aus dem Wasser.

Für den Eigner der schwimmenden Ölarbeiter-Herberge, die norwegische Firma „Stavanger Drilling", war der Betriebsunfall damit abgeschlossen. Er kassierte 120 Millionen Mark von der Versicherung und verlor sein Interesse an dem Wrack. Eine Bergung erschien aussichtslos, die Reparatur unrentabel.

Doch die Angehörigen der vermißten Ölarbeiter gaben nicht auf. Dreieinhalb Jahre kämpften sie um die Bergung der eingeschlossenen Leichen. Mit kilometerlangen Stahltrossen, angeschweißten Schwimmkörpern und Pumpen, die Ballastwasser nach einem Computerprogramm verteilten, richtete die norwegische Bergungsfirma „Stolt Nielsen Seaway" das kieloben schwimmende Monstrum im September 1983 wieder auf.

Der Untersuchungskommission, die an Bord nach den Vermißten suchte, bot sich ein Bild der Verwüstung. Schwere Stürme und der ewige See-

gang in der „Mordsee" hatten die Wohnkammern zertrümmert. Alle Wände waren mit übelriechendem Schlamm bedeckt. Nur sechs Leichen wurden in dem Chaos gefunden. Damit war der Zweck des 90 Millionen Mark teuren Manövers verfehlt: 30 Arbeiter bleiben weiterhin „vermißt" – und ihre Angehörigen ohne Hoffnung. Auch die Abwrackwerften wußten mit dem kaputten Koloß nichts anzufangen. Kein Hafen der Welt ist tief genug, um die großen Offshore-Plattformen aufzunehmen, die vor den Küsten Öl fördern. So wurden die 10 000 Tonnen Stahl nach der Untersuchung dahingeschickt, wo sie herkamen: in die Nordsee. Nördlich von Stavanger, im Nedstrandsfjord, wurde die „Kielland" im November endgültig versenkt – in 700 Meter Tiefe.

Als die Norweger die 110 Meter breite Wohn-Plattform „Alexander Kielland" im September wieder in normale Position gedreht hatten, war sie nicht mehr zu gebrauchen. Der 200 Tonnen schwere Bohrturm (ganz links) war schon bei der Katastrophe abgebrochen. Der vierstöckige Blechkasten mit den Wohnkammern war von Wind und Wellen übel zugerichtet. Den Maschinenleitstand hatten umherschwimmende schwere Ausrüstungsteile verwüstet (oben). Anfängliche Pläne, die über 100 Millionen Mark teure Plattform noch einmal herzurichten, waren schon vor der Bergung von den norwegischen Eigentümern verworfen worden. Nicht einmal die 10 000 Tonnen Schrott konnten verwertet werden, weil die Plattform mit ihrem Tiefgang von 25 Metern in keinen Hafen paßte. So wurde sie nach der Untersuchung endgültig versenkt.

Das war Darnells Geschoß

In den USA ist das Wurfholz der australischen Ureinwohner auf dem Weg zum Volkssportgerät. Es gibt Turniere, Meisterschaften, Weltrekorde und Profis wie Eric Darnell. Der läßt sich von seinem zurückkehrenden Bumerang als Wilhelm Tell einen Apfel vom Kopf schießen oder demonstriert die Flugeigenschaften seiner Wurfkeule vor dem Capitol in Washington. Dabei zeichnet ein eingebautes Glühlämpchen, von einer Taschenlampenbatterie gespeist, die exakte Wurfbahn in den Nachthimmel.

Die Wende geschafft

Helmut Kohls Plan war fein gesponnen. Schon kurz nach dem Sturz von Bundeskanzler Helmut Schmidt und der Regierungsübernahme durch eine CDU/CSU/FDP-Koalition unter seiner Führung hatte sich der „Übergangskanzler" Kohl entschlossen, den Bürger um ein Mandat zu bitten – in Neuwahlen, die er aber nicht wie sein Widersacher, der CSU-Vorsitzende Franz Josef Strauß, noch 1982, sondern erst im Frühjahr 1983 abhalten wollte. Das war genau kalkuliert. Bis zum Termin am 6. März konnte er noch die alte Regierung, vor allem die Sozialdemokraten, für Arbeitslosigkeit, Finanzmisere und Wirtschaftskrise, für jene Übel also verantwortlich machen, die den Bürgern am meisten Sorgen bereiten. Im regulären Wahljahr 1984 wären es nicht mehr Helmut Schmidts Arbeitslose, sondern seine eigenen gewesen.

Mit dieser Überlegung lag Kohl richtig. Aus Sorge, der mühsam erarbeitete Wohlstand werde von den SPD-Genossen leichtfertig verspielt, flüchteten sozialdemokratische Stammwähler in Scharen zu den Unionschristen, denen sie am ehesten zutrauten, die Wirtschaft wieder auf Trab zu bringen. Angst vor der Wirtschaftskrise und Hoffnung auf den Aufschwung – davon profitierte Helmut Kohl. Hinzu kam ein „Mobilisierungsschub" bei Mitgliedern und Sympathisanten der Christdemokraten, die den im Herbst nur unter Mühen herbeigeführten Machtwechsel nicht in Frage stellen lassen wollten. Gegen diese Stimmung hatte die SPD mit ihrem Spitzenkandidaten Hans Jochen Vogel keine Chance. Die wirtschaftliche Kompetenz, die bei Helmut Schmidt niemals angezweifelt worden war, wurde weder Vogel noch der SPD zugesprochen. Hinzu kam, daß die Genossen viel zu sehr auf das Thema der geplanten Nato-Nachrüstung fixiert waren. Doch die von der CDU für notwendig erachtete, von der SPD dagegen im Bündnis mit der Friedensbewegung bekämpfte Stationierung neuer US-Mittelstreckenraketen auf deutschem Boden erwies sich keineswegs als Wahlschlager. Die Bürger waren vor allem über die wachsende Arbeitslosigkeit besorgt, die Raketendiskussion bestimmte die Stimmabgabe kaum.

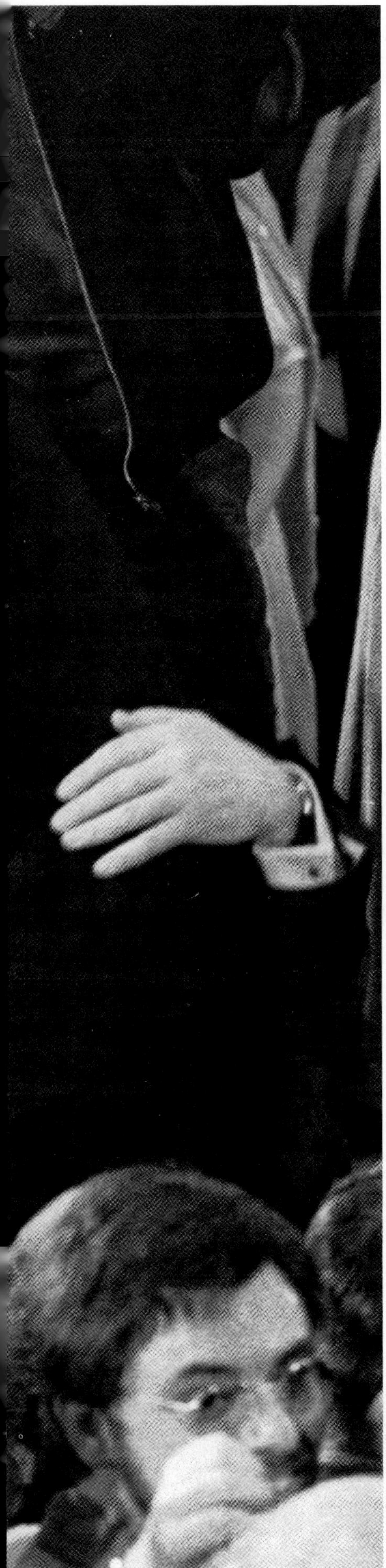

Jubelstimmung bei den Christdemokraten in der Wahlnacht am 6. März. Begeistert über den klaren Wahlsieg (fast 49 Prozent) hob Helmut Kohl seine Frau Hannelore in die Luft und ließ sich von seinen Anhängern feiern. Für den selbstbewußten Pfälzer hatte das Ergebnis nie in Frage gestanden. Zusammen mit den sieben Prozent seines Duz-Freundes Hans-Dietrich Genscher bedeutete das Resultat für Kohl ein Ergebnis nach Maß. Der CDU-Vorsitzende stritt im Wahlkampf zwar für eine absolute CDU/CSU-Mehrheit, wünschte sich aber in Wahrheit ein Ergebnis, das die Fortsetzung der Koalition mit der FDP möglich machte.

Mit dem besten Wahlergebnis seit 1949 im Gepäck drängte CSU-Chef Franz Josef Strauß an den Rhein. Ohne ihn oder gar gegen ihn sollte in den Koalitionsverhandlungen und beim Ämterschacher mit der FDP nichts laufen. Strauß hatte Erfolg: Seine Partei besetzte fünf Kabinettsposten.

Für die SPD gab es ein böses Erwachen. Spitzenkandidat Hans-Jochen Vogel hatte nicht verhindern können, daß die Genossen unter die 40-Prozent-Marke sanken. Sein Taktieren gegenüber den Grünen und die Betonung der Raketenfrage hatten sich nicht ausgezahlt.

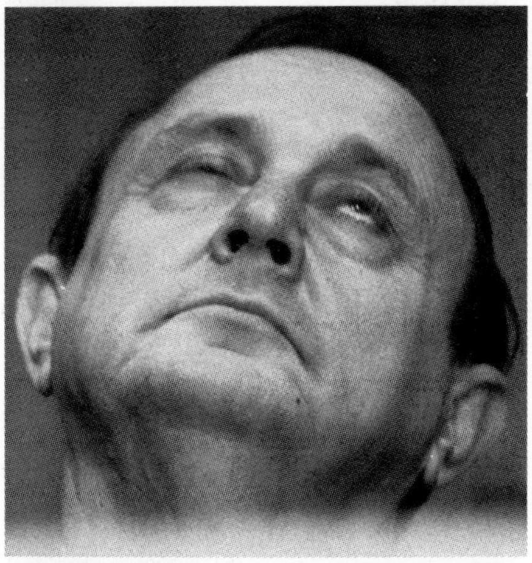

Trotz der riskanten Wende vom Herbst 1982, die ihn Mitglieder und Wähler kostete, blieb FDP-Chef Hans-Dietrich Genscher am 6. März 1983 die Teilhabe an der Macht in Bonn erhalten. Doch sein geschrumpftes Häuflein war jetzt billiger zu haben: statt vier gab es nur drei Ministersessel.

Petra Kelly konnte sich zu Recht freuen. Den Grünen war der Sprung in den Bundestag gelungen. Für die politische Hygiene in Bonn war das ein Segen. Denn die etablierten Parteien, die sich daran gewöhnt hatten, Unangenehmes zu vertuschen, mußten lernen, daß im Parlament wieder Klartext gesprochen wurde.

Anklage in der Flick-Affäre

29. November 1983. Vor der Bundes-Pressekonferenz in Bonn verkündet der Leitende Oberstaatsanwalt Franzbruno Eulencamp, daß in der Flick-Affäre Anklage erhoben werde – wegen Bestechung auf der einen und wegen Bestechlichkeit auf der anderen Seite. Prominente Namen stehen auf der Liste. Zum Beispiel Bundeswirtschaftsminister Otto Graf Lambsdorff und sein Amtsvorgänger Hans Friderichs, nunmehr Vorstandschef der Dresdner Bank. Sie sollen als zuständige Minister Steuerbefreiungen für den Flick-Konzern bewilligt und gleichzeitig als FDP-Politiker Spenden von der Düsseldorfer Großfirma entgegengenommen haben. Für den STERN war die Erklärung der Bonner Staatsanwaltschaft die Bestätigung für zahlreiche Berichte, die von Graf Lambsdorff und anderen Betroffenen immer wieder zurückgewiesen worden waren. Ein Untersuchungsausschuß des nordrhein-westfälischen Landtags hatte sich gar mit der Frage befaßt, wie der STERN und andere zu Informationen über den Gang der Ermittlungen gegen Prominente aus Staat und Wirtschaft gekommen waren. Und Hamburger Richter ermittelten gegen verantwortliche Redakteure, weil wörtlich aus Vernehmungsprotokollen zitiert worden war. Dies mochte nach geltendem Recht unerlaubt sein – doch es ging um ein höherrangiges öffentliches Interesse. Die Parteien des 9. Deutschen Bundestages nämlich hatten versucht, die Spendenpraxis großzügiger zu regeln und gleichzeitig eine Amnestie für vergangene Sünden zu ermöglichen.

Seit 1981 hatte der STERN in mehreren Berichten enthüllt, welche Tricks CDU, SPD und FDP ersannen, um die Grenzen der geltenden Parteispenden-Regelung (steuerliche Absetzbarkeit bis 1800 Mark) zu umgehen. So stellte der SPD-„Vorwärts" Rechnungen für Anzeigen aus, die nie erschienen waren. Die Union empfahl großzügigen Förderern den Umweg über gemeinnützige Vereine oder Staatsbürgerliche Gesellschaften, deren Quittungen unbegrenzt steuerlich absetzbar sind. Anschließend wurden mit dem Geld Partei-Aktivitäten finanziert. Die FDP – und hier war immer wieder der frühere nordrhein-westfälische Schatzmeister Otto Graf Lambsdorff im Spiel – verfügte über raffinierte „Geldwaschanlagen": Spendengelder nahmen den Weg von gemeinnützigen über internationale Vereinigungen und flossen dann weiter an die FDP.

Dieser Komplex staatsanwaltschaftlicher Ermittlungen – die sogenannte

„Spenden-Affäre" – war auch 1983 noch nicht abgeschlossen. In der abgetrennten „Flick-Affäre" indes wurden die Fahnder abschließend fündig. Sie wiesen die besonderen Beziehungen der Firma Flick zur FDP und ihren Bonner Wirtschaftsministern nach. Der Konzern hatte 1975 seinen Aktien-Anteil an der Daimler Benz AG verkauft. Dafür wären über 800 Millionen Mark Steuern fällig gewesen. Doch Flick legte den Mercedes-Erlös wieder an und beantragte nun Steuerbefreiung nach § 6b des Einkommensteuergesetzes. Darüber hatte der Bundeswirtschaftsminister „im Benehmen" mit dem Finanzminister zu entscheiden. Als fragwürdig erwies sich vor allem der Steuernachlaß in Höhe von rund 450 Millionen Mark für die Flick-Beteiligung am US-Mischkonzern Grace. Ende 1983 widerrief das Bundeswirtschaftsministerium seinen früheren Bescheid in dieser Sache.

Die Staatsanwälte jedenfalls waren überzeugt, daß der Flick-Generalbevollmächtigte Eberhard von Brauchitsch mit Spenden an die Liberalen und ihren Wirtschaftsminister die Entscheidungen beeinflußt hatte. Der beschuldigte Minister freilich sah keinen Grund, wegen der Anklage zurückzutreten. Erst einmal abwarten, war seine Devise. Er hoffte, daß ihm vielleicht doch noch das Hauptverfahren erspart bleiben könnte.

Firmenchef Friedrich Karl Flick (links) fehlt in der Liste der von der Bonner Staatsanwaltschaft Angeklagten. Denn für die dubiosen Spendenpraktiken war stets sein Generalbevollmächtigter Eberhard von Brauchitsch (rechts) zuständig, dem ebenso wie dem Flick-Manager Manfred Nemitz die Anklageschrift ins Haus flatterte. Viele Politiker standen auf der Spendenliste des Flick-Konzerns; im Zusammenhang mit Zahlungen an Graf Lambsdorff wittern die Fahnder jedoch Bestechung. Von Brauchitsch mußte die Flick-Chefetage inzwischen verlassen; er verzichtete auch darauf, das Präsidentenamt beim Bundesverband der Deutschen Industrie anzutreten, für das er bereits nominiert worden war.

Otto Graf Lambsdorff ist durch die Flick-Affäre schwer belastet. Wenn er trotzdem so tut, als könne ihn das alles nicht anfechten, so hat dies viel mit dem Zustand seiner Partei zu tun: Die FDP, seit der Wende in Bonn politisch in die Ecke gedrängt und personell ausgezehrt, möchte auf den Bundeswirtschaftsminister nicht verzichten – allein schon deshalb, weil sie nicht weiß, durch wen sie ihn ersetzen soll.

„Stell Dir vor, die Werften gehör'n uns..."

29. September 1983. Rund 100 000 Metallarbeiter sind dem Aufruf ihrer Gewerkschaft zur Demonstration in Bonn gefolgt. Gegenstand des Protestes: Die dramatische Entwicklung in der Stahl- und Werftenindustrie. Die eine Branche hat entscheidend mit der anderen zu tun: Wo keine Schiffe mehr gebaut werden, fehlen den Stahlkochern die Großabnehmer.

Im letzten Jahrzehnt ist die Auftragslage bei den deutschen Werften rapide zurückgegangen. Wurden 1975 noch über 1,5 Millionen Bruttoregistertonnen gebaut, so war es 1982 nur noch die Hälfte. Im ersten Halbjahr 1983 wurden zwar noch 468 000 BRT abgeliefert, im gleichen Zeitraum aber gingen nur Neuaufträge in Höhe von 154 000 BRT Tonnage bei den deutschen Schiffbauern ein.

Gründe für diesen Rückgang: Weltweit gibt es Überkapazitäten an Schiffsraum. Und im Schiffsneubau unterbieten Billiglohnländer die klassischen Schiffbaunationen nicht selten um mehr als 30 Prozent. So standen Mitte 1983 vom Weltauftragsbestand in Höhe von 29,7 Millionen BRT 11,4 Millionen in japanischen und 3,6 Millionen in koreanischen Orderbüchern. Ebenso wie die Bundesrepublik mußte sich auch Großbritannien mit weniger als einer Million BRT zufriedengeben. Entsprechend sank die Zahl der Beschäftigten in der deutschen Werftindustrie. 1957 waren es über 112 000, 1975 nur noch rund 77 000. Zu Beginn des Jahres 1983 lag die Zahl bei 57 000. Doch schon im Frühjahr kündigte sich ein Rückgang auf rund 50 000 an. Die Howaldtswerke-Deutsche Werft AG (HDW) in Hamburg und Kiel, größter deutscher Schiffbauer und im Besitz von Bund und Schleswig-Holstein, beschloß unmittelbar nach der Bundestagswahl vom 6. März die Entlassung von 4155 der rund 11 000 Beschäftigten. Der Hamburger Betrieb sollte gar ganz auf den Schiffsneubau verzichten. HDW Hamburg, die traditionsreiche „Deutsche Werft", nur noch ein mittlerer Reparaturbetrieb? Das wollten sich die Beschäftigten nicht gefallen lassen. Nachdem politische Interventionen fruchtlos geblieben waren, beschloß die Belegschaft, zu streiken und das Werk zu besetzen. Sie verbarrikadierte

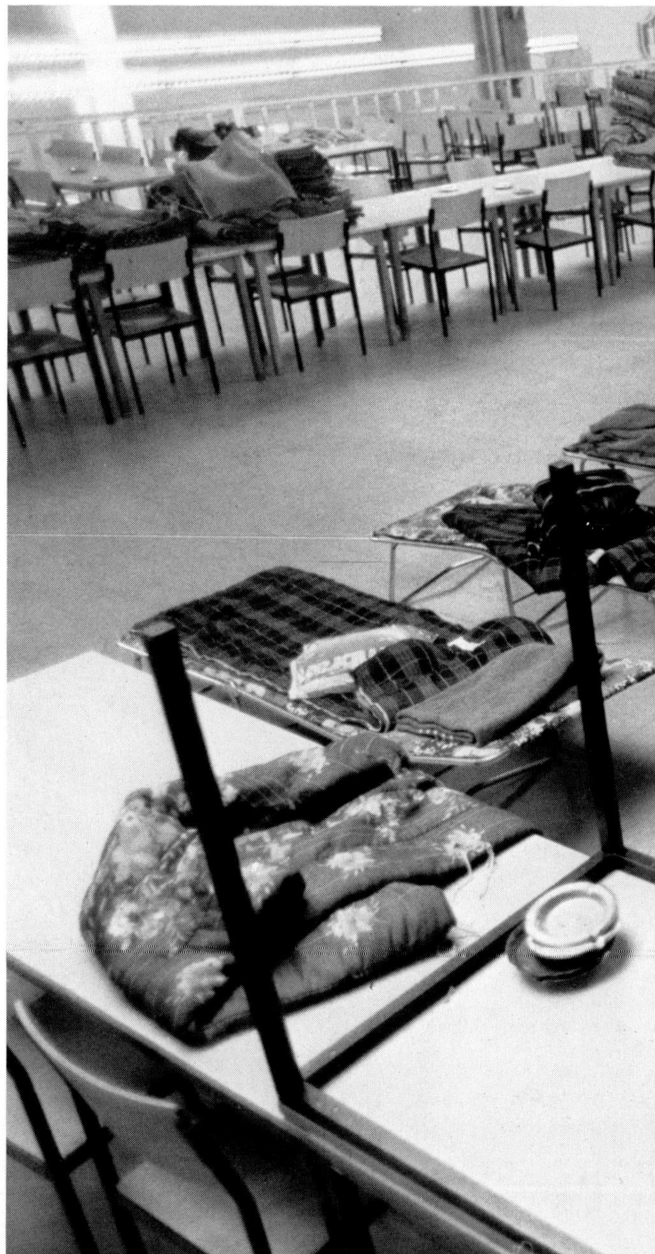

Wenn die Frauen der Werftarbeiter nicht gewesen wären – wer weiß, ob es den beispiellosen Kampf ihrer Männer um die Arbeitsplätze bei den Howaldtwerken/Deutsche Werft in Hamburg überhaupt gegeben hätte. Die Frauen waren es, die nicht nur auf die Straße gingen, sondern auch mit einem Hungerstreik die Öffentlichkeit alarmierten. Da faßten schließlich auch die Männer Mut, gegen die geplante Massenentlassung und den schäbigen Sozialplan auf die Barrikaden zu gehen.

sich hinter den Werkstoren und wollte nach der Devise „Stell Dir vor, die Werften gehör'n uns" die Sache selbst in die Hand nehmen. Die Sympathien einer breiten Öffentlichkeit waren auf ihrer Seite. Doch die Geschäftsleitung hielt mit Zuckerbrot – Zusagen an einzelne, daß sie nicht entlassen würden – und Peitsche – Drohungen mit fristloser Kündigung und damit Verlust der Sozialplan-Ansprüche – dagegen. Nach acht Tagen sprach sich in geheimer Abstimmung nur noch ein Drittel der Belegschaft für die Fortsetzung der Aktion aus.

Mit einer Niederlage endete auch der Kampf der 2200 Beschäftigten der Bremer Werft „AG Weser". „Hamburg hat einen Hafen, aber Bremen ist ein Hafen", sagt man in der Hansestadt an der Weser. Die Werftindustrie gehörte immer dazu. Der Abbau von Schiffbaukapazitäten hatte schon in den Jahren zuvor den Stadtstaat am Lebensnerv getroffen; bei 13,5 Prozent lag die Arbeitslosenquote Ende 1983. Um so verbitterter war die Auseinandersetzung um den Plan, eine der letzten drei Großwerften – eben die Gröpelinger „Akschen", wie die AG Weser im Volksmund heißt – ganz dichtzumachen.

Die Entscheidungen fielen, als gerade Bürgerschaftswahlkampf in Bremen war. Keine Partei sah sich in der Lage, den Arbeitern die Rettung ihrer Werft zu versprechen. Bundeswirtschaftsminister Otto Graf Lambsdorff ging gar persönlich zu den Leuten von der „Akschen", um ihnen mitzuteilen, daß sie keine Hilfe zu erwarten hätten.

Die Möglichkeiten des Bundes sind begrenzt. Die Beispiele anderer europäischer Länder zeigen, daß selbst hohe Subventionen kaum auf die Auftragslage durchschlagen. Die Zukunft der deutschen Werften liegt im Spezialschiffbau von Flüssiggastankern bis zu Bohrinseln und in „alternativer Produktion". Gemeint sind großtechnische Anlagen – etwa für den Umweltschutz –, die mit dem Know-how der Schiffbauer erstellt werden können. Gelingt die Umstrukturierung der deutschen Werftindustrie nicht, stehen nach Ansicht von Experten weitere 20 000 Arbeitsplätze auf dem Spiel.

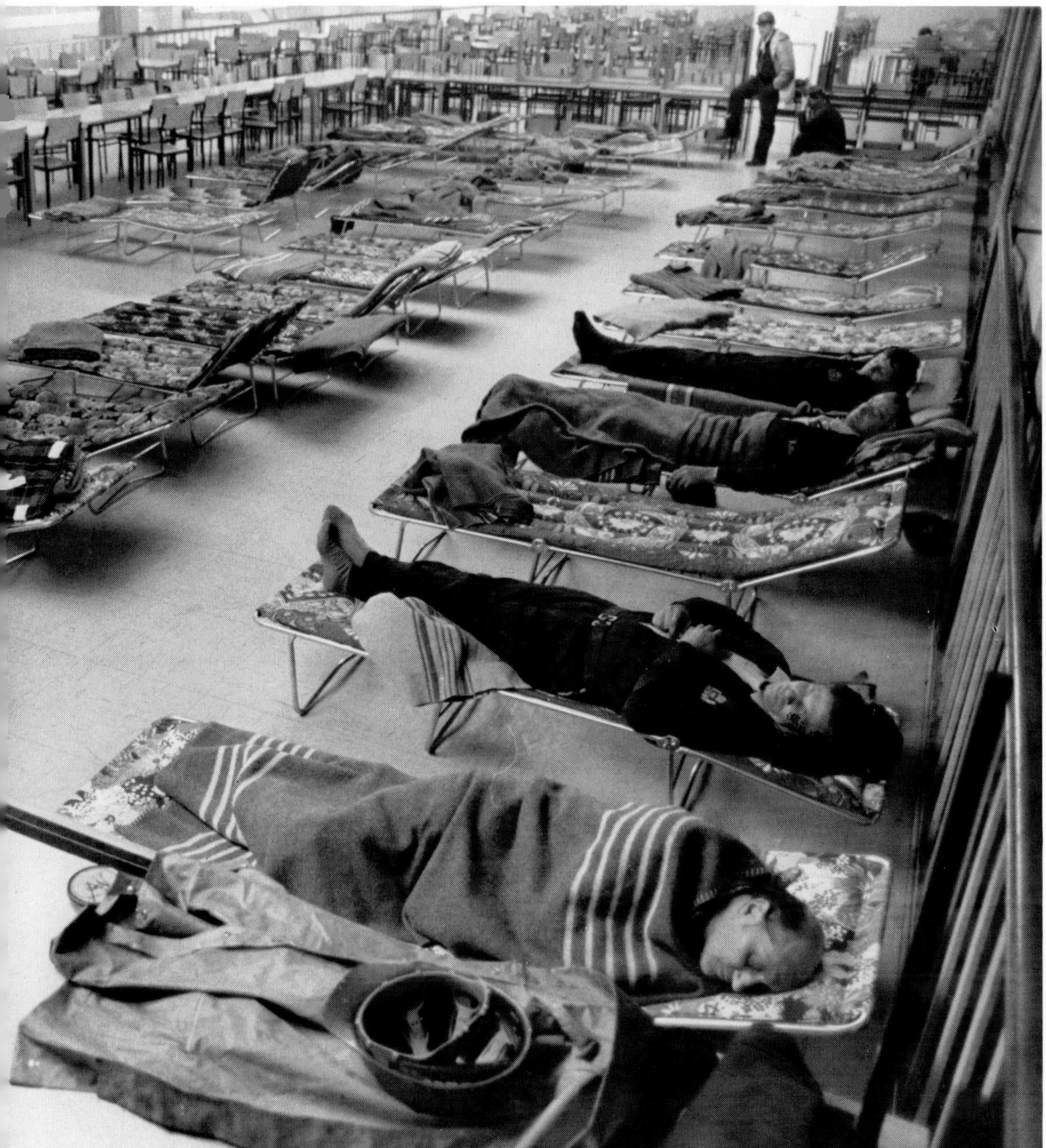

Nachtlager bei HDW. Aus Protest gegen die Halbierung ihrer Werft besetzte die Belegschaft das Betriebsgelände im Hamburger Hafen. In der Kantine wurden Pritschen aufgestellt. Wer nachts als Streikposten Wache geschoben hatte, holte tagsüber den Schlaf nach. Die Aktion brach zusammen, als die Mehrheit nicht mehr weitermachen wollte. Eine weitere Enttäuschung: Während die HDW-Leute in Hamburg um ihre Arbeitsplätze kämpften, machten ihre Kollegen im Kieler Werk Überstunden.

Achtjährige auf dem Schwebebalken, mit zehn Ballett-drill an der Stange der Turnschule, mit neun zum Hantel-training ins Gewichtheber-Internat – Chinas Sportkinder proben den Aufstieg des Milliardenvolkes zur athletischen Großmacht.

Das Reich der Mitte wird Sportnation

Auf Kindesbeinen eilt China in seine sportliche Zukunft. Hunderttausende junger Talente krümmen sich in Schulen und Sportinternaten für eine große Karriere. 1983 stiegen die Athleten der Volksrepublik zur stärksten Sportnation Ostasiens auf. 1984 treten sie in Sarajewo und Los Angeles zum erstenmal seit 32 Jahren wieder zu Olympischen Spielen an. Noch fehlt es im Reich der Mitte an modernen Geräten und erfahrenen Trainern, aber im Basketball, Bogenschießen, Fechten, Schießen, Turnen, Volleyball und Wasserspringen haben die Besten des Landes die Weltelite bereits eingeholt. Leistungssport, in den Jahren der Kulturrevolution fast eine gesellschaftspolitische Todsünde, gehört zu Chinas neuen Tugenden, Ausnahmekönner wie Hochsprung-Weltrekordler Zhu Jianhua und Turn-Weltmeister Tong Fei werden als Volkshelden verehrt. Schon treiben 300 Millionen Chinesen Sport. Bis zum Jahr 2000 soll in jeder Disziplin einer von ihnen – zur Ehre des Vaterlandes – Weltklasse sein.

Chinas grausamer Feldzug gegen das Verbrechen

Im Sportstadion von Xian in Mittelchina haben sich Hunderte von Menschen versammelt. Sie wurden aus Schulen, Fabriken und Behörden abkommandiert, um einem makabren Schauspiel beizuwohnen. Auf der Rasenfläche stehen 17 Männer und eine Frau. Zwei uniformierte Polizisten stehen jeweils hinter ihnen und halten sie an den Armen. Es sind Mörder, Diebe, Vergewaltiger, die ein Gericht erst vor wenigen Tagen zum Tode verurteilt hat. Die Namen, die Straftaten, die Urteile werden über den Lautsprecher verlesen. Die Menge klatscht Beifall. Dann werden die Verurteilten auf Lastwagen verladen und durch die Straßen an den Rand der Stadt gefahren. Dort werden sie durch einen Genickschuß getötet. In der ganzen Stadt hängen Wandzeitungen und Plakate, auf denen die Täter in Wort und Bild vorgestellt werden. Die Namen der Hingerichteten sind mit roter Farbe durchgestrichen.

Seit August häufen sich solche Szenen in allen Städten der Volksrepublik China. In diesem Monat startete die chinesische Führung in enger Zusammenarbeit mit den Sicherheitskräften eine landesweite Kampagne gegen die Kriminalität. Einige hundert Todesurteile wurden bereits vollstreckt; manche Schätzungen sprechen von einigen

tausend. Zur Abschreckung werden die Verurteilten – egal ob sie ins Arbeits- oder Umerziehungslager kommen, oder ob sie hingerichtet werden – auf öffentlichen Plätzen und in Sportstadien an den Pranger gestellt. Die Regierung hat ein Sondergesetz erlassen, das den 22 Delikten, für die bisher schon die Todesstrafe ausgesprochen werden kann, neun weitere Straftaten, zum Beispiel Rowdytum, Frauenhandel oder Zuhälterei, hinzufügt. Obgleich China im internationalen Vergleich eine der niedrigsten Kriminalitätsraten hat, stieg in den vergangenen zwei Jahren die Zahl der Gewaltverbrechen an. Sicherheitsminister Liu Fuzhi machte „den noch nicht abgeschlossenen Klassenkampf" dafür verantwortlich. Viele Täter sind junge Chinesen, die während der Kulturrevolution entwurzelt wurden und auf die schiefe Bahn gerieten. Amnesty International hat gegen die Massenhinrichtungen protestiert. Bisher ohne Erfolg. Die brutale Säuberungswelle geht überall im Lande weiter.

Weil die Zahl der Gewaltverbrechen angestiegen ist, hat die chinesische Regierung eine brutale Kampagne gegen Kriminelle begonnen. So wie im Sportstadion von Xian werden in vielen Städten der Volksrepublik China Straftäter öffentlich an den Pranger gestellt. Zehntausende von Kriminellen kamen in Arbeits- und Umerziehungslager. Einige tausend wurden hingerichtet.

So entsteht am Zeichencomputer ein Bild von einem Wrack am Strand: Mit einem elektronischen Griffel fährt der Zeichner über eine weiße Platte; ein heller Lichtpunkt auf dem Bildschirm folgt jeder Bewegung und zeichnet dabei dicke oder dünne Linien (1). Binnen Minuten erscheint die Skizze auf dem Bildschirm (2). Über die Tastatur wird – elektronisch erzeugte – Farbe angefordert und mit dem Griffel sekundenschnell auf jede gewünschte Fläche übertragen (3 und 4). Danach erst beginnt die eigentliche Arbeit: Der Zeichner holt sich Ausschnittvergrößerungen des Bildes auf den Schirm und geht an die Details: graue und braune Töne am Bootsheck, Steine und ihre Schatten, zerrissene Wolken. Häufig wiederkehrende Einzelheiten braucht er nur einmal zu zeichnen und kann sie dann elektronisch vervielfältigen (5). Schließlich überträgt eine Spezialkamera das fertige Bild auf Farbfilm.

Der elektronische Griffel ersetzt den Pinsel

Der Computer beginnt jetzt auch die Malerateliers zu erobern. Statt Staffeleien und Paletten stehen dort dann Farbfernseher, grün leuchtende Computerbildschirme und Tastaturen; ein „elektronischer Griffel" ersetzt den Pinsel, und auch die Farben erzeugt der Computer. „Ich brauchte nur wenige Wochen, um mich an diesen Zeichencomputer zu gewöhnen", schwärmt Paul Xander vom Computergrafiklabor des New York Institute of Technology von seinem 150 000-Dollar-Gerät. „Jetzt möchte ich nie mehr wie früher mit Tusche oder Bleistift arbeiten."

Zum Beweis führt er einen kleinen Stift über eine weiße Platte. Wie von Geisterhand gesteuert, folgt ein heller blinkender Lichtpunkt auf dem Farbbildschirm jeder Bewegung dieses Elektronikgriffels über die Platte, malt auf Knopfdruck dünne oder dicke, schwarze oder farbige Linien. Es erfordert nur den Druck auf eine Taste, schon leuchtet eine ganze Fläche in einer von 256 Farben.

Häufig wiederkehrende Bilddetails braucht Paul Xander nur einmal zu zeichnen, dann kann er sie elektronisch an jedem Punkt des Bildes vervielfältigen. Was ihm nicht gefällt, ist blitzschnell wieder gelöscht.

Eine ähnliche Technik wird auch für die Retusche von Bildern eingesetzt. In einem „Digitalisierer" genannten Gerät kann die Vorlage, etwa ein Foto, Bildpunkt für Bildpunkt automatisch in dem Computerspeicher gelesen werden. Danach ist es ein Leichtes, Farben zu korrigieren, unerwünschte Gesichter verschwinden zu lassen oder gar die „Mona Lisa" in eine blonde Negerin mit Schnurrbart zu verwandeln.

XANDER

Nachtfrost statt Eiszeit

Der befürchtete Temperatursturz im deutsch-deutschen Verhältnis blieb zum Jahresende aus. Gewiß, die Bundesregierung habe mit ihrer Zustimmung zur Stationierung neuer amerikanischer Atom-Raketen „eine schwerwiegende Verantwortung" auf sich geladen, rügte SED-Chef Erich Honecker. Doch zugleich signalisierte der mächtigste Mann der DDR sein Interesse an einer Fortsetzung der Vertragspolitik mit Bonn. Honecker am 25. November vor dem Zentralkomitee: „Wir sind dafür, den Schaden möglichst zu begrenzen."

Helmut Kohl zeigte sich ebenfalls dialogbereit. Erleichtert darüber, daß statt der angekündigten Eiszeit nur leichter Nachtfrost das Klima zwischen Bonn und Ostberlin beeinträchtigte, bot der Kanzler der SED-Führung eine Erweiterung der Zusammenarbeit an und erneuerte die Einladung an Honecker zu einem Besuch der Bundesrepublik. Kohls Staatsminister Philipp Jenninger: „Wir alle sind aufeinander angewiesen."

Beide deutsche Staaten hatten erkannt, daß der Kampf um die atomare Abrüstung trotz der Verhärtung zwischen den Supermächten weitergehen müsse. Zwar waren weder Kohl noch Honecker stark genug, der jeweiligen Führungsmacht beim Rüstungswettlauf in den Arm zu fallen. Aber sie bewahrten ihre Hoffnung, Washington und Moskau könnten doch noch den Irrsinn beenden, ihre nuklearen Waffenarsenale weiter aufzufüllen. Auf keinen Fall jedoch, so die stillschweigende Übereinkunft, würde es dem Weltfrieden dienen, wenn Ost- und Westdeutsche sich feindselig gegenüberstünden und sich – wie in früheren Krisenzeiten – gegenseitig das Leben schwer machten.

Mit ihrem Bekenntnis zur Politik der Vernunft trugen die Regierungen in Bonn und Ostberlin auch der Stimmung ihrer Bürger Rechnung, die mehrheitlich weder die Bundesrepublik noch die DDR in Schießplätze der Großmächte verwandelt sehen möchten. So stieß die Stationierung von Pershing-2-Raketen und Cruise Missiles bei drei Vierteln der Westdeutschen auf Ablehnung. Und auch in der DDR regte sich gegen die Aufstellung moderner sowjetischer Kurzstrecken-Raketen Widerspruch. Besorgt über das Anwachsen einer staatsunabhängigen Friedensbewegung warb DDR-Ministerpräsident Willi Stoph um Verständnis: „Diese Waffen sind uns aufgezwungen worden."

Freilich hatte es in der SED auch Stimmen gegeben, die den Raketen-Be-

Lange Zeit konnten die DDR-Kulturfunktionäre mit Udo Lindenberg wenig anfangen. Einerseits imponierte ihnen, daß sich der Rock-Star gegen die westliche Nachrüstung engagierte. Andererseits waren sie sauer, daß er über ein „Mädchen aus Ostberlin" sang, dessen West-Freund nicht über Nacht bleiben darf. Vorsichtshalber ließen sie Lindenberg, der in der DDR viele Fans hat, nicht im Osten auftreten. Schon gar nicht, als er Erich Honecker mit seinem „Sonderzug nach Pankow" veralberte. Doch dann besann sich der SED-Chef eines Besseren. Er ließ den Barden ebenso in die DDR kommen wie den CSU-Chef Franz Josef Strauß, mit dem er sich angeregt unterhielt.

schluß des Bundestages mit Sanktionen beantworten wollten. Aber wem, so fragten Honecker und die Partei-Mehrheit, würde es nützen, wenn die DDR Bonn und die Bundesbürger politisch bestrafte? Liefe man nicht Gefahr, die westdeutschen Nachbarn und andere West-Europäer, denen die Bevormundung durch Washington nicht behagt, in die Arme der Reagan-Regierung zu treiben? Die Antwort gab die Parteiführung selbst: Strafaktionen schaffen die Raketen nicht weg.

Zum Gewicht solcher Argumente kamen wirtschaftliche Zwänge. Wegen ihrer chronischen Devisen-Knappheit und ihrer hohen Verschuldung ist die DDR mehr denn je auf einen reibungslosen innerdeutschen Handel angewiesen. Denn nur diese Sonderbeziehung ermöglicht es dem SED-Staat, dringend benötigte Technologien für die veraltete Volkswirtschaft bargeldlos einzukaufen. Ohne die Wirtschafts- und Kapitalkraft der Bundesrepublik, so wird den SED-Machthabern immer wieder schmerzlich bewußt, lassen sich die ökonomischen Probleme des Arbeiter- und Bauernstaates nicht lösen.

Daß an den Schalthebeln in Bonn und Ostberlin Pragmatiker sitzen, war schon zu Beginn des Jahres zu erkennen. Obwohl die CDU/CSU die Verständigungs-Politik der SPD nach Osten jahrelang bekämpft hatte, setzte Kanzler Kohl den Kurs der sozialliberalen Regierung fort. Umgekehrt machte Honecker deutlich, daß sich die SED nicht von Sympathien oder von Abneigung für oder gegen eine der Bonner Parteien leiten läßt, sondern von den eigenen Interessen der DDR.

Doch noch ehe die Politik der Kontinuität erste Erfolge zeitigen konnte, sorgte der CSU-Chef Franz Josef Strauß für eine drastische Klima-Verschlechterung. Indem er den Herztod eines Transit-Reisenden zum „Mordfall" erklärte, heizte er die öffentliche Stimmung gegen das kommunistische „Unrechts-Regime" an. Zugleich for-

„Schwerter zu Pflugscharen" – unter diesem Symbol wird in der DDR gegen Rüstung und Krieg gekämpft und demonstriert. Doch wer sich in der unabhängigen Friedensbewegung – innerhalb oder außerhalb der Kirchen – engagiert, der wird vom Staat mißtrauisch behandelt. Verfolgung und Diskriminierung sind nicht selten die Folge.

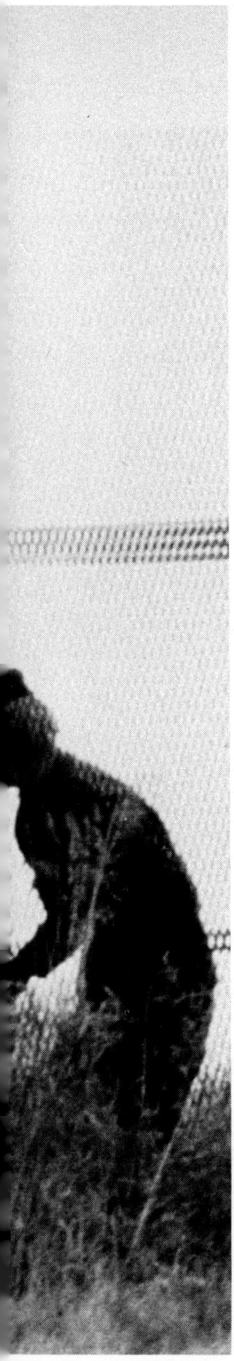

„Die Todesautomaten und der Schießbefehl müssen weg", hatten Christdemokraten immer wieder gefordert. Bei seinem Besuch in der DDR erhielt Franz Josef Strauß tatsächlich die Zusage Erich Honeckers, die Selbstschußanlagen an der Grenze würden abgebaut. Allerdings ließen sich die DDR-Behörden Zeit. Bis Ende des Jahres, so beobachteten westdeutsche Dienststellen, waren die Schußanlagen erst auf einer Länge von rund 40 Kilometern demontiert. Durchlässiger wurde die Grenze dadurch nicht. Durch den Ausbau der Kontrollsysteme im Hinterland werden Fluchtwillige schon weit vor der Demarkationslinie abgefangen.

derte er von Kohl auch in der Deutschland-Politik eine radikale Wende.

Doch dann war es ausgerechnet der bayerische Ministerpräsident, der mit einem sensationellen Schwenk die deutsch-deutschen Beziehungen wieder flottmachte. Derselbe Strauß, der jahrelang die „Leisetreterei" der Sozialdemokraten beklagt und die Union auf einen Kurs der Unnachgiebigkeit gegenüber dem Osten eingeschworen hatte, erwies im Juli der Nummer eins des SED-Staates im Jagdschloß „Hubertusstock" seine Reverenz.

Mehr noch: Strauß half maßgeblich dabei, einen Milliarden-Kredit für die DDR einzufädeln, den die Bundesregierung politisch absicherte. Zwar hoffte Bonn, die SED-Führung werde sich für diese Geste des guten Willens erkenntlich zeigen, aber Garantien gab es nicht. In diesem Punkt sei die Bundesregierung von dem strengen Prinzip „Leistung und Gegenleistung" abgerückt, räumte der innerdeutsche Minister Windelen ein. „Wir sind hier ganz bewußt ein Risiko eingegangen."

Die Rechnung ging auf, zumindest teilweise. In die DDR reisende West-Kinder müssen keinen Zwangsumtausch mehr zahlen. Zöllner und Grenzer wurden zu mehr Höflichkeit angehalten. Und an der Grenze begann der Abbau der Selbstschuß-Anlagen.

Auch sonst kam manches in Gang. Verhandlungen – etwa über den Umweltschutz und ein Kulturabkommen – wurden nach langer Pause wieder aufgenommen. Neue Vereinbarungen, zum Beispiel über eine Verbesserung des Post- und Fernmeldeverkehrs, wurden abgeschlossen.

Bei Erich Honecker und anderen Spitzen-Funktionären gaben sich westdeutsche Politiker die Klinke in die Hand – Helmut Schmidt und Hans-Jochen Vogel, Franz Josef Strauß und Egon Bahr, Petra Kelly und Richard von Weizsäcker. Der Christdemokrat hatte gewagt, was sich kein SPD-Vorgänger getraut hatte: Ungeachtet des Status der geteilten Stadt Berlin war der Regierende Bürgermeister mit dem DDR-Staatschef in Ostberlin zusammengekommen.

Selbst Pop-Star Udo Lindenberg, der lange Zeit vergeblich auf einen Auftritt im Osten gehofft und voller Wut ein Spottlied auf Honecker getextet hatte, durfte im Palast der Republik ein paar tausend handverlesene Ostberliner Fans beglücken.

Drachenfliegen

Das gefährliche Riesenspielzeug

Sieben Stunden wartete ein 22-Mann-Team des Community College in Edmonds im US-Staat Washington auf den richtigen Wind. Dann packte plötzlich eine Bö den größten Drachen der Welt, den die Studenten unter Anleitung des Kaliforniers Steve Edeiken gebaut hatten. Das Riesenspielzeug wurde über 30 Meter hoch gerissen – mitsamt seinem Konstrukteur. Eine der 108 Zug-Leinen hatte sich um seinen Knöchel gewickelt. Bevor die Mannschaft den Drachen wieder runterziehen konnte, löste sich die Schlinge, und Edeiken stürzte in den Tod.

Mit Atomkraft in die Pleite?

Die mächtigste Bürgerinitiative gegen die Kernenergie sitzt in der Wall Street. Dort empfehlen die Börsenmakler, mangels Renditeaussichten nicht in die Nuklearbranche zu investieren. Die New Yorker Beratungsfirma Merrill Lynch warnte vor dem Bau von 18 bereits genehmigten Atommeilern. Tatsächlich wurden 35 Aufträge gestrichen und 50 weitere Atomprojekte aufgeschoben. Mitte dieses Jahres mußte im US-Bundesstaat Washington für zwei Kernreaktoren Konkurs angemeldet werden, deren Preise um 500 Prozent gestiegen waren. 2,25 Milliarden Mark Schuldverschreibungen können die Elektrizitätsunternehmen nicht an die Zeichner der Anleihe zurückzahlen – die größte Pleite eines öffentlichen Unternehmens in der US-Geschichte. Und Ende des Jahres wurde der Bau eines „Schnellen Brüters" in Clinch River in Tennessee aufgegeben. 1,7 Milliarden Dollar waren bereits investiert.

Der Menschheitstraum von der billigen Energie aus der Kernspaltung ist vier Jahrzehnte nach der Entwicklung eines ersten Atomreaktors durch den deutschen Physiker und Nobelpreisträger Werner Heisenberg fürs erste geplatzt. Nach einer Studie des angesehenen „Worldwatch Instituts" blieb die

Erzeugung von Atomstrom im vergangenen Jahrzehnt um 50 Prozent hinter den einstigen Prognosen zurück. Jährlich stiegen die Baupreise für Meiler in den USA um 13 Prozent, in Japan um elf Prozent und in der Bundesrepublik um neun Prozent. Ergebnis: Die einst „billige" Atomenergie kann nicht mehr mit der Kohle konkurrieren. Nur in Frankreich wird der Kilowattpreis für Atomstrom durch staatliche Subventionen künstlich gedrückt.

Rote Zahlen fürchten die deutschen Elektrizitätsunternehmen auch durch eine geplante 10-Milliarden-Wiederaufarbeitungsanlage in Dragahn oder Schwandorf. Als Billig-Lösung wird die direkte Einlagerung von abgebrannten Kernbrennstäben in Salzstöcken favorisiert. Die Bundesregierung setzt auf den Ausbau der Kernenergie, da mit einem möglichen Wirtschaftswachstum auch der Stromverbrauch steigen werde.

Die Wasserburg am Niederrhein. Mit einem schweren Betonzaun und einem Graben wird der Bau des Schnellen Brüters in Kalkar gegen Demonstranten geschützt. Doch dem 6,5-Milliarden-Projekt droht eine finanzielle Pleite. In den USA und der Sowjetunion sind Brutreaktoren aufgegeben worden — wegen Unwirtschaftlichkeit. Die Bundesregierung hält trotzdem an dem Großprojekt fest.

Boom für Windmühlen

Wohlhabende Amerikaner haben eine neue Möglichkeit entdeckt, ihr Geld gewinnbringend anzulegen: mit dem Bau von stromerzeugenden Windmühlen. Wie hier am Altamont Pass östlich von San Francisco sind vor allem in Kalifornien Dutzende sogenannter Windfarmen entstanden. Vorteil der vielen kleinen anstelle weniger großer Strommühlen: Sie lassen sich kostengünstig in Serie fertigen und sind leicht zu warten. Ausgelöst wurde der Windmühlen-Boom durch zwei Gesetze. Danach sind die Elektrizitätsunternehmen in den USA verpflichtet, den erzeugten Strom zu einem fairen Preis abzunehmen. Außerdem können die Betreiber der Windkraftanlagen die Hälfte ihrer Baukosten über das Finanzamt zurückbekommen. Das entspricht ziemlich genau der Spanne, die die Windkraftnutzung bislang noch von der Wirtschaftlichkeit entfernt ist.

Frei und unbeschwert führte der holländische Bierkönig Alfred Heineken (60) ein „ganz normales Leben". Leibwächter lehnte der lebenslustige Milliardär – oben während eines Urlaubs – stets ab. So machte er es seinen Entführern leicht. Drei lange Wochen hielten sie ihn in einem Wellblechschuppen im Amsterdamer Hafengelände gefangen. Den wie ein Stück Vieh angeketteten Heineken hatten die Kidnapper – durch eine Trennwand getarnt – in einer schallisolierten Betonzelle versteckt. Die Einrichtung bestand lediglich aus einer Matratze, ein paar Decken und einem chemischen Klo.

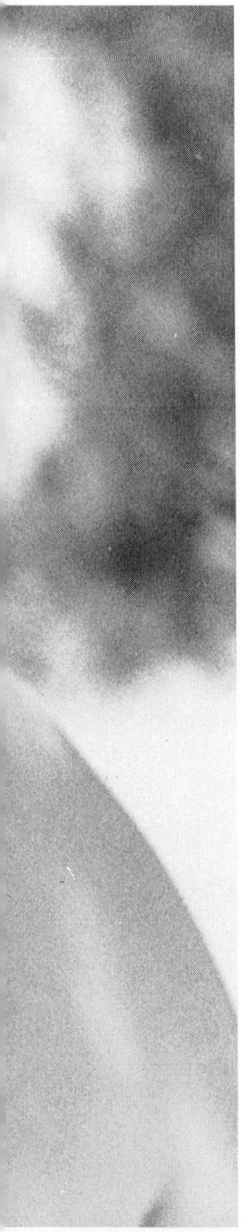

Adlers Sturzflug

Für den holländischen Brauereichef Alfred Heineken war es stets das Höchste, sich frei und unbeschwert bewegen zu können. Ob er mit Freunden wie Fürst Rainier von Monaco, Königin Beatrix und Prinz Claus seinen Urlaub verbrachte oder ob er nach Dienstschluß in eine Amsterdamer Kneipe ging – Leibwächter hatte der reichste Mann der Niederlande nie um sich. Von denen fühlte sich der lebenslustige Milliardär eingeengt.
Am 9. November zahlte der 60jährige Bierbrauer den Preis seiner Freiheit. An diesem Tag wurden Heineken und sein Chauffeur Ab Doderer (57) von bewaffneten und maskierten Männern überfallen und verschleppt. Drei Wochen wurden die beiden unter erbärmlichen Bedingungen in einem Wellblechschuppen im Amsterdamer Hafengelände gefangengehalten, versteckt in zwei schallisolierten Betonzellen, welche die Entführer durch eine Trennwand getarnt hatten.
Für die Freilassung ihrer Opfer verlangten die Entführer 30 Millionen Gulden Lösegeld. Doch schon bei den ersten Kontakten mit den Gangstern dämmerte den Beamten der 30köpfigen Kripo-Sonderkommission, daß sie es nicht nur mit schweren, sondern auch grünen Jungs zu tun hatten. Besonders unprofessionell etwa agierten die „Adler" (Codename, den sich die Entführer gegeben hatten) bei der Lösegeldübergabe. Als die Polizei dann nach einem anonymen Hinweis den Konzernherrn und seinen Fahrer aus ihren Zellen befreiten und die Jagd auf die Entführer begann, wurde aus dem Verdacht schnell Gewißheit: Die Kidnapper, bis auf drei mittlerweile alle verhaftet, entpuppten sich als eine Bande von Kleinkriminellen, „Feierabend-Gangster", so die Polizei. Auch der größte Teil des Lösegelds war schnell gefunden. Aus dem geplanten Höhenflug der Gruppe „Adler" war ein Sturzflug geworden: Der Traum der Entführer-Bande vom Millionärs-Dasein war ausgeträumt.

Um sich vor Angriffen zu schützen, hatte Alfred Heineken seinen schwarzen Cadillac in den USA panzern und kugelsicher machen lassen. Gegen die Entführer half diese Vorsichtsmaßnahme nichts. Auch Chauffeur Ab Doderer war machtlos. Als er seinem Chef helfen wollte, wurde er ebenfalls verschleppt. Angeblich zahlte der Heineken-Konzern 30 Millionen Gulden für die Freilassung der beiden Männer. Nach der Befreiung der Geiseln stellten Beamte der Amsterdamer Sonderkommission im Auto eines der Feierabend-Gangster fünf Millionen Gulden Lösegeld sicher, die sie in einem Plastiksack abtransportierten (links.) Weitere Millionen entdeckten Spaziergänger per Zufall in einem Waldstück. Die meisten Täter wurden schnell gefaßt. Kommentar der Kripo: „Die Sache war für die Bande einige Nummern zu groß."

Als in Anatolien die Erde bebte

Erzurum – wer hatte diesen Namen einer osttürkischen Provinzhauptstadt vor dem 30. Oktober dieses Jahres schon gehört? Kurz nach Sonnenaufgang spürten die Menschen in der Provinz Erzurum an diesem Sonntagmorgen ein Vibrieren der Erde, das sich in wenigen Augenblicken zu einem furchtbaren Schütteln steigert, begleitet von brüllendem Donner. Als das Erdbeben vorbei ist, liegen 44 Dörfer der Bergregion in Trümmern, 1339 Menschen sind tot – fast doppelt so viele, wie beim Desaster von San Francisco 1906 ums Leben kamen. Die Erschütterungen des Bebens waren in einem Umkreis von 350 Kilometern zu spüren – bis in die Sowjetunion, Iran, Irak und Syrien. Ein Grund für die Vielzahl an Opfern ist die Konstruktion der Häuser in diesem Gebiet, das zu den ärmsten der Türkei gehört: Natursteine, vermauert mit Lehmmörtel, dazu schwere Dachbalken. Selbst leichte Erdstöße werfen diese Häuser um. Hilfe zum Bau stabiler Häuser wurde nach der Katastrophe versprochen. Aber staatliche Mühlen mahlen langsam. Mit der Aussicht, den Winter in Notzelten verbringen zu müssen, machten sich die Bewohner vieler Dörfer daran, ihre Häuser im alten Stil wieder aufzubauen. Die nächste Katastrophe ist programmiert.

Schwefliger Wasserdampf dringt im Solfatara-Krater am Stadtrand von Pozzuoli aus der Erde und umhüllt die kleine Beobachtungsstation mit den Instrumenten der Vulkanologen. Bis zu 165 Grad betragen die Temperaturen der heißen Quellen in dem Krater. Von ihm geht eine größere Gefahr aus als vom langsamen Erdbeben in der Stadt selbst: Wissenschaftler befürchten, daß es im Solfatara eines Tages zu einer Dampfexplosion oder gar zum Ausbruch von glühendheißer Magma kommen könnte.

Ohne Wasserleitungen und elektrisches Licht leben derzeit Hunderte von Menschen in einer Zeltstadt an der Küste, ihre vom Einsturz bedrohten Häuser der Via Napoli immer vor Augen. Auf dem Hügel dahinter der Stadtteil Terra, der seit dem letzten „Bradisismo", dem langsamen Beben, verlassen ist.

In Pozzuoli bebt die Erde langsam

Wenn in der Fischerstadt Pozzuoli westlich von Neapel die Erde bebt, dann immer mit Maß: Selten erreichen die Erschütterungen auf der Richter-Skala einen Wert von drei. Dabei passiert kaum etwas Dramatisches, die Erde tut sich nicht auf; die Häuser wackeln zwar, aber sie bleiben stehen. „Bradisismo" nennen das die Leute aus der Gegend, langsames Erdbeben. Trotzdem gleichen die malerische Altstadt und das Hafenviertel, wo bis vor kurzem noch 30 000 Menschen lebten, heute weitgehend einer Geisterstadt.

Die Einwohner ziehen aus ihren Häusern aus, werden von den Behörden in eilig requirierte Ferienwohnungen in der Umgebung einquartiert oder in Zellen notdürftig untergebracht. Denn so mäßig die Erdstöße in Pozzuoli auch sind – sie sorgen dafür, daß sich der Kern der Stadt täglich um vier Millimeter hebt. Als Folge davon stehen heute viele Häuser nicht mehr senkrecht. Stromleitungen zwischen den Gebäuden, ehemals straff gespannt, hängen schlaff durch, andere werden überspannt und reißen. In den Mauern bilden sich Risse, Teile des Mauerwerks brechen heraus und fallen auf die Straße. Seit Mitte Oktober sind Arbeiter dabei, einzelne Gebäude abzubrechen – Einsturzgefahr!

Die wirtschaftlichen Folgen für die Stadt sind erheblich: Mit den Straßen und Plätzen hebt sich auch der Hafen, und die größeren Fischerboote können schon heute nicht mehr einlaufen. Damit ist die Haupteinnahmequelle, der Fischfang, gefährdet. Schon haben sich die ersten Firmen der Fischverarbeitungsindustrie aus Pozzuoli zurückgezogen, weil Anlandung und Transport in anderen Häfen problemlos sind. Auch die Händler in den Straßen der Altstadt stehen kurz vor dem Ruin. Zwar dürfen sie ihre Läden weiterhin offenhalten, selbst wenn Wohnungen im selben Gebäude schon geräumt werden müssen. Aber was nützt ein offener Laden, wenn es keine Kunden mehr gibt.

Die Gefahr, daß aus dem „langsamen Beben" eine plötzliche Eruption werden könnte, wird von Experten verneint. Schon einmal, 1970, hatte es in einem Teil der Stadt das gleiche Phänomen gegeben. Damals hob sich die Erde um insgesamt 1,70 Meter – der Stadtteil Terra ist seither verlassen und verfällt immer mehr. Wissenschaftler fanden seinerzeit die Ursache heraus. Flüssige Magma war aus großen Tiefen in eine Kammer eingedrungen, die mehrere Kilometer tief unter dem Stadtviertel liegt. Zu einem Ausbruch kam es auch damals nicht. Eine Gefahr freilich besteht nach Ansicht der italienischen Vulkanologen. Da die Magmakammer unterhalb der Stadt wahrscheinlich mit dem nahegelegenen Vulkankrater Solfatara durch ein Spaltensystem verbunden ist, könnte die unvorstellbar heiße Magma mit Grundwasser des Kraters zusammentreffen. Die Folge wären Dampfexplosionen, vielleicht sogar Magma-Austritte – freilich nicht im Stadtgebiet selbst, sondern ein paar hundert Meter entfernt.

Unterdessen bemüht sich der italienische Zivilschutzminister um weitere Unterkünfte für die Obdachlosen, die bei winterlichen Temperaturen in Zelten hausen müssen. Aber die Besitzer von Ferienhäusern und Zweitwohnungen in der Umgebung der Stadt leisten heftigen Widerstand gegen die Beschlagnahme ihres Eigentums – nicht ohne Grund. Sie fürchten, daß aus der vorübergehenden Maßnahme leicht ein für sie sehr unangenehmer Dauerzustand werden könnte, und trauen den Beteuerungen der Regierung nicht, die innerhalb eines Jahres für die Evakuierten neuen Wohnraum in einem relativ sicheren Gebiet außerhalb der Stadt schaffen will. Dabei haben die mißtrauischen Hausbesitzer die letzte Erdbebenkatastrophe im Raum Neapel von 1980 vor Augen. Damals waren 3000 Menschen ums Leben gekommen, -zigtausende obdachlos geworden. Sie wohnen noch heute in Barackenlagern, die seinerzeit in aller Eile errichtet worden waren – mit dem Versprechen der zuständigen Behörden, möglichst bald für erdbebensichere Wohnungen zu sorgen.

Blutrote Ernte

Was wäre das amerikanische Erntedankfest, der „Thanksgiving Day", ohne einen knusprig gebratenen Truthahn auf dem Küchentisch? Unvorstellbar. Und was wäre der Truthahn ohne die traditionelle Beilage der „Cranberries", einer säuerlichen amerikanischen Abart der Preiselbeere? Ebenso undenkbar. In den Neuengland-Staaten Massachusetts und New Jersey lebt eine ganze Farmindustrie vom Anbau der kleinen roten Kullerfrüchte. Das große Problem der Cranberry-Farmer war lange Zeit das der Obstbauern auf der ganzen Welt: Zur Erntezeit brauchte man kurzfristig eine Menge von Hilfskräften, die sich zwischen den niedrigen Beerenpflanzen Knie und Kreuz kaputtmachten. Die Farmer hätten allerdings keine Amerikaner sein dürfen, wenn sie das Problem nach einigem Nachdenken nicht maschinell in den Griff gekriegt hätten. Sie legten die Beerenfelder so an, daß sie sich zur Erntezeit in flache Seen verwandeln lassen. Maschinen verwirbeln in diesen Seen das Wasser so stark, daß die reifen Früchte von den Sträuchern gerissen werden und aufschwimmen. Das Einbringen der Ernte ist dann nur noch ein Kinderspiel.

Wie riesige Blutlachen schwimmen zur Erntezeit im Herbst die Cranberries auf den überschwemmten Feldern. Den Obstbauern in Neuengland ist es gelungen, die Knochenarbeit der Beerenernte durch ein mechanisches Verfahren zu ersetzen. Nachdem riesige Schneebesen das Wasser so sehr verwirbelt haben, daß die Früchte von den Sräuchern gerissen werden, schieben Arbeiter sie dem Rüssel des Saugapparats zu. Innerhalb kurzer Zeit sind die großen Trucks voll mit den kleinen roten Beeren. Zum Thanksgiving Day, dem vierten Donnerstag im November, gehören die Cranberries dazu wie der Truthahn selbst, zu dem sie als Beilage serviert werden.

Larry Hagman, 52, als Ekel J.R. in der US-Serie „Dallas" um keine Intrige verlegen, zeigte sich privat als charmanter Gastgeber. Grund: die Hochzeit seiner 25jährigen Tochter Heidi mit dem 33jährigen Maler Brian Blount in Palm Springs. Auf das Geld ihres Vaters ist die Hagman-Tochter nicht mehr angewiesen. Für ihre Ölbilder kassiert sie inzwischen bis zu 5000 Mark. Aber auf die breite Schulter ihres Vaters ist sie angewiesen. Um den ganzen Hochzeits-Rummel ertragen zu können, suchte sie immer wieder Schutz bei ihrem publicity-erfahrenen Daddy, dessen Haus bei einem Tornado verwüstet wurde.

Ein Sturm kassierte

Der Tornado kam mit einer Geschwindigkeit von 110 Kilometern und verwüstete Anfang Januar 1983 einen etwa 100 Kilometer breiten Küstenstreifen in Kalifornien. Elf Tote forderte der Sturm, und mehr als 700 Häuser wurden zerstört. Über 30 Straßen mußten wegen umgestürzter Bäume gesperrt werden, rund 200 Autos machten sich selbständig, waren anschließend schrottreif. Stark lädiert wurde auch die Künstler-Kolonie Malibu direkt am Pazifischen Ozean. Acht Meter hohe Wellen verwüsteten 69 Häuser total, 27 waren so stark beschädigt, daß die Besitzer für Wochen ins Hotel ziehen mußten. Besonders hart zugesetzt hat der Sturm dem US-Schauspieler Richard Widmark. Er hatte sein Haus gerade für 1,1 Millionen Dollar zum Verkauf angeboten. Der Sturm legte es in Trümmer. Zerstört wurde auch eine kostbare Antiquitäten-Sammlung. Hollywood-Haudegen Widmark: „Wichtig ist, daß wir noch leben. Alles andere wird sich finden."
Seit dem 24. April 1983 läuft im ZDF die US-Serie „Denver-Clan" als Konkurrenz zu „Dallas" in der ARD. Ein

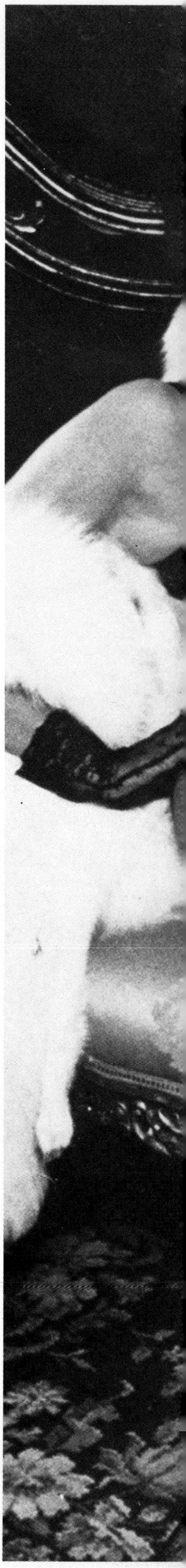

wöchentliches Familiendrama aus Intrigen und Sex. Inzwischen haben die neckischen Gesellschaftsspiele der Reichen in Deutschland einen festen Zuschauerstamm um sich geschart. Durchschnittlich 39 Prozent sitzen vor dem Bildschirm, wenn die Ewings und die Carringtons ihre Umwelt belügen und betrügen. Zielt in „Dallas" hauptsächlich Bösewicht J.R. mit seiner Profilneurose unter die Gürtellinie, so kämpft in Denver im Staat Colorado gleich eine ganze Handvoll Fieslinge – überwiegend attraktive Frauen – mit illegalen Mitteln um Macht und Geld. Nicht selten werden die Geschäftsabschlüsse in den Betten der Beteiligten besiegelt. Nicht selten verschwinden Nebenbuhler auf mysteriöse Weise von der Bildfläche, denn Geld regiert die Welt, zumindest bei den schwerreichen Fernseh-Familien Ewing und Carrington.
85 Folgen „Denver-Clan" haben die Amerikaner inzwischen fertiggestellt, und Joan Collins, als Alexis Carrington in der Serie zu allen Schandtaten und Intrigenspielen bereit, ist sicher: „Wir haben noch soviel Gemeinheiten auf Lager, daß wir ganz locker 100 Folgen füllen können."

Beim Spiel um Macht und Geld in „Denver-Clan" dabei: von links nach rechts; untere Reihe: Pamela Bellwood als Claudia Blaisdel; John James als Jeff Colby; Heather Looklear als Sammy Jo; mittlere Reihe: James Farentino als Dr. Nick Toscanni; Linda Evans als Krystle; John Forsythe als Blake Carrington; Joan Collins als Alexis, Pamela Sue Martin als Fallon; oben Lloyd Bochner als Cecil Colby; Lee Bergere als Joseph; und Al Corley als Steven.

Feuerzauber in Lissabon

Ein Sonnabend im Juni. In Lissabon feiern die Portugiesen ihren Lieblingsheiligen Sankt Antonius. Sie freuen sich auf das „Teatro de Fogo", das Riesenfeuerwerk des Wiener Entertainers André Heller, das jetzt im Hafen vorbereitet wird. Eineinhalb Millionen Mark hat Heller für das Spektakel zusammengebracht. Seine Gemäldesammlung hat er dafür verpfändet, Freunde übernahmen Bürgschaften, und Banken gaben schweren Herzens Kredit. Elf Tonnen Sprengstoff, verteilt auf 25 000 Knall- und Leuchtkörper, sind jetzt auf 16 Schiffen installiert, geformt zu riesigen allegorischen Bildern. Die Zündpunkte sollen beim „Teatro de Fogo" aufflammen und die Erschaffung der Welt und des Menschen an den Nachthimmel malen, den Fluch des Krieges und den Triumph der Phantasie. Doch kurz vor Mitternacht kommt es zum Chaos. Unter den wartenden Massen bricht eine Panik aus. In einer einzigen Minute werden die Nervenstränge der Pyrotechnik zertrampelt. Kabel reißen, Zündschnüre brechen, wie eine Springflut bricht die Menge über die Absperrung herein. Da läßt ein Heller-Helfer — zu früh zwar, aber dennoch rechtzeitig — das Kunstwerk zünden. Die Paukenschläge und Trompetenstöße der Feuerwerksmusik von Georg Friedrich Händel stoppen den Amoklauf der Massen. Die vielfarbigen Riesenbündel aus Feuergarben bringen sie zum Schweigen. Zwar brennen die Flammenbilder viel zu schnell herunter. Doch im Taumel der Gefühle merkt das kaum jemand. Was die Menschen in der Nacht von Lissabon fasziniert, ist der ewige Sieg des Lichts über die Finsternis. André Heller fährt inzwischen in seinen Feuerträumen fort. „Stell dir ein Teatro de Fogo vor", sagt er, „zu dem die New Yorker Symphoniker aufspielen mit Leonard Bernstein als Dirigent."

„War ihr Verhalten richtig, oder war es falsch? Ich bin zwar gegen Selbstjustiz, aber ich habe vieles nachempfinden können. Marianne Bachmeier könnte irgendwie meine Schwester sein", bekennt Gudrun Landgrebe. Die 33jährige Schauspielerin bekam die Hauptrolle in „Annas Mutter", weil sie laut Filmverleih „genau jene Unerschrockenheit und Verruchtheit hat, die der echten Bachmeier schon so viel Charme verlieh."

„Die Bachmeier wird sich nicht wiedererkennen, wenn sie mich im Kino sieht", sagt die 26jährige Österreicherin Marie Colbin. Sie ist Hauptdarstellerin in „Keine Angst vor Tränen", der in Hamburg gedrehten Filmversion des Falls Bachmeier, mit der Regisseur Hark Bohm gegen seinen Münchner Kollegen Burkhard Driest wetteifert.

Drei Frauen, zwei Filme, ein Schicksal:

Marianne Bachmeier, die im März 1983 wegen Totschlags an dem mutmaßlichen Mörder ihrer Tochter Anna zu sechs Jahren Gefängnis verurteilt wird, treibt im September zwei Regisseure zum Dreh-Duell. Der ehemalige Strafverteidiger Hark Bohm hält mit „Der Fall Bachmeier", Untertitel „Keine Angst vor Tränen", ein Plädoyer für die Täterin, gespielt von der Österreicherin Marie Colbin.

Der ehemalige Sträfling Burkhard Driest, entflammt von den Augen der „verwundeten Wölfin" Bachmeier, besetzt die Hauptrolle in „Annas Mutter" mit der „flambierten Frau" Gudrun Landgrebe. Marianne Bachmeier selbst kürt Bohm zu ihrem Favoriten. „Er hat sich mit dem Thema innerlich auseinandergesetzt und ist sensibel und seriös ans Werk gegangen." Beim Konkurrenten gehe es etwa nach dem Motto: „Ich bin Burkhard Driest, der dampfende Hirsch, machst mit mir 'nen Film, hey, Baby, oder nicht?". Kommentar des Driest-Produzenten zum Wettstreit der Filmemacher: „Bei dem einen ist es eine intellektuelle Geschmacklosigkeit, bei dem anderen eine etwas profanere Geschmacklosigkeit."

Hoffentlich nie: Der Tag danach

„Noch ist es nur ein schockierender Spielfilm. Sorgen wir dafür, daß es dabei bleibt!" Das sind die moderat-warnenden Werbesprüche der deutschen Verleihfirma für den Atomschokker „The Day After." Die minuziöse Schilderung der Folgen eines Atomkriegs auf die Stadt Kansas und ihre Umgebung hatte erstmals die amerikanische Fernsehanstalt ABC am 20. November ausgestrahlt. An diesem denkwürdigen Fernsehabend zwang sich eine ganze Nation, dem Grauen eines Atomangriffs ins Gesicht zu sehen.

In Deutschland und in weiteren 30 Ländern muß man dafür ins Kino gehen. Das Tabu-Thema Atomtod wurde zum Kassenknüller.

Allein in der Bundesrepublik hatte der Film in den ersten beiden Wochen einen Kassenumsatz von acht Millionen Mark gemacht. Aus „Mach dir ein paar frohe Stunden" wird das Horrorerlebnis, was zwei Megatonnen-Explosionen aus heiterem Himmel anrichten können. Dem voran geht der Totentanz der beiden Großmächte – und die Bürger stehen hilflos daneben. Sie dürfen nur zusehen, wie am Tag X die eigenen todbringenden Raketen aufsteigen und kurze Zeit später die sowjetischen einschlagen. Die Menschen verglühen im Atomblitz. Überlebende, zum Teil gräßlich verbrannt und verstrahlt, irren zwischen Leichen und Trümmern hin und her.

In „The Day After" sagt ein Wissenschaftler über „die Mini-Bomben von 1945": „Hiroshima was peanuts." Auch wenn das nur ein Klacks gewesen sein soll im Vergleich zu dem Waffenpotential von heute – seit Hiroshima sollten wir es begriffen haben: Jede Waffe, die es gibt, wird auch einmal eingesetzt.

Wie's drunter aussieht…

. . . erfuhren verblüffte Londoner Bürger, als sie im Feierabendverkehr nach Hause fuhren. Zwischen den Gleisen des U-Bahnhofs Kensington High Street stand ein weiblicher Exhibitionist („Flasher") und zeigte reizvoll kaum verhülltes Damenfleisch. Biberpelzmantel und untendrunter nur unschuldiges Weiß: das elastische Korsett mit Strapsen und Spaghettiträgern ist vorne Spitze und hinten ein Glanzstück. Dazu weiße Strümpfe aus dem Brautsortiment.
Diese reizvollen Stücke entwarf die schwäbische Dessous-Künstlerin Silvia Hahn. Sie überlegte: Wo wirken meine Stücke sündig und frech zugleich? Wo erwecken sie am meisten Aufmerksamkeit? Im Studio? Zu nüchtern. Vor exotischer Kulisse auf den Bahamas? Zu unoriginell. Also fragte sie den Londoner Fotografen Chad Hall, ob er Lust hätte, ihre Dessous-Modelle mitten im Stoßverkehr abzulichten. Mr. Hall hatte, und es kam fast zu einem Volksauflauf, als er Foto-

modell Laura Gibbons in all ihrer textilen und fleischlichen Pracht fotografierte. Und die Dessous der Silvia Hahn sind Leckerbissen nicht nur für Fetischisten: (von links nach rechts) überm Nabel ein aufgestickter Fasanengockel, drumherum jede Menge falscher Saphire, ein Korsettstück der Luxusklasse. Drei aufgestickte Vögel machen aus diesem klassischen BH-Höschen-Set eine Schau. Aus Spitze handgenäht sind die beiden auch in Schwarz zu haben. Ein Hochkaräter: die drei auf die Spitze gebrachten Pfauen haben glänzende Augen – echte Saphire. Nur etwas für Big Spender: 1800 Mark kostet der BH, 450 Mark der Slip. Der Ozelot ist los, an BH, Strapsgürtel und Tangahöschen. Ein Hauch von Nichts aus Chiffonseide, ringsrum mit schwarzer Spitze eingerahmt und mit schwarzen Strümpfen wildgemacht. Seufzt ein Arbeiter, der von der Schicht nach Hause fährt: „Wenn das meine Emma doch auch mal tragen würde."

Wie eine Bombe

Mittagspause in der Arzneimittelfabrik Thomae in Biberach. Der 52jährige Chemotechniker Peter Köster steht mit Kollegen vor der Werkhalle. Das Geräusch tieffliegender Düsenjäger kennen sie, aber plötzlich hören sie ein Krachen. Gleich danach steigt über dem Ort eine Rauchwolke auf: Ein Düsenjäger vom Typ Mirage III R ist mit einem anderen Flugzeug zusammengestoßen und brennend abgestürzt. „Ich hab' gesehen, wie das Ding 'runterkam – genau auf mein Haus", berichtet Köster später. Als er zu seinem Haus am Meisenweg will, ist die ganze Siedlung schon weiträumig abgeriegelt: „Militärisches Sperrgebiet, hier kommt keiner 'rein", belehrt ihn ein Bundeswehrsoldat. Erst Stunden später erfährt er, daß seine Frau zufällig nicht daheim war. Sein Haus ist ein rauchender Trümmerhaufen, ebenso ein zweites im Meisenweg. Die Feuerwehr birgt vier Tote.

Das Unglück von Biberach kann sich jeden Tag in der Bundesrepublik wiederholen. Die Maschine der französischen Luftwaffe war vom Fliegerhorst „Base 124" in Straßburg-Entzheim aufgestiegen. Flugziel: Der Nato-Flughafen Memmingen – ein Katzensprung, eben mal über den Schwarzwald. Militärischer Zweck der Übung war das Tiefflug-Training. Düsenjägerpiloten müssen im Ernstfall unter dem feindlichen Radar hindurchfliegen können. Wenn sich der Pilot nach dem Start vom Tower verabschiedet hat, ist er ganz auf sich gestellt: Er fliegt nach Sicht, eine Flugsicherung gibt es nicht. Dadurch kommt es in den Bereichen kleiner Sportflughäfen, die keine Tiefflug-Schutzzone haben, immer wieder zu gefährlichen Situationen. Ein Biberacher Sportflieger: „Die ersten paar hundert Meter nach dem Start zittern wir uns nach oben."

Während die Mirage im Tiefflug auf Biberach zurast, nähert sich eine zweimotorige „Partenavia"-Maschine im Landeanflug der kleinen Piste. Am Steuer der Pilot Bernd Zieher, neben ihm sein Fluggast, der Geschäftsmann Gerhard Weber. Zieher bekommt vom Flugleiter Landeerlaubnis. Als er die vorgeschriebene Platzrunde in niedriger Höhe über der Grasbahn dreht, kracht die Mirage in die linke Tragfläche der Partenavia. Der Pilot des Düsenjägers, Colonel Jean-Jaques Batt, 38, verheiratet, drei Kinder, 3360 Flugstunden, ist vermutlich schon tot, als seine Maschine in die Siedlungshäuser stürzt. Das Wrack des Privatflugzeugs wird kurze Zeit später in einem Waldstück entdeckt. Die beiden Insassen sind ebenfalls tot. Pilot Zieher hatte schon einmal eine unheimliche Begegnung im Biberacher Luftraum gehabt: Vor vier Jahren war ein Düsenjäger knapp an seiner Maschine vorbeigedonnert. Seither hatte er ein Tiefflugverbot für Biberach gefordert – vergebens. Das „russische Roulette" in der Luft wird weitergehen, solange die Flugüberwachung nicht perfekt ist.

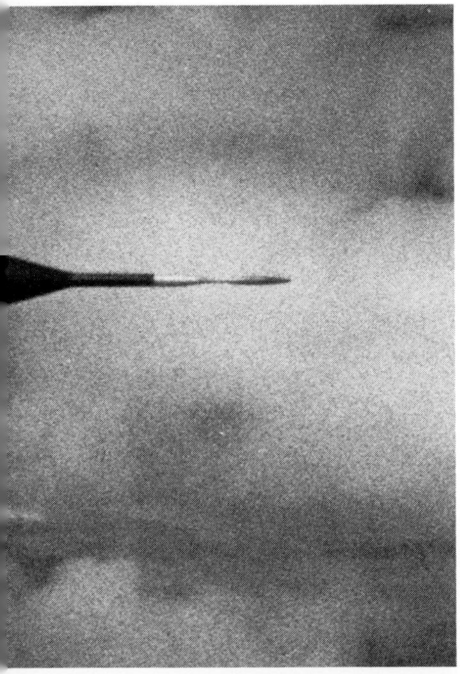

Die Mirage III R ist der modernste Düsenjäger der französischen Luftwaffe. In großen Höhen erreicht die Maschine mehr als doppelte Schallgeschwindigkeit. Aber auch bei Tiefflügen über bewohnten Gebieten ist der Kampfjet noch 800 bis 900 Kilometer pro Stunde schnell. In drei Sekunden rauscht ein ganzer Kilometer Landschaft unter dem Piloten dahin — einem Hindernis, das ihm unvorbereitet in kurzer Distanz in die Flugbahn gerät, kann er kaum noch ausweichen. Hinzu kommt, daß ein einzelner Pilot schon mit seinem Funkverkehr und der Überwachung der zahlreichen Instrumente gut ausgelastet ist. Immer wieder kommt es deshalb über Deutschland zu gefährlichen Beinahe-Zusammenstößen, meist im Tiefflugbereich. 36 solcher Fast-Katastrophen registrierte das Luftfahrt-Bundesamt im Jahre 1982. Dabei werden längst nicht alle dieser „Near-Misses" weitergemeldet. Meist sind die Flieger froh, mit heiler Haut davongekommen zu sein. Die Begegnung der Mirage mit einem zweimotorigen Zivilflugzeug über Biberach endete tragisch: In den Trümmern der beiden ausgebrannten Häuser starben vier Menschen. Auch der Militärpilot und die beiden Insassen des Zivilflugzeugs konnten nur noch tot geborgen werden.

JS

Spiel mit dem Mord

Eine besonders grausame Form des Terrors hatten sich die islamischen Luftpiraten, die im Sommer eine Boeing 727 der „Air France" entführten, für den amerikanischen Passagier Clayton Thomas ausgedacht: In Teheran, der Endstation ihres Irrflugs, führten sie den US-Bürger aus dem Flugzeug und zwangen ihn, auf der Rollbahn niederzuknien. Dann erklärten sie ihm: „In vier Minuten bist du tot." Sie zählten die Minuten, und schließlich feuerte ein maskierter Terrorist einen Schuß ab. Er zielte vorbei. Mord war nicht die Absicht, nur die Einschüchterung der Geiseln. Die Motive der Fanatiker, außer dem Protest gegen die Nahost-Politik der USA und Frankreichs, blieben nebulos. Nach der Entführung auf dem Flug Wien–Paris wurden die Luftpiraten überall abgewiesen – in Genf, Sofia, Athen, Tripolis, Catania und Damaskus. Erst in Teheran gaben sie nach schier endlosen Verhandlungen auf und ließen die letzten 17 ihrer 119 Geiseln frei. Für Clayton Thomas war es, als sei ihm ein neues Leben geschenkt worden. Er hatte, als er zur „Scheinexekution" niederkniete, nur noch den Tod erwartet. Über eine Bestrafung der Terroristen wurde nichts bekannt.

Heißer Frühling in Paris

Mit Tränengas und Kolbenhieben trieben behelmte Bereitschaftspolizisten am 5. Mai in Paris demonstrierende Kleingewerbetreibende auseinander, die vor das Amt für Preiskontrolle ziehen wollten. Tausende von Ladenbesitzern, Handwerkern und Kleinunternehmern forderten zornig: „Mitterrand, hau ab!” Zwei Jahre nach dem Amtsantritt des Sozialisten erlebte seine Regierung wochenlang Stürme des Protests. Auch Studenten und Professoren, Ärzte und Arbeiter, Bauern und die Polizei selbst gingen im Frühjahr gegen die Politik der Linken auf die Barrikaden.

Am Grab des Unbekannten Soldaten unter dem Pariser Triumphbogen läßt François Mitterrand von zwei Ehrengardisten einen Kranz niederlegen: zur Erinnerung an den Sieg über die Deutschen im Zweiten Weltkrieg. Der sozialistische Präsident hat diesen von seinem Vorgänger Giscard abgeschafften Gedenktag wieder eingeführt.

Auf dem Pflaster vor dem Einkaufsparadies Galeries Lafayette in Paris bettelt eine alte Frau. Auch unter Mitterrand gehören Clochards dort zum Straßenbild. Mit höheren Mindestlöhnen und besseren Sozialleistungen versuchte die sozialistische Regierung den Unterschied zwischen Arm und Reich zu verringern. Aber der Gegensatz besteht nach wie vor.

Abschied von einer Utopie

Als François Mitterrand und seine Sozialisten 1981 im Triumph die Macht eroberten, glaubten viele ihrer Wähler tatsächlich, was die von Mikis Theodorakis komponierte Parteihymne verhieß: „Weil es dich gibt, sozialistisches Frankreich, wird alles möglich, hier und jetzt." Doch 1983 sind solche Illusionen endgültig geplatzt. Die hochgespannte Hoffnung auf einen raschen Wandel ist verflogen. Zwei Jahre nach der Amtsübernahme erreichte die Popularität der Regierenden einen Tiefpunkt: Kaum noch ein Drittel der Franzosen zeigte sich bei Umfragen mit der Politik Präsident Mitterrands zufrieden oder traute Ministerpräsident Pierre Mauroy zu, die Probleme Frankreichs lösen zu können. Die Kommunalwahlen im März 1983 machten sichtbar, daß die Linke nicht länger die Mehrheit der französischen Wähler hinter sich hatte. 31 Städte über 30 000 Einwohner gingen den Sozialisten und Kommunisten dabei an die bürgerlichen Parteien verloren. Und auch verschiedene Nachwahlen seither gewann fast alle die bürgerliche Opposition.

„Es ist wahr", so erklärt Mitterrand die Ursache seiner Mißerfolge, „wir haben 1981 ein wenig geträumt und die Dauer der internationalen Krise unterschätzt." Seine von ideologischen Wunschvorstellungen bestimmte Wirtschaftspolitik war mit der Wirklichkeit kollidiert. Die Verstaatlichung der großen Industriegruppen brachte der französischen Wirtschaft keineswegs den erhofften Aufschwung. Vielmehr muß die Staatskasse die Verluste dieser Unternehmen mit Milliarden-Zuschüssen ausgleichen. Und die Ausweitung der Kaufkraft der Bevölkerung durch höhere Mindestlöhne, Renten und Kindergelder kurbelte nicht so sehr die einheimische Produktion an, sondern eher die Inflation und die Importe: Frankreichs Außenhandelsdefizit stieg auf die Rekordmarke von 30 Milliarden Mark.

Zum dritten Mal mußte die Linksregierung den Franc abwerten.

„Wir leben über unsere Verhältnisse", bemerkte Wirtschaftsminister Jacques Delors und warf nach den Kommunalwahlen vom März das Ruder rigoros herum: von Ausgabefreudigkeit zu einer „Politik der Strenge". Höhere Steuern und eine Zwangsabgabe sowie teurere Tarife für Strom, Telefon und Eisenbahn trafen nicht nur die Reichen. Sie verbitterten auch viele, die sich von der Linken eine bessere Zukunft erhofft hatten. Drastische Devisenbeschränkungen sollten die Franzosen zudem von kostspieligen Auslands-

reisen abhalten. Um Frankreichs Wirtschaft wettbewerbsfähig zu erhalten, opferte die Regierung sogar ihre bislang heiligste Kuh, den Vorrang für den Kampf gegen die Arbeitslosigkeit. Denn was Mitterrand-Vorgänger Giscard versäumt hatte, mußte die Linke nun angehen: die Erneuerung der weitgehend überalterten französischen Industrie. Und die ist zwangsläufig mit Massenentlassungen verbunden, zunächst in der Autoindustrie sowie in den staatlichen Stahl- und Kohlebergwerken. Schon schnellte Ende 1983 die zwei Jahre lang bei zwei Millionen gehaltene Zahl der Arbeitslosen um 200 000 hoch, und sie wird weiter zunehmen. Ein Beispiel: Zum Jahresende sollten allein bei der Autofirma Talbot 1800 Arbeiter entlassen werden – was prompt wilde Streiks auslöste.
Die Sanierungspolitik brachte die drei großen, konkurrierenden Linksgewerkschaften dazu, erstmals seit langem wieder gemeinsam Front zu machen: gegen die linke Regierung. Die Kommunisten, Juniorpartner in der Regierung, sahen ihrerseits die Gelegenheit gekommen, verlorene Stimmen für sich zurückzugewinnen und forderten die „Erhaltung aller Arbeitsplätze”. Und der marxistische Flügel in Mitterrands Sozialistischer Partei protestierte: „Worin ist eine Regierung noch links, die Frankreichs Politik an der Reagans, Kohls, Thatchers ausrichtet?” Doch die Mehrheit der Genossen auf dem Sozialistischen Parteitag im Oktober folgte der Aufforderung ihres Parteichefs Lionel Jospin, Abschied zu nehmen von „lyrischen Illusionen” und für die Regierungs-„Politik der Strenge” zu votieren.
Zumindest das Außenhandelsdefizit wurde mit dieser Politik bis zum Jahresende schon um die Hälfte verringert. Der – zerstrittenen – bürgerlichen Opposition machte sie es schwerer, die Regierung anzugreifen. Die Popularität Mitterrands zog wieder an. Noch hat er Zeit bis zu den Parlamentswahlen 1986, seine eigene Amtsperiode als Präsident dauert sogar bis 1988. Und in seiner bald 40jährigen Politiker-Karriere hat er bewiesen, daß die Kunst zu überleben seine Stärke ist.

„Vom Kreml gesteuerte Armeen"

Franz Josef Strauß und Vertreter der Bundesregierung verunglimpfen den Rüstungsprotest als vom Osten bezahlt und gelenkt. Während der „Aktionswoche" der Friedensbewegung im Oktober protestierten durchaus auf eigene Rechnung 1,5 Millionen Bürger gegen die Nato-Nachrüstung — 150 000 bildeten eine 198 Kilometer lange Menschenkette zwischen Stuttgart und Neu-Ulm.

Der Friedensprotest war – meistens – friedlich, und die Polizisten blieben es – meistens – auch. Massenkundgebungen, Mahnwachen und Blockaden von Militäreinrichtungen oder Straßen wie hier in Hamburg waren die bevorzugten

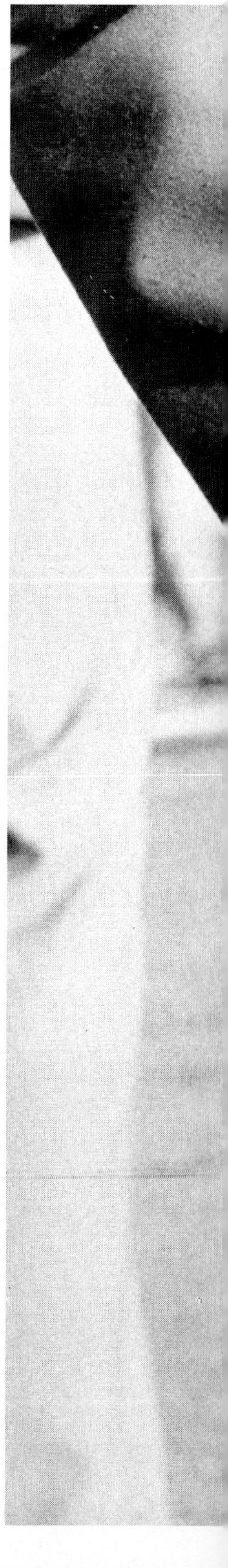

Stationierung gegen den Bürgerwillen

Die gute Nachricht: Der gewaltfreie Rüstungsprotest wurde im vergangenen Jahr zur eindrucksvollsten Massenkundgebung in der Geschichte der Bundesrepublik – 69 Prozent der Befragten sprachen sich in einer STERN-Meinungsumfrage im Oktober gegen die Nato-Nachrüstung mit zusätzlichen atomaren Mittelstreckenwaffen aus; die Bundestagsfraktionen der SPD und der Grünen stimmten am 22. Oktober gegen die Stationierung; 4,5 Millionen Bürger unterzeichneten den „Krefelder Appell" gegen die Raketenrüstung in Ost und West; während der „Aktionswoche" vom 15. bis zum 22. Oktober gingen 1,5 Millionen Menschen zu friedlichem Protest auf die Straße.

Die schlechte Nachricht: Die Friedensbewegung konnte den Beginn der Nachrüstung nicht verhindern und hat sich über ihre zukünftige Strategie noch nicht einigen können. Während die basis-orientierten „unabhängigen Fraktionen" den Übergang „vom Protest zum Widerstand" fordern, suchen Sozialdemokraten, Gewerkschafter und Vertreter des „traditionellen" Flügels der Friedensbewegung in DKP und Kirchen nach wie vor Wege zur Verbreiterung des Massenprotests. Gemeinsam unterstützen alle Gruppen bislang nur die Gesetzesinitiative der Grünen nach einer „konsultativen Volksbefragung" zur Nachrüstung.

Dieser Vorstoß im Bundestag hat freilich ebenso geringe Chancen wie – zumindest kurzfristig – der Versuch, aus der Friedensbewegung heraus eine breite öffentliche Diskussion über Alternativen zu den bisherigen Verteidigungskonzepten zur Bündnis- und eigenständigen Sicherheitspolitik anzustoßen. Mit Ausnahme der Grünen läßt keine der Parlamentsparteien Zweifel an ihrer Nato-Treue aufkommen, zumal Forderungen nach Blockfreiheit, nach Neutralität für die Bundesrepublik oder nach einem rein europäischen Sicherheitskonzept nach einer STERN-Umfrage von allenfalls einem Viertel der Bevölkerung mitgetragen werden.

Wenig Grund zur Unruhe also für die Bundesregierung und kein Anlaß, von ihrer Politik abzurücken: „Wir regieren, und die demonstrieren" (Bundesinnenminister Friedrich Zimmermann, CSU).

In Bewegung geraten wird das überkommene Nato-Konzept erst, wenn Westeuropa insgesamt über seine Rolle im Bündnis nachzudenken beginnt und die eigenen Sicherheitsinteressen zu bestimmen lernt. Abschreckungslogik „unter Androhung des eigenen Selbstmordes" (Kurt Biedenkopf) ist da wenig hilfreich.

Nur wenn der alte Kontinent, abgesichert durch ein Bündnis mit den Vereinigten Staaten, den Ausstieg aus der Todesspirale wagt, wird er aus seiner eigenen Geschichte gelernt haben.

Demonstrationsformen des vergangenen Jahres. Die Polizei schritt lediglich ein, wenn sie von deutschen oder amerikanischen Militärstellen dazu aufgefordert wurde. Sonst guckte sie zu — und viele Polizisten bedauerten, nur dienstlich demonstrieren zu können.

Im Osten – viel Neues

1970 schwimmen sie noch obenauf: der Kanzler Willy Brandt und der Chefredakteur des STERN, Henri Nannen. Nun sind sie beide 70. Und beide stehen an einem neuen Lebensabschnitt. Der Kanzler a.D., der über einen Spion stürzte, ist eine dritte Ehe eingegangen mit Brigitte Seebacher, seiner ehemaligen Redenschreiberin. Der Chefredakteur a.D., der über einen Diktator stolperte, Hitler und dessen angebliche Tagebücher, hat seine Geliebte zur Gattin gemacht – die Malerei. In seiner Heimatstadt Emden will er ein Museum für die Kunst des 20. Jahrhunderts bauen. Ein Stück des Wegs haben die beiden Urfaune gemeinsam zurückgelegt. Es war die Zeit der Ostpolitik Anfang der siebziger Jahre. Henri Nannen hat für sie in seinem Magazin den roten Teppich ausgerollt. Willy Brandt hat die Verträge ausgehandelt. Stern-Stunden für beide. Der Chefredakteur hat seinen 70. Geburtstag am 1. Weihnachtstag gar nicht feiern wollen. „Das ist ja wie

Zum Fußballspiel bei Werder Bremen gehen Willy Brandt und Brigitte Seebacher noch als „Lebensgefährten". Kurz vor seinem 70. Geburtstag heiratet der SPD-Politiker seine ehemalige Redenschreiberin heimlich. Heute arbeitet sie an einer Doktorarbeit über Erich Ollenhauer, Brandts Vorgänger als Parteivorsitzender. Die 37jährige nimmt ihren Mann häufig mit in ihren Ortsverein, an die Basis. Brandt ist inzwischen für viele der große alte Mann, der es versteht, eine aufbegehrende Jugend von den Grünen zur SPD zurückzugewinnen.

Muttertag", sagt er, „wo sich plötzlich alle erinnern." Der Parteivorsitzende der SPD wird sieben Tage zuvor, am 18. Dezember, von 400 Gratulanten in der Bonner SPD-Baracke gefeiert. Der nordrhein-westfälische Ministerpräsident Johannes Rau hält die Laudatio auf den Mann, „der in uns den Geist der Arbeiterbewegung wachhält, in der er selbst seine Wurzeln hat". Dann schenkt er ihm im Namen des Parteivorstands eine Art-Déco-Lampe „mit französischer Birnenfassung". Sir Henri, ein Sammler solcher Lampen aus der Belle Epoque, hat sich für seinen „lieben Sternleser" immer in Zweikämpfe eingelassen mit der Politik. Aber die Absicht, selbst einmal in die Politik zu gehen, hat er nie gehabt. „Als Willy Brandt die Idee hatte, nach Kennedy-Manier Botschafterposten an Schriftsteller und Journalisten zu verteilen", sagte Nannen im STERN zu seinem 70., habe auch er ein Angebot bekommen. Für Rom. „Um Gottes willen, nein!" hat er gesagt. „Was soll ich da herumstehen mit einem Glas in der Hand."

Zum Kaffeekranz mit den Musen läßt sich nun der Kunsthändler Henri Nannen ein. Der 70jährige hat den STERN hinter sich gelassen. Nur ein paar Schritte von der alten Redaktion entfernt hat der ehemalige Chefredakteur des größten europäischen Magazins seine Galerie eingerichtet. Heute heißen seine Stars nicht mehr Brandt und Breschnjew, sondern Pechstein, Otto Müller und Picasso. In seiner Heimatstadt Emden will er sich sein zweites Denkmal setzen: Ein Museum für die Kunst des 20. Jahrhunderts.

Nikolaj W. Podgorny

Der Ukrainer begann seine Partei-Karriere erst mit 47 Jahren. 1955 wurde er Mitglied des Obersten Sowjet der Ukraine, ein Jahr später ZK-Mitglied, 1960 schließlich des Politbüros. Mit ihm und Breschnjew holte sich Chruschtschow 1963 seine Totengräber ins Parteisekretariat. 1965 wurde er Staatsoberhaupt und gehörte bis 1977 zur Troika Breschnjew-Kossygin-Podgorny. Während Breschnjew auch das Amt des Staatspräsidenten übernahm, ging der Ukrainer – stets ein Anhänger der Entspannung – zurück auf einen ruhigen Ehrenplatz. Er starb am 11. Januar mit 79 Jahren.

George Cukor

Der 1899 in New York geborene Sohn ungarisch-jüdischer Einwanderer, seit 1919 als Regisseur am Broadway, seit 1929, von Ernst Lubitsch protegiert, für Hollywood tätig, war der Meister der „sophisticated comedy", von Filmen der leisen Andeutung, der versteckten Pointen, der subtilen Anzüglichkeiten. Er arbeitete mit Katharine Hepburn, Greta Garbo, Ingrid Bergman, Judy Garland und wurde von James Stewart, Spencer Tracy und Cary Grant geschätzt, weil er jeden Film minuziös vorbereitete. Der Oscar-Preisträger („My Fair Lady") starb am 24. Januar mit 83 Jahren.

Louis de Funès

Er hatte schon in 90 Filmen komische, böse, witzige Nebenrollen gespielt, als er 1964 in André Hunebelles „Fantomas" gegen den Phantom-Verbrecher antreten mußte: als zappeliger, rechthaberischer, reaktionärer Spießer-Polizist. Aber er war nicht der grimassierende Klamotteur von Gendarmen und Underdogs, zu denen er sich durch den Ruhm verdonnern ließ. In Filmen wie „Die Abenteuer des Rabbi Jacob" oder „Oscar" lieferte er Kabinettstückchen des komisch-alptraumhaften Kinos. Der Komiker, auch ein großer Bühnenschauspieler, starb am 28. Januar mit 67 Jahren.

Rebecca West

Die irische Offizierstochter begann als Schauspielerin. Sie arbeitete als Journalistin für die Zeitschrift „Free Woman", dann für viele englische und amerikanische Zeitungen und Magazine, schrieb ein Dutzend großer Romane, ihr Meisterwerk „Black Lamb and Grey Falcon", eine historische Studie über den Balkan, und erhielt für „The Meaning of Treason" (1949) den Pulitzer-Preis. Sie berichtete über die Nürnberger Prozesse, prangerte Lynchjustiz im amerikanischen Süden an, erhob ihre Stimme gegen die Watergate-Moral. Sie starb am 15. März mit 93 Jahren.

Gloria Swanson

Billy Wilders „Sunset Boulevard" aus dem Jahre 1950, in dem sie eine vergessene Diva spielte, wurde ihr berühmtester Film. Die Offizierstochter spielte zunächst unter Cecil B. de Mille, ging dann zur Paramount, gründete eine Fimgesellschaft und blieb bis in die dreißiger Jahre die „Madame sans gêne" Hollywoods. 1934 zog sie sich zurück, gründete eine Kosmetik- und eine Mode-Firma und wünschte für ihren Grabstein das Epitaph: „Sie bezahlte alle Rechnungen selbst." 1980 veröffentlichte die sechsmal Verheiratete ihre zynisch-indiskreten Memoiren. Sie starb am 4. April mit 84 Jahren.

Earl Hines

Noch im Alter war der 1905 in Duguesne, Pennsylvania, geborene Pianist, der mit Louis Armstrong in der Gruppe „Hot Five" Epoche gemacht hat, ein junger Mann des Jazz. Ende der zwanziger Jahre hatte er seine eigene Big Band gegründet, in der Dizzy Gillespie, Charlie Parker und Bennie Green spielten. Sein Klavierspiel machte als „Trumpet Style" Furore und gilt als Grundlage des modernen Jazz-Klavierspiels. 1966 hörten 92 000 sowjetische Jazz-Fans „Fatha" Hines während einer Tournee. Er starb am 21. April mit 77 Jahren in Kalifornien.

Tennessee Williams

Im Jahre 1969 diagnostizierte der hochneurotische, drogenabhängige Sohn eines Handlungsreisenden seinen literarischen Tod. Der Ex-Student der Theologie wurde 1944 mit „Glasmenagerie" und dann mit weiteren Stücken aus dem „Neurosendschungel" seiner Jugend berühmt: „Endstation Sehnsucht" (1947), „Die tätowierte Rose" (1951), „Plötzlich im letzten Sommer" (1958), „Die Nacht des Leguan" (1962) — alle auch Filmerfolge. Seine späteren Stücke wurden immer kühler aufgenommen, seine „Memoiren" (1975) machten Skandal. Er starb am 24. Februar 71jährig.

Arthur Koestler

Der jüdische Industriellensohn aus Budapest arbeitete in einem Kibbuz, bekannte sich in der UdSSR zum Kommunismus und schwor ihm später in Spanien ab. Der Zickzack-Gänger zwischen Journalismus, Politik, Literatur und Naturwissenschaften, intelligent und eitel, sensibel und gewalttätig, schrieb grandiose Romane, Abhandlungen über das Weltbild der Naturwissenschaften und über die Gegensätze von westlicher Rationalität und indischer Weisheit. Am 3. März wurde der 77jährige in seiner Londoner Wohnung tot aufgefunden. Er hatte mit seiner dritten Frau Selbstmord begangen.

Cathy Berberian

Sie spottete über Primadonnen „mit der Mentalität von Kühen" und bekannte sich zu der Maxime: „One man's Kunst is the other man's Kitsch". Die aus Armenien stammende Amerikanerin sang Monteverdi und verfremdete Brecht-Songs, imitierte den Baß Fedor Schaljapins und wurde von modernen Komponisten wie John Cage, Bruno Maderna, Luciano Berio und Darius Milhaud als „Primadonna der Avantgarde" verehrt. Die komponierende Interpretin („Stripsody") war eine große Sängerin und Meisterin der Kleinkunst. Sie starb, genau 54 Jahre alt, am 7. März in Rom.

George Balanchine

Noch von seinem Krankenlager aus dirigierte der aus Petersburg stammende Komponisten-Sohn das New York City Ballet.
Schon 1925 war er erster Choreograph der „Ballets Russes" von Serge Diaghilew geworden, hatte Strawinskys „Le Chant du Rossignol" und „Apollon Musagète" herausgebracht, bevor er 1933 über Paris nach New York kam, wo er für die Metropolitan Opera und am Broadway arbeitete. 1948 wurde er Leiter des für ihn gegründeten „New York City Ballet", mit dem er rund 200 Produktionen herausbrachte. Er starb am 30. April mit 79 Jahren.

Jack Dempsey

Als 19jähriger knockte Dempsey in einer Kneipe in wenigen Sekunden drei Matrosen aus. Fünf Jahre später, am 4. Juli 1919, schlug der 24jährige Jess Willard aus dem Ring und wurde Weltmeister aller Klassen — für 27 000 Dollar Gage. Zwei Jahre später kassierte er 300 000 Dollar für seinen Sieg über Georges Carpentier. Seinen Titel verlor der 1953 zum „größten Boxer aller Zeiten" Gewählte an Gene Tunney. Seine Gagen, rund 10 Millionen Dollar, büßte er beim Börsenkrach ein. Von den Tantiemen seiner Memoiren konnte er sich ein Restaurant kaufen. Das Box-Idol starb am 31. Mai 87jährig.

Anna Seghers

Die Tochter des jüdischen Kunsthistorikers Isidor Reiling studierte Kulturgeschichte und Sinologie, wurde 1928 Mitglied der KPD, erhielt 1928 den Kleist-Preis (für „Aufstand der Fischer von St. Barbara"), veröffentlichte danach unter dem Pseudonym Anna Seghers und mußte vor den Nazis fliehen. In Mexico City schrieb sie ihr größtes Buch: „Das siebte Kreuz" (1942), das mit Spencer Tracy verfilmt wurde. Seit 1947 lebte sie in Ostberlin. Nach peinlich-illiberalen Querelen wurde sie 1981 Ehrenbürgerin ihrer Vaterstadt Mainz. Sie starb am 1. Juni mit 82 Jahren in Berlin.

Hennes Weisweiler

Das sensible Rauhbein aus dem rheinischen Lechenich war als Spieler ein Klopper, als Trainer und Fußballdozent an der Kölner Sporthochschule der Lehrmeister der feinen Techniker und des rasanten Angriffs-Fußballs. Aus der „Fohlenmannschaft" in Mönchengladbach formte er ein Meisterteam, später trainierte er die Spitzenmannschaften in Barcelona, Köln und New York. Er holte Meisterschaften, Cup-Siege und, mit seinem letzten Team, den Grasshoppers Zürich, Meisterschaft und Pokal. Weisweiler starb am 5. Juli mit 63 Jahren an einem Herzinfarkt.

Harry H. James

Der aus Albany, Georgia, stammende Sohn eines Zirkus-Kapellmeisters lernte bei seinem Vater, spielte zusammen mit Ben Pollack und, seit 1936, in der Band von Benny Goodman. 1939 gründete der virtuose Trompeter sein eigenes Orchester und eroberte die Ballsäle Amerikas mit Süß-Sentimentalem wie „You made me love you". Der „Sweet King" (so ein James-Titel) war ein brillanter Swing-Musiker, gehörte in den Kriegsjahren zu den Top-Stars des Entertainment, spielte in Filmen mit, stellte den jungen Frank Sinatra heraus. Er starb am 5. Juli mit 67 Jahren an Krebs.

Herman Kahn

Der 1922 in Bayonne, New Yersey, geborene Sohn jüdischer Einwanderer mit dem IQ 200 studierte Mathematik und Physik, arbeitete als Mathematiker für große Unternehmen. Der Militär-Experte, der als erster die Folgen eines Atomkrieges durchspielte, gründete 1961 das weltberühmt gewordene Hudson Institute, ersann die Idee der „Doomsday Machine" zur Vernichtung der Welt im Katastrophenfall und predigte ansonsten unermüdlich die Segnungen der Zivilisation. Der Drei-Zentner-Mann starb am 7. Juli 61jährig in Chappaqua, New York, an einem Herzinfarkt.

Luis Buñuel

Alpträumen hat der katholische Atheist aus dem aragonischen Calanda den Stoff seiner Filme entnommen und Bilder des Schreckens – legendär die Rasierklinge, die im „Andalusischen Hund" ein Auge zerschneidet – kunstvoll collagiert. Seine Attacken gegen die bürgerliche Moral, seine Darstellungen der leidenden Sexualität, seine sozialkritischen Filme machten ihn zur persona non grata in Francos Spanien. Nach dem Krieg drehte er in Mexiko einige seiner größten Filme, darunter „Los Olvidados" („Die Vergessenen"). Er starb am 29. Juli mit 83 Jahren in Mexico City.

Tino Rossi

Der „chanteur de charme" aus Ajaccio besang 1934 im Pariser Olympia seine Heimatinsel Korsika als „L'Ile d'Amour" und wurde mit gefühlvollen Romanzen – „Vieni, vieni", „Laissez-moi vous aimer", „Marinella" – zum Troubadour Frankreichs. Er spielte, ohne spielen zu können, in Filmen den singenden Herzensbrecher, lieferte Süßes zu Weihnachten („Beau Sapin" gleich „O Tannenbaum") und hielt sich vierzig Jahre lang an der Spitze der Popularität. Der Ritter der Ehrenlegion starb 26. September in Neuilly-sur-Seine bei Paris an Bauchspeicheldrüsenkrebs.

Herbert Weichmann

Der Arztsohn aus Breslau studierte Jura, wurde Richter und Referent des preußischen Ministerpräsidenten Otto Braun, mußte vor den Nazis, weil kein „Vollarier", emigrieren, ging in die USA und begann seine zweite politische Karriere in Hamburg als Leiter des Rechnungshofs und als Finanzsenator unter Bürgermeister Max Brauer. Als dessen Nachfolger sicherte er der SPD im Jahre 1965, als er fast 70 war, 59 Prozent Stimmen. Sechs Jahre lang blieb er Bürgermeister. Später entfremdete sich der konservative Sozialdemokrat von seiner Partei. Er starb 87jährig am 9. Oktober.

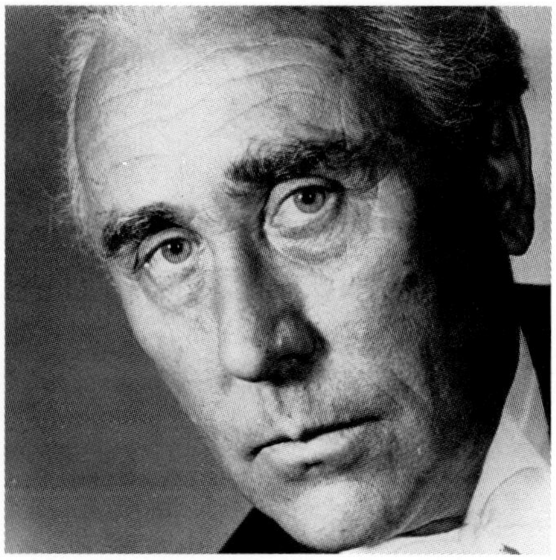

Werner Egk

Der Bayer aus Donauwörth studierte Komposition bei Orff und lernte vor allem von Strawinsky, Bartók und Prokofieff. Seine Vertonung von „Die Zaubergeige" machte ihn berühmt, für die Berliner Olympischen Spiele schrieb er ein Festspiel, mit dem „Peer Gynt" (1938) wurde er als Neutöner verdächtig. Der an „Extremfällen" interessierte Komponist hatte seine größten Erfolge mit „Irische Legende" (1955), „Der Revisor" nach Gogol (1957) und „Die Verlobung in San Domingo" (1963). Egk, vielfacher Ordensträger, starb 82jährig am 10. Juli in Inning.

Erik Ode

Er wurde 1910 in Berlin als Sohn eines Schauspieler-Ehepaars geboren, spielte seit 1928 am Theater am Schiffbauerdamm und bewährte sich bei der UFA als singendes, steppendes Faktotum für größere Nebenrollen, wechselte nach dem Krieg ins Regie-Fach und fand mit 58 Jahren die Rolle, die ihm Lust und Last war: Den Kommissar Keller, den er im ZDF in 97 Folgen unter 18 Regisseuren verkörperte, mit dem traurig-wissenden, gütig-leidenden Gesicht eines Beichtvaters. Ode starb am 19. Juli in Weißach bei Rottach-Egern an Herzversagen.

David Niven

Als „Anglo Saxon Type Number 2008" wurde der schottische Infanterie-Leutnant im Hollywood der dreißiger Jahre registriert. Als spleeniger Phileas Fogg in Michael Todds Verne-Verfilmung „In 80 Tagen um die Welt" wurde der Ex-Kunstreiter und kubanische Militärberater ein Weltstar, der britische Offiziere („Die Kanonen von Navarone") und auch die Parodie auf Englands berühmtesten Commander spielte: In „Casino Royale" gab er James Bond als Persiflage. Der Oscar-Preisträger, auch als Schriftsteller mit Millionen-Auflagen erfolgreich, starb am 28. Juli im Alter von 73 Jahren.

Lotte Eisner

Mit ihrer Studie „Dämonische Leinwand" machte sie den Film zum Gegenstand der Kunstgeschichte. Die erste Liebe der studierten Archäologin hatte dem Theater gegolten. Dann redigierte sie in Berlin den „Filmkurier", machte die Bekanntschaft von Fritz Lang, Sergej Eisenstein und Max Reinhardt, mußte vor den Nazis nach Paris emigrieren und rettete dort zahllose Stummfilme in die „Cinémathèque Française". Sie publizierte Bücher über Ernst Lubitsch, Fritz Lang, Friedrich Wilhelm Murnau. 1982 erhielt sie den Käutner-Preis. Sie starb mit 82 Jahren am 2. November in Paris.

Robert Aldrich

Aldrich war Assistent bei Chaplin, Renoir, Zinnemann und LeRoy, wurde mit perfekt inszenierten Abenteuerfilmen („Vera Cruz") und einem schwarzen Krimi („Rattennest") bekannt. In „Ardennen 1944" (1956) zeigte er das Versagen eines Offiziers im Krieg. Von den Franzosen als „der würdigste Sohn von Orson Welles und Elia Kazan" bewundert, drehte er makabre Spektakel („Was geschah wirklich mit Baby Jane" und „Wiegenlied für eine Leiche") und zum Schluß die unverhüllte Brutalität von Männerwelten. Der Action-Spezialist starb am 5. Dezember mit 65 Jahren.

Joan Miró

Miró studierte, beeindruckt von der phantastischen Architektur Antoni Gaudis, in Barcelona, geriet in Paris unter den Einfluß Picassos und aller damaligen Ismen, die ein Ziel hatten: die Malerei zu „ermorden". In seine Bilder, nach der kubistischen Geometrie geordnet, setzte er skurrile Formen von poetisch-märchenhafter Schönheit. In unheimlichen Koboldfiguren antizipierte der Maler in den dreißiger Jahren das Unheil des Krieges. Er selber floh vor den einmarschierenden Deutschen nach Palma de Mallorca, wo er — einer der letzten Großmeister — am 25. Dezember mit 90 Jahren starb.

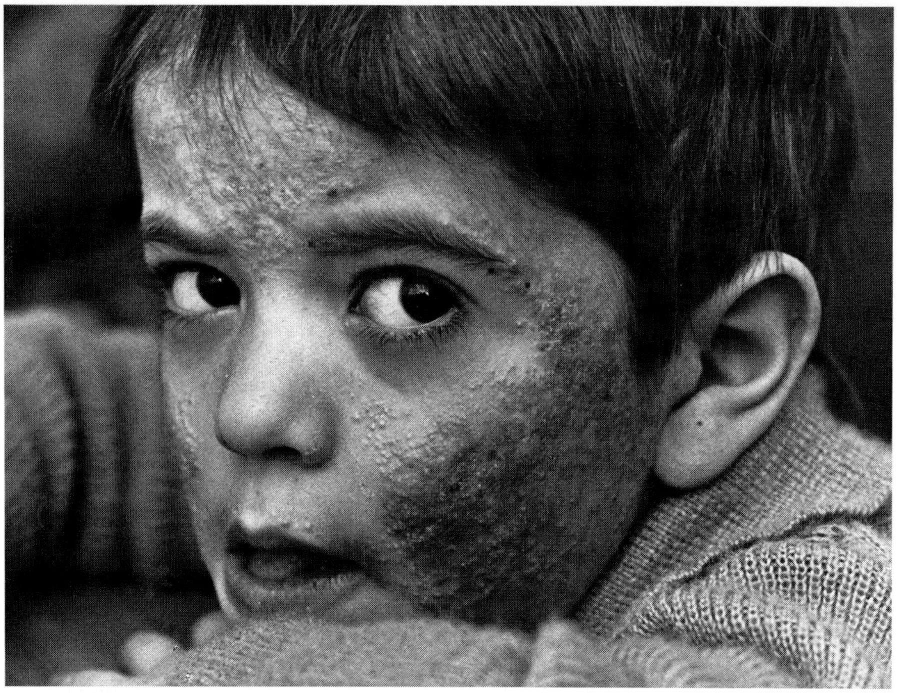

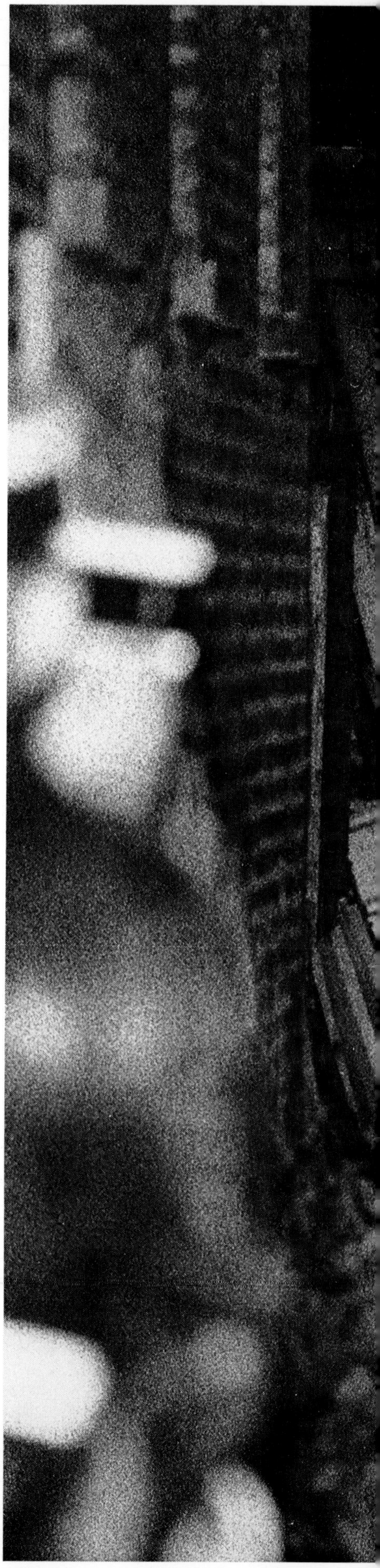

Seveso ist überall

Europa erlebte seinen größten Giftmüllskandal. 41 Fässer mit hochgiftigem Abfall waren aus der Chemiefabrik Icmesa in Norditalien spurlos verschwunden. 1979 verseuchte eine Wolke mit nur 200 Gramm des Supergifts Dioxin die Ortschaft Seveso und hinterließ tiefe Narben in den Gesichtern der Kinder. Der französische Giftmüllunternehmer Bernard Paringaux hatte im Auftrag des Chemiekonzerns Hoffmann-La Roche die Beseitigung der Fässer übernommen. Kein Land der Erde wollte aus politischen Gründen das Dioxin-Gift annehmen. Der Chemiekonzern versicherte den Behörden, daß eine geeignete Deponie für die brisante Fracht gefunden sei. Paringaux machte auch in Beugehaft keine Angaben über den Zielort. Tatsächlich waren die Fässer nach einer halbjährigen Geisterfahrt durch Frankreich in dem zerfallenen Schuppen einer Metzgerei in der Nähe des nordfranzösischen Saint Quentin versteckt worden. Im Mai verlud die Gendarmerie die gefährliche Fracht, die zu Hoffmann-La Roche nach Basel gebracht wurde. Jetzt soll das Dioxin verbrannt werden. Eine Gesetzesnovelle für den Transport von gefährlichen Gütern durch Europa scheiterte wenige Monate später im Straßburger Parlament. Der Giftmülltourismus, auch auf die größte europäische Deponie bei Schönberg in der DDR, floriert ungehindert weiter.

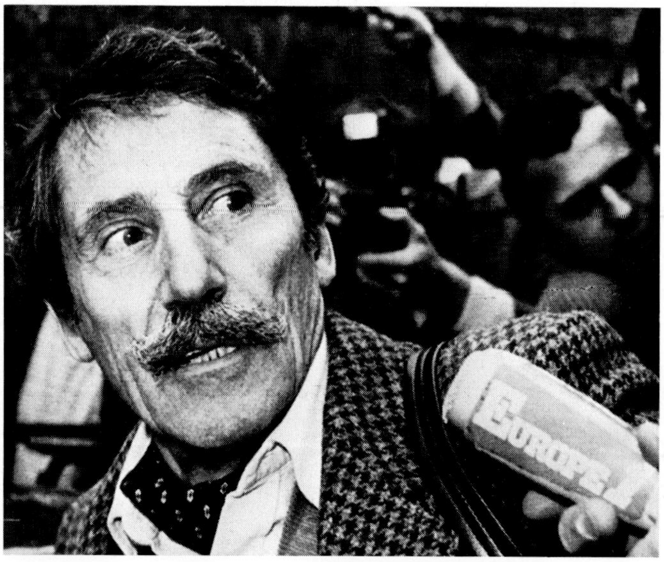

653 173

Ein Helmut ist immer dabei

Gipfel der Mächtigen und Gipfel der Ohnmächtigen: Im amerikanischen Williamsburg kamen Ende Mai (v.l.n.r.) Pierre Trudeau/Kanada, Gaston Thorn/ Luxemburg (für die EG), Helmut Kohl/ Bundesrepublik, François Mitterrand/ Frankreich, Ronald Reagan/USA, Yasuhiro Nakasone/ Japan, Margaret Thatcher/Großbritannien und Amintore Fanfani/ Italien zusammen. Drei Monate später trafen sich einstige Teilnehmer solcher Gipfelrunden und ein ehemaliger australischer Premier in Vail/Colorado (v.l.n.r.): Valéry Giscard d'Estaing/ Frankreich, James Callaghan/Großbritannien, Gerald Ford/USA, Malcolm Fraser/Australien und Helmut Schmidt/ Bundesrepublik.

Acht Monate hatte Helmut Kohl auf den großen Augenblick gewartet. Zwar konnte er in dieser ersten Zeit seiner Kanzlerschaft schon einige Gehübungen auf internationalem Parkett machen, doch erst die feierliche Aufnahme in den Club der Sieben brachte ihm die eigentliche Weihe als Regierungschef einer Wirtschafts-Großmacht. Das alljährliche Gipfeltreffen der großen westlichen Industrienationen war von Anfang an (1975 in Rambouillet) die Domäne Helmut Schmidts gewesen. Er hatte seither alle Amtskollegen „überlebt", ehe er 1982 selbst stürzte. Daß er sich dabei Freunde machte, zeigte der nostalgische „Anti-Gipfel" der Polit-Pensionäre Ende August in Vail/Colorado (USA). Die Gipfel-Partner aus der Mitte der 70er Jahre dachten über die Vergangenheit nach und gaben Ratschläge für die Zukunft. Schmidt selbstironisch: „Gott sei Dank hat niemand von uns die Macht, noch irgend etwas zu verändern." Was wohl auch? Ihre Amtsnachfolger des Jahres 1983 schlugen sich wiederum mit den alten Problemen früherer Gipfel herum. Zum wiederholten Male beklagten sie den Protektionismus und das ungerechte Währungssystem in der Welt. Aber sie änderten nichts. Immerhin: Kohl holte sich auf dem Gipfel von Williamsburg den Segen seiner Kollegen für seine bevorstehende Moskau-Reise. Die sei jetzt „passend", befand US-Präsident Ronald Reagan. Einig waren sich die Sieben, den östlichen Einschüchterungsversuchen in der Nachrüstungsfrage wie ein Mann zu widerstehen.

Hilfe für Pottwale

„Greenpeace" im Nahkampf: Drei Umweltschützer im Schlauchboot behindern sowjetische Walfangboote im südlichen Pazifik. Doch die Sowjets machen sich nichts aus Demonstrationen: Sie schleppen den erbeuteten Pottwal zu ihrem Fabrikschiff „Dalnij Wostok" (links), wo er über eine Heckrampe an Bord gezogen wird. Dennoch war der Einsatz nicht vergeblich: Das Scharmützel errang weltweites Aufsehen und trug zu einer mehrjährigen Schonzeit für Wale bei. Hinter diesen publikumswirksamen und erfolgreichen Aktionen steht eine straff geführte Organisation von 300 aktiven Mitgliedern in zwölf Ländern mit 600 000 Förderern.

ПК-2035

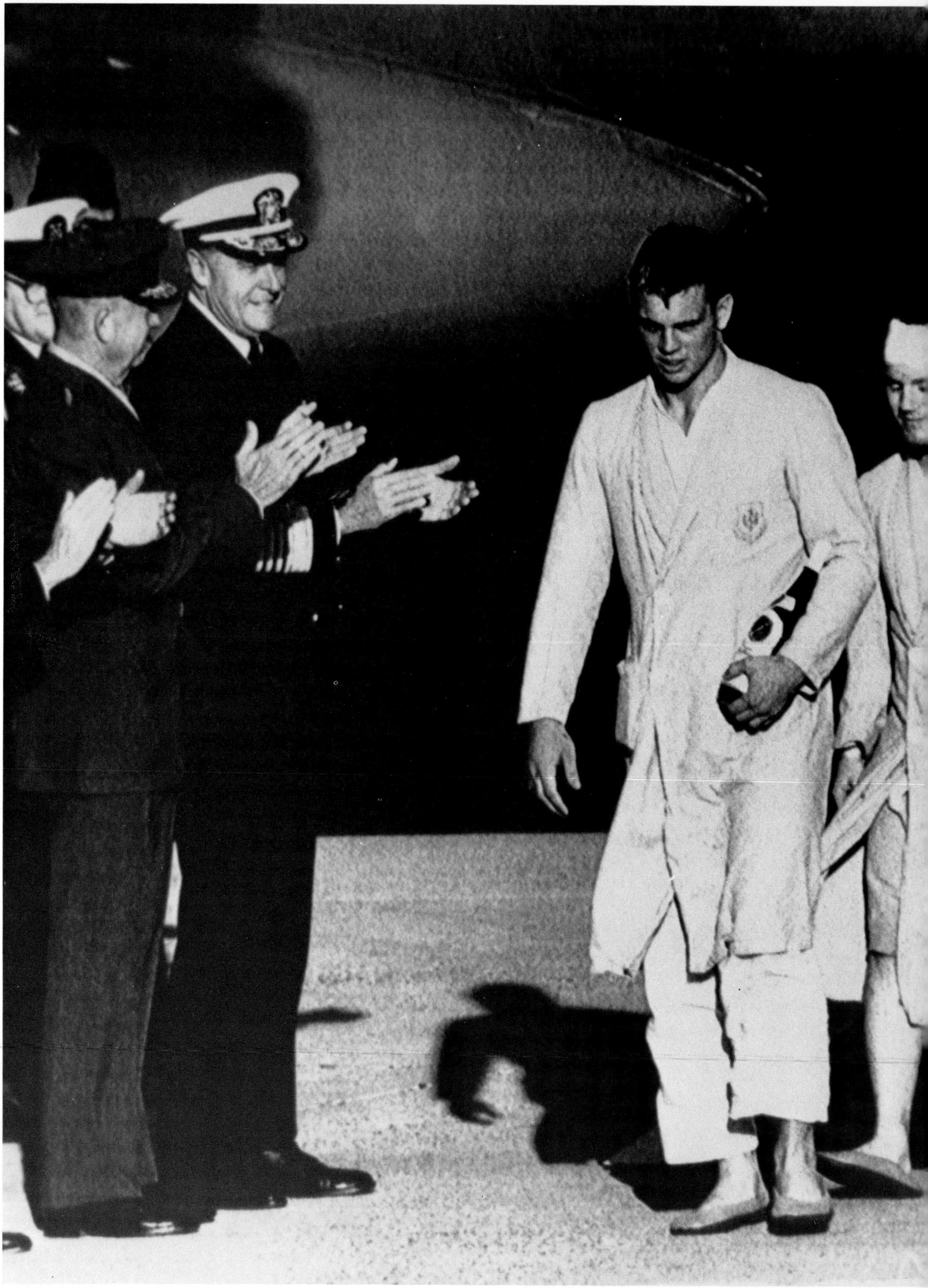

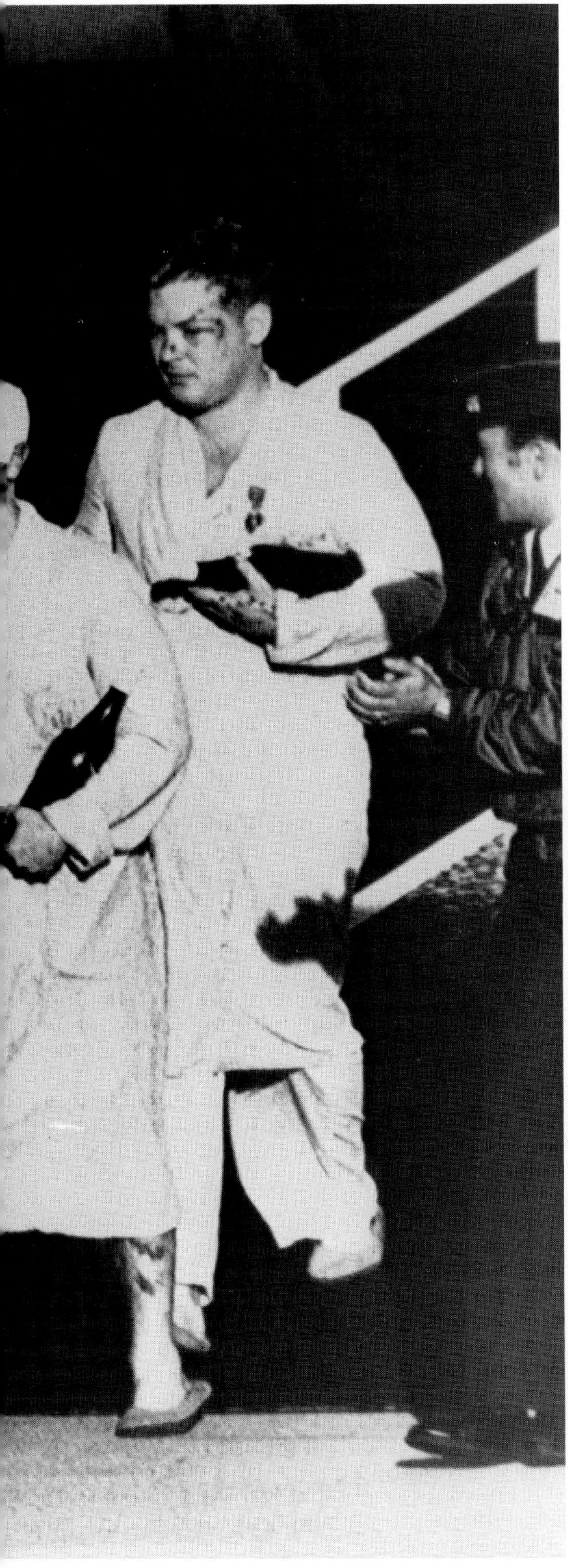

Massaker, Umsturz, Invasion – das Ende des „roten Paradieses"

Es ist eine Insel wie aus dem Bilderbuch. Sie hat Sandstrände, die so unberührt aussehen, als habe sie nie jemand betreten. Ihre Berge sind überzogen von einem grünen Flaum aus tropischen Wäldern.

Nie hätten die 110 000 Bewohner geglaubt, daß ihr idyllisches Eiland mit Namen Grenada einmal eine Rolle in der Weltpolitik spielen könnte. Doch seit dem 25. Oktober 1983 wissen sie, daß ihr Land für eine der beiden Supermächte von enormer Wichtigkeit ist.

An diesem Tag, im Morgengrauen, landeten amerikanische Hubschrauber. Tausende von US-Soldaten stürmten das Land, das nicht einmal halb so groß ist wie Hamburg. Schlachtschiffe eröffneten von See aus das Feuer, Flugzeuge warfen Bomben ab. Ein Radiosender der Invasoren verkündete der Bevölkerung: „Befreiungskräfte sind gekommen, um Ordnung und Demokratie wiederherzustellen."

Seitdem in Washington Präsident Reagan regiert, der hinter politischen Veränderungen in der Dritten Welt, die für ihn unangenehm sind, stets nur kommunistische Drahtzieher wittert, galt Grenada als gefährliche Sowjet-Basis. Denn dort herrschte ein undogmatischer Sozialist namens Maurice Bishop, der 1979 den korrupten Diktator Eric Gairy gestürzt hatte.

Drei amerikanische Soldaten, die bei einem Bombenanschlag auf das Hauptquartier der US-Marinetruppen in der libanesischen Hauptstadt Beirut verwundet worden sind, werden mit Beifall auf der US-Luftwaffenbasis Andrews empfangen.
Das Attentat, bei dem 229 Amerikaner starben, gab indirekt den Anstoß zur Grenada-Aktion. Die US-Regierung war entschlossen, nunmehr Stärke zu zeigen. Präsident Reagan ließ sich fotografieren, wie er morgens um fünf Uhr am Telefon die Invasions-Bitte von fünf Karibik-Staaten mit seinen Mitarbeitern diskutierte.

Grenada

Auf der Karibik-Insel haben US-Invasionssoldaten einen Jeep gestoppt, der mit weißer Flagge gefahren ist. Die Insassen, vermuten die Amerikaner, sind Mitglieder der Revolutionären Volksmiliz. Sie müssen sich, Hände auf dem Rücken, mit dem Gesicht zum Boden hinlegen. Die Ermordung von Grenadas Premierminister Bishop und die darauffolgende Machtübernahme kommunistischer Militärs lieferte US-Präsident Reagan den Grund für sein Eingreifen auf der Insel. Mehr als 15 000 Soldaten, dazu ein paar hundert Mann Polizeitruppen aus sechs Karibik-Staaten, waren daran beteiligt. Die USA demonstrierten damit, daß sie künftig einen noch härteren Kurs gegenüber allen Staaten in ihrer Hemisphäre steuern wollen, in denen linksgerichtete Regierungen die Macht haben oder übernehmen.

Eines von mehreren Munitionsdepots, die die Amerikaner auf Grenada entdeckten. Das in Lagerhäusern gestapelte Kriegsgerät diente Präsident Reagan als Beweis für seine Behauptung, Grenada sei eine „sowjetisch-kubanische Kolonie" gewesen, die „Terrorismus exportieren und Demokratie unterminieren" sollte. Schon den Bau des Flughafens Point Salines hatten die USA mit Argwohn verfolgt. Sie bauschten das Projekt, das den Tourismus ankurbeln sollte, zu einer Verschwörung roter Strategen in Moskau und Havanna auf. Außerdem klammerten sie das linke Grenada aus ihrem Hilfsplan für die Karibik aus, blockierten bereits zugesagte Kredite des Weltwährungsfonds, der Weltbank und der Karibischen Entwicklungsbank. Als der sozialistische Premier Bishop, bei weiten Teilen des Volkes sehr beliebt, von orthodoxen

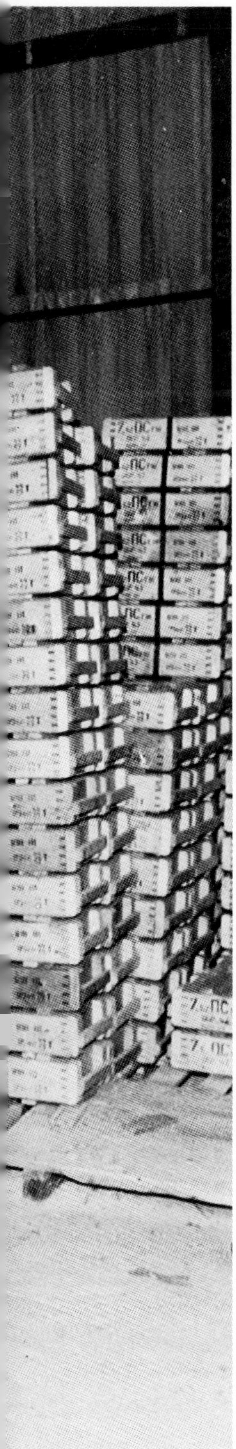

Nur eine Woche lang hatten General Hudson Austin und der bärtige Kadertyp Coard auf Grenada das Heft in der Hand. Selbst der kubanische Staatschef Fidel Castro, ein enger Freund des ermordeten Premierministers Bishop, verurteilte den blutigen Coup der Kommunisten, die auch bei den 110 000 Inselbewohnern kaum Sympathien genossen.

Bishop sprach zwar viel von Revolution und Kampf gegen den Imperialismus, doch zugleich bemühte er sich auch um gute Beziehungen zu den USA – nur wollte man ihn dort nicht als Freund.

So suchte und fand Grenada seine Freunde im Osten. Innerhalb der Regierungspartei bekamen die Kader-Kommunisten immer mehr die Oberhand.

Anfang Oktober 1983 beschloß die Partei, der bislang stellvertretende Ministerpräsident Coard solle die wirtschaftliche und politische Linie der Regierung bestimmen, und Bishop solle sie der Bevölkerung schmackhaft machen. Der Staatschef lehnte die Degradierung zur Galionsfigur ab. Daraufhin wurde er unter Hausarrest gestellt. Grenada trieb in das Chaos, auf das die Reagan-Administration gewartet hatte. Tausende von Menschen zogen vor Bishops Haus, befreiten ihn und führten ihn im Triumphzug durch die Straßen der Hauptstadt. Coard rief die rund 1000 Mann starke Armee. Die schoß wahllos in die Menge, tötete mindestens 60 Menschen. Bishop, drei Minister und zwei Gewerkschaftsführer wurden festgenommen und exekutiert. Ihre Leichen wurden drei Tage später verbrannt. Ein alter Kämpe aus den Zeiten des Gairy-Sturzes, General Hudson Austin, übernahm den Vorsitz einer Militärregierung.

Als Toter wurde Bishop den Amerikanern nun plötzlich sympathisch. Denn jetzt hatten sie einen Vorwand, die „brutale Gruppe linker Halunken" (Reagan) zu bekämpfen. Für Bishop wären große Teile der Bevölkerung in den Widerstand gegen die Invasoren gegangen. Für die neuen Herren aber rührte kaum jemand einen Finger.

Die einzigen, die verbissen gegen die US-Soldaten kämpften, waren kubanische Arbeiter. Zäh versuchten sie, ihre Baracken am neuen, halbfertigen Flughafen zu verteidigen. Nach fünf Tagen aber war die ungleiche Schlacht zu Ende. Die Amerikaner hatten gewonnen. Auf der weltpolitischen Bühne freilich standen sie als rücksichtslose Großmacht da.

Kommunisten gestürzt wurde, hatte die Reagan-Regierung für ihr Eingreifen den Vorwand, den sie brauchte. Jetzt konnten die US-Soldaten als Befreier statt als Besatzer kommen. Zwanglos fuhren einige von ihnen, das Gewehr in den Händen, mit zivilen Autos über die Insel.

Grenada

Ein Jeep mit US-Soldaten vor einer Reklametafel für einen tropischen Fruchtsaft. Die gebirgige Insel Grenada, nicht einmal halb so groß wie das Stadtgebiet von Hamburg, gilt bei vielen als die schönste in der Karibik. Ihre Buchten sind einsam, und der wildwuchernde Urwald ist voller Kokospalmen, Bananenstauden und Papayabäumen. Solange der exzentrische Diktator Gairy die Insel regierte, kümmerte sich niemand um das unterentwickelte Eiland. Nur zaghaft begann der Tourismus, weil es kaum Hotels, schlechte Straßen und einen zu kleinen Flughafen gab. Die US-Invasion brachte für den wirtschaftlichen Aufbau des Landes zunächst einen neuen Rückschlag. Dann versuchten US-Geschäftsleute, das Land zu einem Paradies für US-Kapitalanleger zu machen.

SPICE ISLE NECTARS,
THE NATURAL CHOICE.

Ein strahlender Sieg und eine bittere Sex-Affäre

Im Frühjahr standen die Zeichen gut für Margaret Thatcher: Mit einem überraschenden Besuch auf den Falkland-Inseln ließ die Premierministerin die Erinnerung an ihren Triumph im Krieg gegen Argentinien wiederaufleben; ihre wirtschaftspolitische Roßkur hatte die Inflationsrate zum erstenmal seit 15 Jahren auf vier Prozent gedrückt; die oppositionelle Labour-Partei unter dem alten und schwachen Michael Foot verlor eine Nachwahl nach der anderen, und das neue Bündnis von Liberalen und Sozialdemokraten war für Labour riskanter als für ihre Konservative Partei. Die „Eiserne Lady" nutzte die Gunst der Stunde und setzte für den 9. Juni Neuwahlen zum Unterhaus an – „snap elections" nennt man das in Großbritannien. Es wurde ihr größter politischer Erfolg. Zwar verloren ihre Tories 1,5 Prozent der Stimmen und kamen auf 42,2 Prozent, doch auf Grund des britischen Mehrheitswahlrechts

Ein Aufsteiger stolpert beim Seitensprung: Cecil Parkinson, Minister für Handel und Industrie, mußte im Oktober sein Amt aufgeben, als eine außereheliche Beziehung zu seiner ehemaligen Sekretärin Sara Keays (links) Schlagzeilen machte. Parkinson hatte Sara Keays, die ein Kind von ihm erwartete, zweimal die Ehe versprochen – und war trotzdem bei seiner Frau Anne geblieben. Zunächst hielt Premierministerin Margaret Thatcher zu ihrem Minister, der als Vorsitzender der Konservativen Partei erheblich zu ihrem Wahlerfolg beigetragen hatte und als der „kommende Mann" der Tories galt. Maggie nannte die Affäre eine „reine Privatangelegenheit". Erst als Sara Keays ihre Geschichte breit in die Öffentlichkeit trug und der Unmut in der Partei wuchs, nahm der 52jährige Parkinson den Hut.

Der Ausrutscher eines Aufsteigers: Beim Strandspaziergang in Blackpool mit seiner Ehefrau Glenys nahm Neil Kinnock, den die Labour-Partei am 2. Oktober zu ihrem neuen Vorsitzenden wählte, ein unfreiwilliges Bad in der Brandung. Einmal im Amt, zeigte er mehr Fortüne: Kinnock richtete die bei der Unterhauswahl von Margaret Thatcher (rechts im Wahlkampf) schwer geschlagene Oppositionspartei wieder auf und verschaffte ihr neue Popularität. Doch vorerst bleibt „Maggie" fest im Sattel und kann ihre rigorose Wirtschaftspolitik fortsetzen.

wurde daraus eine satte Mehrheit von 395 Sitzen im Unterhaus. Labour kam noch auf 27,6 Prozent und 210 Sitze, die Allianz von Liberalen und SDP aber trotz 24,6 Prozent nur auf 23 Mandate. Im neuen konservativen Kabinett stärkte Margaret Thatcher die Verfechter der Gesundschrumpfung und der Reprivatisierung staatlicher Unternehmen, die einen weiteren Abbau sozialer Leistungen anstrebten – und das bei nach wie vor rund drei Millionen Arbeitslosen. Aber Mrs. Thatcher fühlte sich auch bestätigt durch die Veränderungen im einstmals mächtigen Gewerkschaftsdachverband TUC, der bereits Millionen Mitglieder verloren hatte. Auf dem TUC-Kongreß im Herbst setzten sich gemäßigte Gewerkschaftsführer gegenüber der radikalen Linken durch, die vergeblich zur Einstellung jeglicher „Kollaboration" mit der Regierung aufriefen. Auch die Labour Party schwenkte wieder zur Mitte, indem sie am 2. Oktober anstelle von Foot den 41jährigen Waliser Lehrer Neil Kinnock zum neuen Parteichef wählte. Für Thatcher setzte erst auf dem konservativen Parteitag in Brighton am 14. Oktober die Ernüchterung ein: Ihr Vertrauter und „Kronprinz" Cecil Parkinson mußte wegen eines Ehebruch-Skandals als Handelsminister zurücktreten, und in der Partei wuchs die Kritik an der arbeitnehmerfeindlichen Sozialpolitik. Pannen und Fehleinschätzungen trugen am Jahresende dazu bei, die strahlende Wahlsiegerin zu verunsichern.

Der Sieg des britischen Humors

Eine Königin mit todernstem Gesicht neben einem Präsidenten, der aus vollem Leibe lacht

– solche Kontraste sind selten, wenn die großen Herrscher sich vor den Augen der Kameras wissen. Beim Staatsbesuch von Elisabeth II. in den Vereinigten Staaten Ende Februar/Anfang März lieferte ein glanzvolles Dinner für US-Präsident Ronald Reagan den Anlaß. Die Queen, die dazu eingeladen hatte, entschuldigte sich in ihrer Tischrede für das schauerliche, typisch britische Wetter, das sie zu ihrem Aufenthalt mitgebracht habe und das selbst im sonnenverwöhnten Kalifornien eine ganze Woche lang nicht weichen wollte. Die Königin verzog dabei keine Miene. Sie blieb britisch unterkühlt wie das Wetter, über das sie sprach. Der Präsident amüsierte sich köstlich.

Der Nordirland-Krieg erschüttert London

Die Briten sind geschockt: Ohnmächtig müssen sie mitansehen, wie der nordirische Bürgerkrieg mehr und mehr auch auf England übergreift. Die Autobombe, die kurz vor Weihnachten vor dem Kaufhaus Harrods mitten in der Londoner City hochging, hat die Kampfbereitschaft der nordirischen Fanatiker noch angeheizt. Protestantenführer Ian Paisley prophezeite „eine äußerst blutige Zeit." Und ein Aktivist der katholischen Irisch-Republikanischen Armee (IRA) drohte: „Es wird Anschläge geben, gegen die alles bisherige wie ein Picknick ausgesehen hat."

Die rigorose Wirtschaftspolitik der Regierung Thatcher hat zur Verschärfung des Konflikts beigetragen. In Nordirland ist die Arbeitslosigkeit heute dreimal so hoch wie in London. Jeder fünfte Nordire ist arbeitslos – und betroffen sind vor allem junge Katholiken. Bei den arbeitslosen Jugendlichen in den tristen Katholikenvierteln von Belfast hat die IRA daher leichtes Spiel, frische Kräfte zu rekrutieren. „Von Kindesbeinen an haben sie eine Wut im Bauch gegen die Protestanten, spätestens wenn sie merken, daß sie bei der Arbeitsplatzsuche automatisch gegen einen protestantischen Mitbewerber unterliegen", sagt der Psychologe Robert Mandley. Seit Beginn des nordirischen Bürgerkrieges vor 15 Jahren sind mehr als 2300 Menschen ermordet worden.

Eine schwarze Wolke über der Londoner City: Die von der IRA gezündete Autobombe reißt fünf Menschen in den Tod, fast 100 werden schwer verletzt. Ziel der IRA: ein vereinigtes „freies" Irland, gebildet aus der Republik Irland und Nordirland. Eine politische Lösung ist wegen der kompromißlosen Haltung beider Seiten noch immer nicht in Sicht.

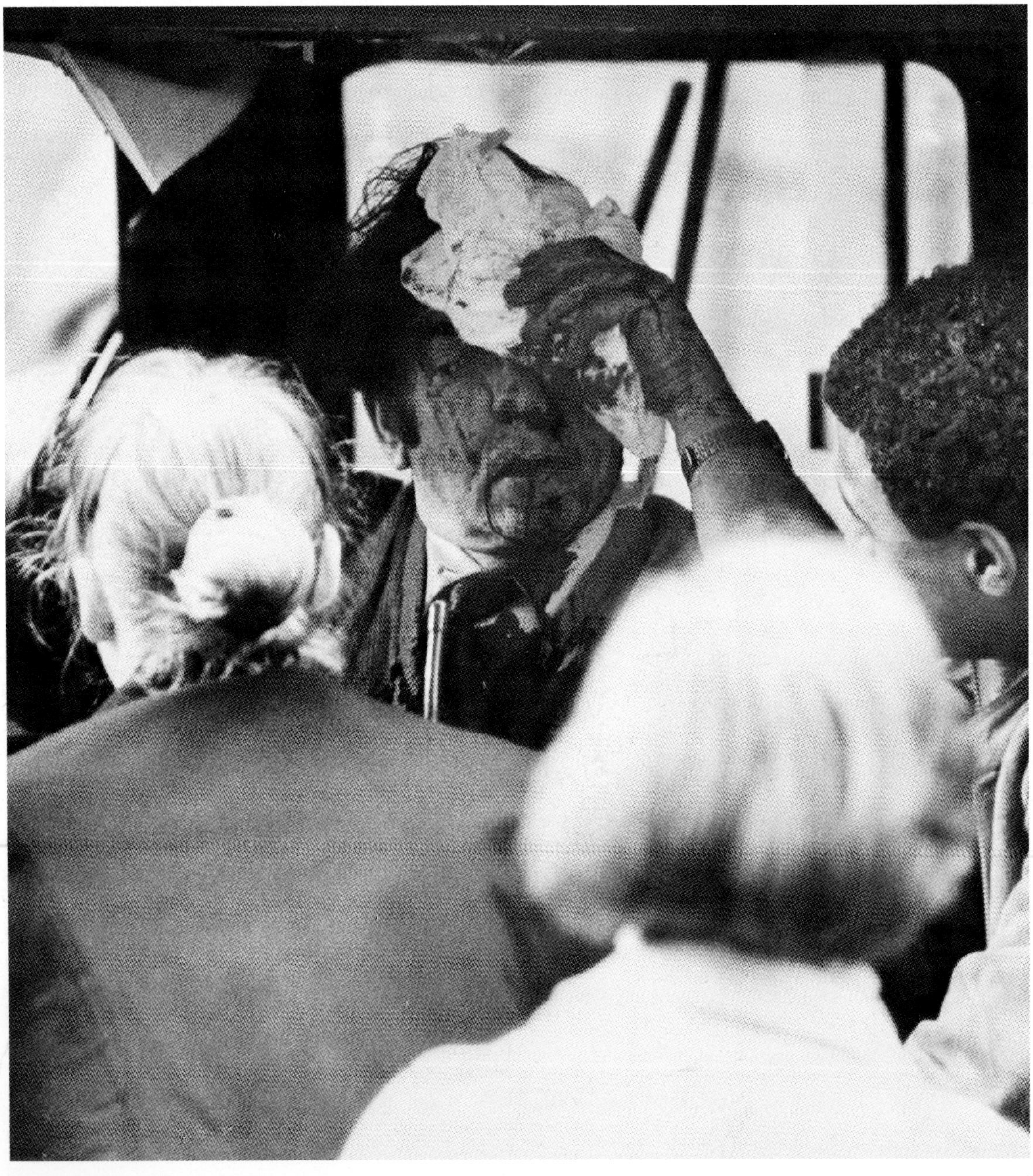

TO LET

Internationale Pressekonferenz im Redaktionshaus des STERN: Reporter Gerd Heidemann zeigt dem staunenden Publikum Originale der insgesamt 60 „Hitler-Tagebücher", die zuvor in einem Züricher Banksafe aufbewahrt worden waren. Auf kritische Fragen zweifelnder Kollegen und Wissenschaftler hatte Heidemann stets plausibel erscheinende Antworten parat. Mehrere Blätter im Ausland übernahmen die vermeintliche Entdeckung des Jahrhunderts vom STERN. Unter anderem hatte der britische Historiker Hugh Trevor-Roper der von ihm mitherausgegebenen „Sunday Times" empfohlen, die STERN-Serie über die vermeintlichen Hitler-Tagebücher nachzudrucken. Auch amerikanische Experten hatten die Schriften zunächst für echt befunden.

Einer Fälschung aufgesessen

Im Frühjahr machte der STERN weltweit Schlagzeilen – es sollten am Ende negative werden. Denn das Magazin war einer der größten Fälschungen in der Geschichte der Publizistik aufgesessen: Den sogenannten Hitler-Tagebüchern.

Die Schlüsselperson innerhalb der Redaktion war der Reporter Gerd Heidemann. Er hatte – so seine Version – die Spur von Kisten mit persönlichem Besitz des „Führers" gefunden, die in den letzten Kriegstagen angeblich nach dem Absturz einer Militärmaschine bei Börnersdorf in Sachsen verlorengegangen waren. In einer dieser Kisten sollten sich Tagebücher Adolf Hitlers befunden haben. In mehrjährigen Recherchen, die Heidemann mit einem Sonderstab außerhalb der STERN-Redaktion und mit Unterstützung der Verlags-Spitze betrieb, kamen schließlich 60 „Hitler-Tagebücher" und ein „Sonderband Heß" zum Vorschein. Als der STERN Ende April mit dieser Nachricht herauskam und mit der Veröffentlichung der „Tagebücher" begann, gab es großes Aufsehen. Sofort meldeten sich aus dem Bereich der Wissenschaft Zweifler. Historiker waren der Meinung, daß Hitler als Reichskanzler einfach keine Zeit gehabt habe, Tagebuch zu führen. Auch Schriftsachverständige meldeten Bedenken an. Der STERN aber konnte sich auf Schriftgutachten berufen, die seriös erschienen. Dann aber entdeckten Experten des Bundesarchivs Koblenz, daß die „Tagebücher" aus Materialien bestanden, die es im Dritten Reich noch gar nicht gab. So waren die Einbände aus Kunststoffasern neuer Herstellung, und das Papier enthielt Weißmacher, die erst nach dem Krieg verwendet wurden. Nun mußte der STERN einräumen, daß er hereingefallen war und dafür noch über neun Millionen Mark bezahlt hatte.

STERN-Reporter Gerd Heidemann wurde wegen Betrugsverdachts verhaftet. Auch der Fälscher saß alsbald hinter Gittern: der Stuttgarter Militaria-Händler Konrad Kujau (alias Fischer). Er gab zu, bei den „Tagebüchern" selbst die Feder geführt zu haben, bestritt jedoch, daß ihm die Millionen zugeflossen seien. Heidemann selbst gab an, in gutem Glauben gehandelt zu haben; außer den mit ihm vertraglich vereinbarten Anteilen habe er kein Geld eingesteckt.

Für den STERN selbst wog der materielle Schaden der Affäre wenig im Vergleich zum Verlust des Ansehens. Zwei der drei Chefredakteure zogen die Konsequenz und gingen. Die Redaktion verpflichtete sich selbst, für einen Reinigungsprozeß zu sorgen, der solche Fehlleistungen künftig unmöglich machen sollte. Dazu sollte auch ein neues Redaktionsstatut beitragen, über das noch verhandelt wird. Es kam dann aber zu einem vielbeachteten Konflikt, weil die Eigner den als konservativ geltenden Publizisten Johannes Gross zum neuen Chefredakteur machen wollten. Dieser verzichtete schließlich auf die Berufung. Neuer Redaktionschef wurde neben Rolf Gillhausen der Fernseh-Journalist Peter Scholl-Latour, zusätzlich wurden vier stellvertretende Chefredakteure berufen.

Der Militaria-Händler Konrad Kujau ist seit Jahren eine wichtige Figur im Handel mit Nazi-Andenken. Wie man heute weiß, waren sie keineswegs immer so echt wie diese SS-Uniform. Kujau, den Heidemann zunächst nur unter seinem Decknamen „Fischer" gekannt haben will, schrieb die angeblichen Tagebücher selbst, zuletzt in großer Eile. Als Vorlage nahm er Aufzeichnungen des Historikers Max Domarus über Hitlers Jahre an der Spitze des Deutschen Reiches. Auskunft über die genaue Herkunft der „Hitler-Tagebücher" wurde zunächst mit Hinweis auf höhere DDR-Generäle verweigert, die in Lebensgefahr seien, wenn ihre Verwicklung bekannt werde. Nichts davon entsprach den Tatsachen.

Die Flüsse traten über die Ufer

Wochenlang hatte es im Baskenland nicht geregnet, dann stürzten plötzlich Wasserfluten zur Erde. Der ausgetrocknete Boden nahm die Regenmassen so schnell nicht auf, die Flußbetten konnten sie nicht fassen. Von den Hängen der Pyrenäen ergoß sich eine Flutwelle über das Land. Viehherden ertranken, Autos wurden weggeschwemmt, im Bahnhof von Bilbao kippte ein ganzer Zug um. Ein Sturzbach aus Wasser und Schlamm stoppte bei Bayonne auf freier Strecke einen Bus. Die meisten Fahrgäste kämpften sich zu einem höher gelegenen Platz durch, andere kletterten aufs Dach des Busses. Doch die Flut stieg höher und höher und riß sie schließlich in den Tod.

Die „Königin der Banditen" gab auf

Die Räuber sahen aus wie Polizisten und wurden wie Helden gefeiert: Unter dem Jubel einer 5000köpfigen Menge marschierte die 26jährige Phoolan Devi, Indiens berüchtigtste Banditenkönigin, Mitte Februar mit ihrer gefürchteten Truppe in die Stadt Bhind ein, um nach drei Jahren Terror feierlich die Waffen zu strecken. Die Landesregierung des nordindischen Bundesstaates Madya Pradesh dankte ihr die Kapitulationsbereitschaft mit einer ungewöhnlichen Geste: Phoolan Devi („Blumenkönigin") und die 23 Gangster in ihrem Gefolge durften nicht nur mit all ihren Waffen, aus denen sie wild in die Luft ballerten, anrücken. Sie trugen auch – teils selbstgeschneiderte, teils vom Staat geliehene – Polizei-Uniformen. Erstens, weil sie ihre Verbrechen fast immer als Polizisten verkleidet verübt hatten, und zweitens, weil die Behörden Wert darauf legten, daß die Banditen bei der vom Fernsehen übertragenen Waffenübergabe eine gute Figur machten.

Mit wehendem roten Kopfband stieg Phoolan Devi die Treppe zur Ehrentribüne empor. Wortlos legte die 1,46 Meter kleine Bandenchefin, der 20 Morde und 46 andere Verbrechen angelastet werden, dem Ministerpräsidenten Arjun Singh ihr Gewehr vor die Füße, kniete nieder und küßte ihm zum Zeichen der Unterwerfung die schwarzen Lackschuhe. Die anderen taten es ihr nach. Das Publikum klatschte erleichtert Beifall.

Es war das Ende der letzten großen Räuberbande, die in Indien ihr Unwesen getrieben hatte – und zugleich das Ende einer Legende, in der ein rebellierendes Mädchen aus der Kaste der „Harijans" („Unberührbaren"), der untersten Gesellschaftsschicht, zum „weiblichen Robin Hood" Indiens hochstilisiert worden war.

Phoolan, zweitälteste von fünf Töchtern eines armen Bootsmanns, hatte sich seit frühester Kindheit immer nur betrogen und ausgenutzt gefühlt: Mit elf Jahren war sie gegen ihren Willen an einen 20 Jahre älteren Mann verheiratet worden, der sie oft halbtot prügelte. Polizisten, bei denen sie sich beklagte, vergewaltigten sie. Ein Onkel brachte sie um das magere Familienerbe. Sie floh zu den „baghi", den Rebellen, in die Berge. Dort mußte sie mitansehen, wie ihre Liebhaber und Beschützer, einer nach dem anderen, von Rivalen ermordet wurden.

Phoolan Devi gründete ihre eigene Räuberbande und nahm blutige Rache an allen, die sie mißhandelt hatten, besonders an der Bevölkerung eines kleinen Dorfs, in dem sie von zwei Brüdern öffentlich vergewaltigt worden war: Da sie die wahren Übeltäter nicht fassen konnte, ließ die „Königin des Terrors" 20 andere Männer dieses Dorfes vor den Augen ihrer Angehörigen erschießen. Die Regierung setzte einen Kopfpreis von 10 000 Rupien auf sie aus – das fünffache Jahresgehalt eines einfachen Regierungsbeamten.

Hunderte von Polizisten machten drei Jahre Jagd auf sie. Phoolan Devi ließ sich nicht fangen. Sie ergab sich selber – gegen ein Versprechen der Behörden, ihr Leben und das ihrer Bandenmitglieder zu schonen. Aus dem Gefängnis drohte die Banditenkönigin indischen Filmproduzenten, die ihr Leben verfilmen wollen, bei unwahrer Darstellung mit Rache: „Raus komme ich immer. Gitter halten mich nicht auf!"

Bestaunt von Polizisten und Beamten des nordindischen Bundesstaates Madya Pradesh, präsentierte Phoolan Devi, Indiens berüchtigtste Gangster-Chefin, in der Stadt Bhind Ministerpräsident Arjun Singh ihren altertümlichen Bärenstutzen. Dann küßte sie ihm zum Zeichen der Unterwerfung die Schuhe.

Mit zwischen den Gitterstäben gefalteten Händen grüßte die gefangene Banditenkönigin nach der Kapitulation die 5000köpfige Menge. Die 26jährige, die mit ihrer Gang drei Jahre lang vor allem reiche Landbesitzer

durch Kidnapping, Raub und Erpressung terrorisiert hatte, bestand darauf, zusammen mit den anderen Bandenmitgliedern in den Männertrakt des Gefängnisses von Bhind gebracht zu werden: „Schließlich war ich immer mit ihnen zusammen. Und außerdem bin ich für ihr Wohlergehen verantwortlich." Die „Königin des Terrors", auf deren Ergreifung 10 000 Rupien ausgesetzt waren, hatte aufgegeben, nachdem die Landesregierung von Madya Pradesh ihr zugesagt hatte, ihr Leben und das der anderen kapitulationswilligen „baghi" (Rebellen) zu schonen. Und außerdem hatte die Polizei von Madya Pradesh Phoolan Devis Familie auf deren eigenen Wunsch bei Nacht und Nebel aus ihrem Dorf entführen müssen, um sie vor der Rachsucht der dortigen Behörden zu schützen. Phoolan Devi ergab sich erst, als sie wußte, daß „auch die Ziege und das Schaf, die mir gehören", in Schutzhaft genommen waren.

Massenmord mit Pfeil und Bogen

Der Mob kam von den Bergen. Bewaffnet mit Äxten, Speeren, Pfeil und Bogen, Buschmessern und Flinten stürmten aufgeputschte Kriegerhorden das Dorf Nellie im nordostindischen Bundesstaat Assam und machten nieder, was ihnen in den Weg kam – Männer, Frauen und Kinder. Über tausend Menschen wurden umgebracht, viele auf bestialische Weise.

Das Blutbad vom 18. und 19. Februar war der grausige Auftakt zu einer Mordwelle, die in wenigen Tagen die gesamte – seit Jahren von schweren Unruhen erschütterte – Provinz überrollte. Bilanz: Über 3000 Tote in einer Woche, Hunderte von Dörfern zerstört, eine Viertelmillion Menschen in eilig errichtete Schutzlager von Polizei und Armee geflüchtet.

Es war das schlimmste Massaker, das die ehemalige britische Kolonie Indien seit der Entlassung in die Unabhängigkeit 1947 und der damit verbundenen Teilung in einen Hindu-Staat (Indien) und einen Moslem-Staat (Pakistan) erlebte. Die Opfer des Blutbades waren fast ausnahmslos Moslems, die in den vergangenen Jahrzehnten vor allem aus Ost-Pakistan, dem heutigen Bangladesh, zugewandert waren, die Täter einheimische Assamesen, meist Hindus. Die Opfer waren politische Anhänger von Ministerpräsidentin Indira Gandhi, die Täter ihre erklärten Feinde. Streitpunkt waren die Landtagswahlen, die 1980 boykottiert wurden und die Indira Gandhi nun durchführen wollte.

Die Assamesen wehrten sich gegen diese Wahlen, weil damit der Einfluß der unerwünschten Zuwanderer (47 Prozent der Bevölkerung Assams) gestärkt und ihre tee- und erdölreiche Provinz „überfremdet" würde. Über drei Millionen „Ausländer" – bei insgesamt 21 Millionen Einwohnern – seien illegal ins Wahlregister eingetra-

gen worden, Wähler, die auf Indira Gandhi setzen würden, in der Hoffnung, dadurch im Land bleiben zu können. Die Assamesen aber wählen traditionell Anti-Indira.

Indira Gandhi setzte 70 000 Polizisten und Soldaten in Marsch. Gewählt wurde trotz Belagerungszustand, und Indiras Kandidaten siegten, da die Opposition die Wahl boykottierte. Der Konflikt schwelt weiter. Später Trost für die Assamesen: Um den Zuzug weiterer Fremder zu stoppen, will Indien nun die Grenze zu Bangladesh mit Festungsmauern und Stacheldrahtverhauen absperren. Kosten: 1,3 Milliarden Mark.

Tausend Morde in einer Nacht: Freiwillige Helfer heben nahe dem assamesischen Dorf Nellie Massengräber für bengalische Kinder aus, die von aufgeputschten Nationalisten umgebracht wurden. Die hinduistischen Assamesen fühlen sich von den – meist moslemischen – Einwanderern, die seit Jahrzehnten zu Millionen aus Bangladesh oder Westbengalen ins Land geströmt sind, kulturell und politisch bedroht. Sie kämpfen für eine Ausweisung aller Fremden, die nach 1961 ins Land gekommen sind. Ministerpräsidentin Indira Gandhi aber will allen Zuwanderern, die bis 1971 kamen, das volle Bürgerrecht geben, weil sie sich davon auch politische Vorteile für ihre angeschlagene Kongreß-I-Partei erhofft. Trotz des blutigen Dramas in Assam und der haushohen Niederlagen in drei weiteren indischen Landtagswahlen Anfang dieses Jahres hofft Indira Gandhi auf einen Sieg bei den Bundeswahlen Ende 1984. Ihr 38jähriger Sohn Rajiv, unter ihrer Schirmherrschaft zum politischen Kronprinzen aufgebaut, soll die Jugend für sie mobilisieren.

خدایا

Haß als Drill

Junge Offiziersanwärter der Militärakademie marschieren durch Straßen der Hauptstadt Teheran. Sie sollen vor Staatspräsident Ali Khamenei salutieren. Im Gleichschritt treten sie auf eine US-Flagge, die auf den Asphalt gemalt ist. Sie trägt die Aufschrift: „Tod den USA!" Auch im fünften Jahr nach dem Machtantritt von Ajatollah Khomeini blieb das Sternenbanner für die islamischen Revolutionäre das am meisten verhaßte Symbol. Der Hauptfeind aber stand noch immer in der Nachbarschaft: Der Krieg gegen den Irak, inzwischen mehr als drei Jahre alt, brachte auch 1983 keine Entscheidung.

Offene Begeisterung spricht aus den lachenden Gesichtern junger Iraner, die in den Krieg gegen den Erzfeind Irak ziehen. Zwölf- bis 14jährige sind die jüngsten Soldaten, „Kanonenfutter" für die Front. Auf grünen Schärpen bekennen sie ihren Eifer: „Ich opfere mich Gott."

Die Mullahs wie die vier bewaffneten Insassen einer amerikanischen Limousine in Qom sind zu Kriegsführern geworden, die auf den religiösen Fanatismus der Massen setzen. Der Irak indes verläßt sich eher auf moderne Waffen, mit denen er seine Streitkräfte im wechselvollen Krieg am Golf aufrüstet. So erreichte er von Frankreich die Lieferung neuer Kampfflugzeuge des Typs „Super Etendard" mit Exocet-Raketen, deren hohe Treffsicherheit Argentinien 1982 im Einsatz gegen britische Kriegsschiffe vor den Falkland-Inseln erfolgreich unter Beweis stellte.

Eskalation am Golf

Der Krieg zwischen dem Irak und dem Iran ging in das vierte Jahr, ohne daß eine Lösung sichtbar wurde. Die Welt schien sich schon daran gewöhnt zu haben: Offensiven und Gegenoffensiven, die nur geringfügige Geländegewinne brachten, aber das Blut von tausenden Soldaten forderten. Die Zahl der Gefallenen seit 1980 wurde auf 125 000 auf beiden Seiten geschätzt. Die Schäden für die Wirtschaft waren unabsehbar, aber Bagdad wie Teheran zeigten keine Bereitschaft zum Einlenken, solange ihre Ölexporte, wenn auch in gedrosseltem Umfang, noch liefen. Der Iran forderte immer noch den Sturz des irakischen Staatschefs Saddam Hussein, die Errichtung einer islamischen Republik und 90 Milliarden Dollar Reparationszahlungen als Vorbedingungen für das Ende des Krieges – unannehmbar für Bagdad. Gerade diese Ausweglosigkeit jedoch machte den Konflikt am Golf zum potentiell gefährlichsten „kleinen Krieg" auf der Welt. Beide Seiten suchten nach dem entscheidenden Vorteil, der nur in einer weiteren Eskalation liegen konnte. Im Oktober verkündete Saddam Hussein: „Der Sieg ist in Sicht und nicht mehr weit entfernt." Seine Zuversicht gewann er aus neuen Rüstungslieferungen Frankreichs: Fünf hochmoderne Kampfflugzeuge vom Typ „Super Etendard", die im Tiefflug die äußerst zielgenauen Exocet-Raketen abfeuern können. Der Irak besaß 40 dieser Lenkwaffen und setzte die ersten bald gegen Öltanker vor der iranischen Küste ein. Teheran drohte Vergeltung mit weltweiten Konsequenzen an, falls der Irak seine Rohölausfuhren gewaltsam unterbrechen sollte: die Sperrung der Straße von Hormuz am Ausgang des Persischen Golfs, Hauptschlagader der westlichen Ölversorgung. Durch dieses Nadelöhr gehen 40 Prozent der westeuropäischen Ölimporte, 60 Prozent der japanischen und 13 Prozent der amerikanischen. Die USA wiederum machten klar, daß sie einen solchen Akt des Iran nicht ohne Gegenwehr hinnehmen würden. Wie die Sowjetunion auf den Einsatz von US-Kampftruppen in ihrem südlichen Nachbarland Iran reagieren würde, ist eine bange offene Frage. Frankreich mußte wegen der Waffenlieferungen Vorwürfe der Verbündeten einstekken. Paris aber verfolgte nur eigene Interessen: Der Irak schuldet Frankreich fast neun Milliarden Dollar – und die kann Bagdad nur zurückzahlen, wenn es im Golf-Krieg Sieger bleibt.

Der Prophet legt seine Bürden ab

Für Bundeskanzler Helmut Kohl war es eine herbe Enttäuschung. Sein Flugzeug stand schon bereit zur Besuchsreise nach Israel, da verkündete am 28. August der israelische Ministerpräsident Menachim Begin: „Ich habe vor zurückzutreten." Israel stürzte in den Wirrwarr einer neuen Regierungsbildung, und der Besuch des Deutschen mußte abgesagt werden. Seine Motive behielt Begin für sich, doch engen Mitarbeitern war schon lange vorher bewußt, wie sehr der 70jährige Ministerpräsident abgebaut hatte. Der Tod seiner Frau im November 1982, eine erneute Herzerkrankung, die Zuweisung einer Mitschuld am Massaker in den Palästinenserlagern von Sabra und Shatilah in Beirut, der zermürbende Aderlaß des militärischen Engagements im Libanon, innere Unruhen und Streiks, die desolate Wirtschaftslage – all das war Begin zuviel geworden. Der Prophet, der sechs Jahre zuvor angetreten war, um Israel in biblischen Grenzen „wiederherzustellen", stand vor einem Scherbenhaufen. Und noch nicht einmal für seine Nachfolge hatte er vorgesorgt: Außenminister Yitzhak Shamir brauchte bis zum 10. Oktober, ehe er eine parlamentarische Mehrheit zusammengezimmert hatte, die ihn zum Regierungschef wählen konnte. Begin war bis dahin schon beinahe in Vergessenheit geraten. Dennoch bleiben einige seiner Leistungen bestehen: Am Ende der Ära Begin war Israels strategische Position im Nahen Osten besser denn je: Der einstige arabische Hauptgegner Ägypten war durch das Friedensabkommen von Camp David neutralisiert (Israel trat dafür die besetzte Sinai-Halbinsel wieder ab). Im Norden hatte die Besetzung des Südlibanon eine zusätzliche

Mit bewußt zur Schau getragener Gleichgültigkeit ließ Israels Ministerpräsident Menachim Begin in der Knesset, dem Parlament in Jerusalem, Vorwürfe eines Oppositionsabgeordneten über sich ergehen. Zuvor hatte eine Untersuchungskommission Begin ein „gewisses Maß an Verantwortung" für die Massaker an palästinensischen Lagerbewohnern in West-Beirut im Vorjahr angelastet. Das war im Februar. Nur ein halbes Jahr später gab Begin, lust- und kraftlos geworden, sein Amt auf. Nachfolger wurde sein bisheriger Außenminister Yitzhak Shamir, dem es erst nach einmonatigen Verhandlungen gelang, die alte Regierungskoalition des Likud-Blocks und kleiner relgiöser Parteien wiederherzustellen. Begin hinterließ dem neuen Regierungschef ein schweres Erbe, vor allem in der Wirtschaftspolitik: Chronisches Haushaltsdefizit, massive Auslandsverschuldung und eine Inflationsrate von 200%. Einen Plan des Finanzministers Yoram Aridor, die israelische Landeswährung an den US-Dollar anzukoppeln, glossierte in der Knesset Shulamit Aloni, eine Abgeordnete der neuen „Bürgerrechtsbewegung", mit einer Puppe als Kasperletheater. Aridor mußte zurücktreten.

Pufferzone geschaffen und die Palästinensische Befreiungsorganisation (PLO) als Gefahr weitgehend ausgeschaltet. Und im besetzten Westjordanien schuf die von Begin geförderte jüdische Besiedlung neue Tatsachen auf dem Weg zu einer möglichen Annektierung – unter Bruch aller Zusagen über palästinensische Selbstverantwortung. Ob das neue Sicherheitsgefühl Bestand haben wird, müssen Begins Nachfolger entscheiden. Shamir setzte weiter voll auf die USA: Im Dezember schloß er das bisher umfassendste Abkommen über Militärzusammenarbeit mit Washington.

Nichts geht mehr ohne den „Schatten-Shogun"

Sie nennen ihn den „Schatten-Shogun", und „wenn er hustet, erbebt Japan": Kakuei Tanaka, 65 Jahre alt, Bauunternehmer, Selfmade-Millionär und ehemaliger Ministerpräsident. Obwohl er seit 1974 nicht mehr im Amt ist und 1976 sogar aus der seit 20 Jahren ununterbrochen regierenden Liberaldemokratischen Partei (LDP) ausgetreten ist, wird er nach wie vor als der mächtigste Politiker Japans angesehen. Fast die Hälfte der LDP-Abgeordneten im Unterhaus ist ihm durch frühere Gunstbezeugungen verpflichtet und auf ihn eingeschworen. Kein Premier könnte ohne ihn regieren, der nur noch ein „unabhängiger" Abgeordneter ist, schon gar nicht der amtierende Regierungschef Yasuhiro Nakasone, der Tanaka seinen Aufstieg verdankt. Und dennoch hat der energische Nakasone 1983 das riskante Spiel gewagt, sich von dem „Paten" zu lösen. Die Zeichen standen günstig: Nakasone hatte sich in nur kurzer Amtszeit große Popularität errungen, im In- und Ausland. Sein Eintreten für eine stärkere Verteidigungsrolle Japans im Konzert mit den USA machte ihn zum Freund des US-Präsidenten Ronald Reagan, trotz allen Ärgers über Japans Handelspolitik. Und eben hatte, am 12. Oktober, ein Gericht Tanaka wegen Korruption zu vier Jahren Haft verurteilt, gegen die ihn nur seine parlamentarische Immunität schützte. Als Tanaka sich weigerte, sein Mandat niederzulegen, ordnete Nakasone Neuwahlen an, mit dem erklärten Ziel, Tanakas Einfluß auf die LDP zu „eliminieren". Doch bei der Wahl am 18. Dezember erlitt die Partei ihre schwersten Verluste seit der Gründung: 36 Sitze. Mit 250 von insgesamt 511 Mandaten im Parlament fehlten Nakasone sechs Stimmen zur einfachen Mehrheit. Er holte sie sich durch eine Koalition mit den acht Abgeordneten des Neuen Liberalen Clubs, ehemaligen Tanaka-Gegnern aus der LDP. Aber ob er Ministerpräsident bleibt, liegt immer noch in den Händen des „Schatten-Shoguns": Tanakas Leute blieben stärkste Gruppe in der LDP-Fraktion, er selbst wurde in Niigata mit einem Rekordergebnis von 220 000 Stimmen wiedergewählt.

Japanische Streckübungen: Ministerpräsident Yasuhiro Nakasone (links) versuchte, die Macht seines politischen Ziehvaters Kakuei Tanaka (rechts) zu brechen. Dazu nutzte er einen Korruptionsprozeß, in dem jene Dame eine entscheidende Rolle spielte, die ein Titelblatt der japanischen Ausgabe des Herrenmagazins „Penthouse" zierte. Vor Gericht konnte Tanaka nur überführt werden, während seiner Amtszeit 1974–86 fünf Millionen Mark Bestechungsgelder von dem US-Flugzeugbauer Lockheed kassiert zu haben, weil Titel-Girl Mieko Enomoto auspackte: Ihr Mann, früher Privatsekretär Tanakas, hatte ihr gestanden, Lockheed-Geldpakete für den Chef entgegengenommen zu haben. Das reichte für einen Schuldspruch: vier Jahre ohne Bewährung. Für das Schmiergeld hatte Tanaka die japanische Fluglinie ANA zum Kauf von Lockheed-Maschinen bewogen. Nakasone allerdings konnte Tanaka trotz des Urteils nicht in Schimpf und Schande aus der Politik vertreiben. Bei Neuwahlen behielt Tanaka, während des Berufungsverfahrens gegen drei Millionen Mark Kaution auf freiem Fuß, seinen Sitz.

Feuerwerk zum Hundertsten

Sie wurde hundert Jahre alt, die Brücke, die Brooklyn mit New York verbindet. Und wie der Republikaner Ronald Reagan den Jubiläums-Trubel mit einem Feuerwerk eröffnete, so tat es am 24. Mai 1883 der damalige Präsident, der Republikaner Chester A. Arthur. Heute war die Parade länger als gestern und das Feuerwerk lauter. Doch auch damals war der Teufel los: Böllerschüsse krachten, Glocken läuteten, Hörner bliesen, und alle Einwohner aus Brooklyn und New York jubelten über ein Wunderwerk, das es ihnen möglich machte, schnell und trocken von einer Stadt in die andere zu kommen. Bis dahin hatte es nämlich nur die Fähre gegeben, in der man im Winter oft Stunden zwischen Eis und Stürmen hockte.

Wagner und kein Ende

Bei dem, was man haßt, schreckt man nach der Erkenntnis der Psychologie vor sich selber zurück. Selbstkritik also, wenn Richard Wagner an seinen späteren Schwiegervater Franz Liszt schrieb: „Ein politischer Mann ist widerlich." Auch im Jahre 100 nach seinem Tod in Venedig – am 13. Februar 1883 – stand der Egomane der Kunst und Pyromane der Politik im Mittelpunkt von Kult und Kirmes. Auf dem Buchmarkt gab's Bildbände, politische Studien, Abhandlungen über die erotische Gesellschaft in den Musikdramen und Pamphlete über das deutsche Verhängnis. Während die Lagunenstadt Karneval feierte und unter roten Plakaten – „Wagner è Venezia" – tanzte, wallfahrteten deutsche Wagnerianer zum Sterbe-Palazzo Vendramin. Auf dem Grünen Hügel von Bayreuth, wo vor sieben Jahren noch die Franzosen Patrice Chéreau und Pierre Boulez den „Ring des Nibelungen" als politische Parabel dargeboten hatten, wurde die Wende auch für Wagner eingeleitet: Der Dirigent Sir Georg Solti und der englische Regisseur Sir Peter Hall führten die Tetralogie als „romantisches Märchen" auf und schlitterten auf Grund schwacher Sänger fast in eine musikalische Pleite hinein. Zur gleichen Zeit vollendete der Dirigent Marek Janowski in Dresden eine zwei Millionen Mark teure deutsch-deutsche „Ring"-Produktion für die Schallplatte. Der britische Regisseur Tony Palmer endlich erzählte, mit Richard Burton in der Titelrolle, den wüsten Künstler-Roman des „schnupfenden Gnoms aus Sachsen mit dem schäbigen Charakter und dem Bombentalent" (so Thomas Mann über RW). Sein neun Stunden – und zehn TV-Folgen – langer Film, 30 Millionen Mark

teuer und mit einer erlesenen Darsteller-Entourage um Richard Burton als Wagner – Vanessa Redgrave als Cosima, Marthe Keller als Mathilde und Größen wie Sir Laurence Olivier, Sir John Gielgud und Sir Ralph Richardson in kleinen Rollen – war Huldigung und Hinrichtung zugleich: Ein pompöses Opern-Tableau vom Format des Nibelungen-Ringes, verzahnt mit Leit-Motiven aus dem Werk und Leid-Motiven aus dem Leben. Das Kunststück, das die Mittel Wagners auf Wagner rückprojizierte, bestätigte jedenfalls eine Einsicht des Komponisten: „Ein politischer Mann ist widerlich."

„In diesem Palast spüren die Seelen den letzten Hauch Richard Wagners – ewig wie das Meer, das den Marmor umspült." So lautet das Epitaph des italienischen Dichters Gabriele d'Annunzio am Palazzo Vendramin, dem Sterbehaus Wagners. In Tony Palmers Film spielt Richard Burton den Komponisten des Gesamtkunstwerks – und sieht dem Vorbild (mit Tochter Eva) täuschend ähnlich.

THER

Mit Luther durch das Jahr

500 Jahre ist es her, daß der große Reformator und Rebell im thüringischen Eisleben geboren wurde. 500 Jahre danach brach über beide deutschen Staaten eine Luther-Welle ungeahnten Ausmaßes herein. Über dreihundert Neuerscheinungen – von der seriösen Textausgabe bis zur derben Sammlung lutherischer Anzüglichkeiten – überschwemmten den Buchmarkt. Keine Kommune – hüben wie drüben –, die nicht wenigstens eine kleine Gedenkstunde, eine Tagung oder Ausstellung in ihr Kulturprogramm integriert hätte. Auch in den elektronischen Medien feierte der Mann des Jahres Triumphe. Mehr als hundert Stunden Luther-Fernsehen gab es 1983, am opulentesten wohl in jener ZDF-Serie mit Hauptdarsteller Lambrecht Hamel (links). Und damit nicht genug: Luther als Briefmarke und als Muntermacher am Morgen: In drei Minutenhäppchen aufgeteilt strahlte der Sender Freies Berlin die Bibelübersetzung des großen Meisters durch den Äther. Nicht zu vergessen: Martinus als Schutzpatron der großen Reise-Veranstalter. Ob fünf Tage im unbequemen Bus oder als exklusive Bildungs-Reise: der Luther-Tourismus blühte. Allein 500 000 Menschen erklommen die Wartburg und pilgerten so mit Luther durch das Jahr.

Unmittelbar nach dem Auftanken in Anchorage (Alaska) kam Flug KE 007 der „Korean Air Lines" vom richtigen Kurs nach Seoul ab. Zweimal drang der mit 269 Menschen besetzte Jet in sowjetisches Hoheitsgebiet ein und überflog militärisches Sperrgelände. Südwestlich von Sachalin wurde der Jumbo abgeschossen und stürzte ins Meer.

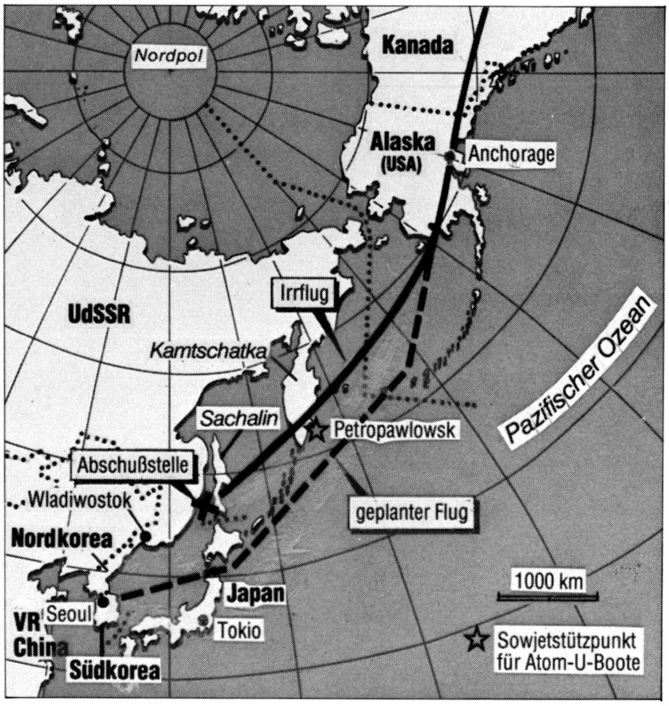

Zwei Raketen, abgefeuert von einem sowjetischen Abfangjäger vom Typ SU-15, ließen den KAL-Jumbo abstürzen. Nachdem sich Moskau zunächst in Schweigen hüllte, drohte der Kreml später jedem anderen Irrflieger das gleiche Schicksal an. Im sowjetischen Fernsehen wurde sogar der Pilot vorgestellt und interviewt, der das fast vollbesetzte Zivilflugzeug vom Himmel geholt hatte. Nur in privaten Gesprächen gestanden hohe Sowjetfunktionäre ein, daß der Abschuß die Aktion übereifriger Militärs und durch Fehler bei der Luftaufklärung bedingt war. Fast zwei Stunden hatten sowjetische Abfangjäger den vom Kurs abgekommenen koreanischen Jumbo verfolgt, ohne ihn identifizieren zu können. Während aus dem von japanischen Horchposten aufgezeichneten Funkgesprächen des KAL-Piloten mit den Bodenstationen nichts dergleichen hervorgeht, behaupten die Sowjets, das unbekannte Flugzeug sei mit Leuchtraketen und international üblichen Signalen zum Landen aufgefordert worden. Nachdem der Pilot alle Zeichen ignoriert habe, sei scharf geschossen worden. Als die sowjetische Bodenkontrolle den SU-15-Piloten bereits anwies, „Visieren Sie das Ziel an", meldete sich der Jumbo fälschlicherweise auf richtigem Kurs. „Ziel zerstört", berichtete der russische Flieger lakonisch und drehte ab. Drei Minuten später verschwindet der Jumbo für immer von den japanischen Radarschirmen.

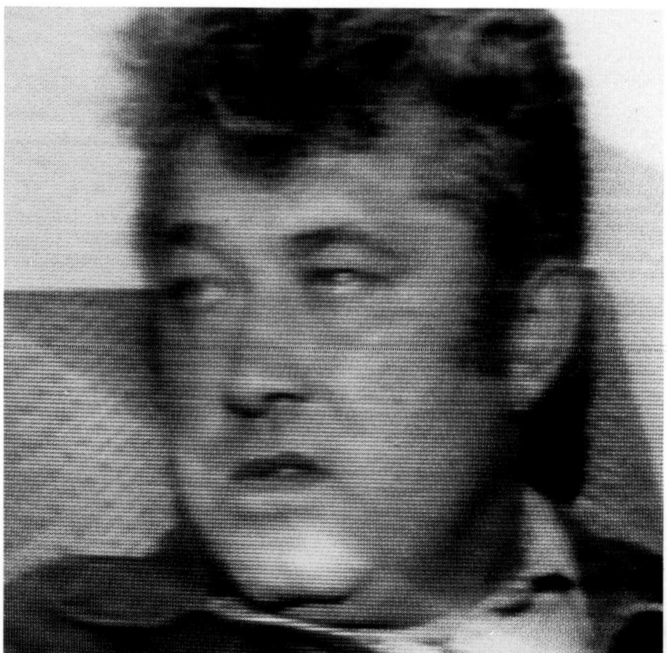

Der Abschuß, der die Entspannung vom Kurs brachte

Von New York startete in der Nacht zum 1. September der Flug KE 007 nach Seoul. Doch der Jumbo-Jet der Korean Air Lines (KAL) mit 240 Fluggästen und 29 Besatzungsmitgliedern an Bord kam nie ans Ziel. Unweit der Insel Sachalin stürzte die in den Hoheitsbereich der UdSSR eingedrungene Boeing 747 brennend ins Meer, von zwei Raketen eines sowjetischen SU-15-Abfangjägers getroffen. Kaum ein Ereignis des Jahres 1983 hat die Ost-West-Politik so nachhaltig beeinflußt wie der Angriff auf den koreanischen Jumbo. Der Abschuß des vollbesetzten Zivilflugzeugs verursachte eine politische Schockwelle, die um die ganze Welt lief. Mit steinernem Gesicht trat in Washington Präsident Ronald Reagan vor die Fernsehkameras und verurteilte auf das Schärfste das „Verbrechen gegen die Menschlichkeit". Sechsmal bezeichnete er die Folge des rücksichtslosen Vorgehens der sowjetischen Militärs als das, was sie war: „ein Massaker". Reagans Empörung teilten seine Landsleute: 55 Amerikaner, darunter der rechteste aller US-Abgeordneten, der Demokrat Larry McDonald, waren bei dem Absturz von KE 007 ums Leben gekommen. Zahlreiche westliche Länder, darunter auch die Bundesrepublik, entzogen der sowjetischen Zivilfluggesellschaft „Aeroflot" die Landerechte oder ließen die Flüge ihrer eigenen Luftlinien nach Moskau vorübergehend einstellen. Und nicht nur in Südkorea, das 110 Landsleute unter den Opfern zu beklagen hatte, riefen empörte Demonstranten nach Rache und Vergeltung.

Die amerikanischen Falken, ohnehin mißtrauisch gegenüber Abrüstungsgesprächen und wirtschaftlichen Beziehungen mit den Erzfeinden im Kreml, verlangten nach dem sowjetischen „Mord am Freiheitskämpfer McDonald" den Abbruch der diplomatischen Beziehungen mit Moskau, einen Handelsboykott und die Einstellung aller laufenden Verhandlungen. Für die Friedensbewegung in den USA wie in Europa bedeutete der kaltblütige Abschuß ebenfalls eine Katastrophe. „Ich möchte wirklich wissen, wer jetzt noch aus Protest gegen die Aufstellung amerikanischer Mittelstrekkenraketen in Europa auf die Straße gehen will", sagte ein Vertreter des US-Außenministeriums. Und wenn auch die Regierung in Washington bei ihren Reaktionen schließlich unerwartet besonnen blieb, war sich die freie Welt auch ohne spektakuläre Gegenmaßnahmen in der Verurteilung Moskaus einig. Zwar verzichtete US-Präsident Reagan darauf, die Raketengespräche in Genf abzubrechen, aber im amerikanischen Kongreß ließ er sich schnell sein vorher von Streichungen bedrohtes gigantisches Rüstungsprogramm absegnen. Mancher Abgeordnete, der noch im August seine Bedenken gegen die Milliardenprogramme vorgetragen hatte, wollte nach dem 1. September nicht auf der falschen Seite stehen.

Die Empörung über Moskau entzündete sich nicht nur an der brutalen militärischen Aktion gegen den unbewaffneten Eindringling, sondern an dem Versuch, das Vorgefallene erst glatt zu leugnen und später mit der gleichzeitigen Beschuldigung einzugestehen, der koreanische Jumbo habe sich auf einem Spionageflug befunden.

Der Vorwurf, angesichts vorhandener Spähmöglichkeiten durch Satelliten und Radarstationen ohnehin wenig glaubhaft, wurde von Washington wie von dem militant antikommunistischen Regime des Diktators Chun Doo Hwan vehement zurückgewiesen. Dennoch: Manches war merkwürdig in der Nacht zum 1. September.

Nach dem Auftanken in Alaska war der koreanische Jumbo von seinem vorgesehenen Kurs abgekommen und in den sowjetischen Lufthoheitsbereich eingedrungen, der auf allen Flugkarten als „militärisches Sperrgebiet" ausgewiesen ist. Bis die SU-15 sie vom Himmel holte, hatte die Boeing 747 den Raketen- und U-Bootstützpunkt Petropawlowsk und die mit mehreren Luftwaffenbasen bestückte Insel Sachalin überflogen, beides Gebiete, bei denen sich Moskau ausdrücklich das

Diane Ariyadej | Sammy Ariyadej | J. Avecilla | James Beirn | Eleanor Bessell | N. Bolante | James Burgess

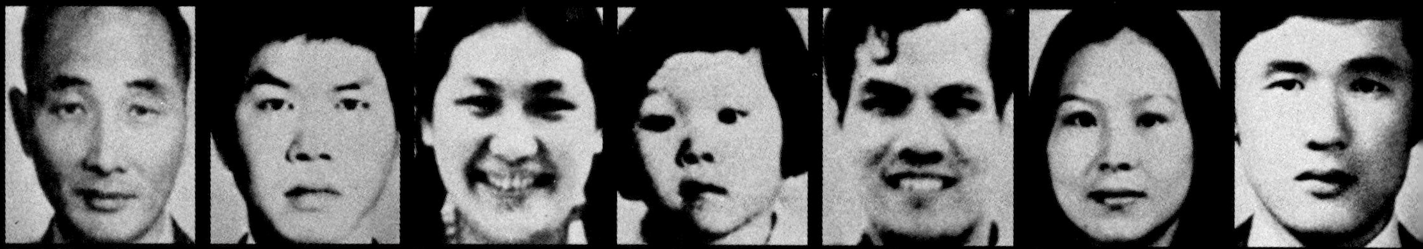

Tsai Chen Chang | Fu Long Chen | Juyen Chen | Shiaofen Chen | C.C. Cheng | Chenlee Jenrong | Cho Jae Mook

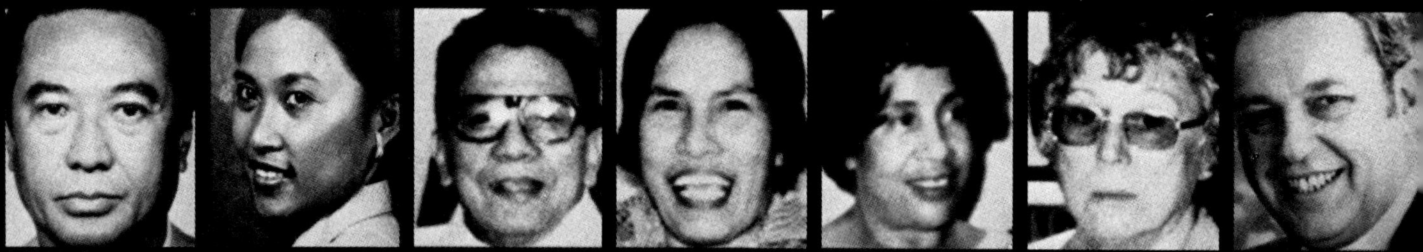

Alfred Cruz | Edith Cruz | Edgardo Cruz | Frisca Cruz | Marie Culp | Lucille Dawson | S. Dorman

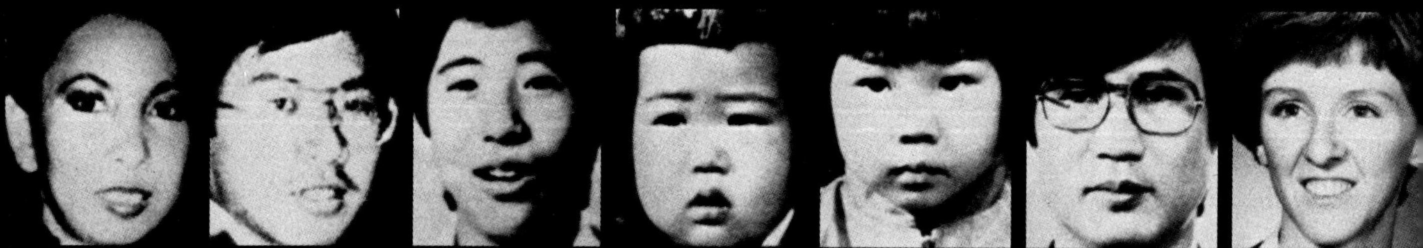

A. Guevara | T. Guevara | Hiroki Haba | Han Jung Min | Han Man Chul | Han Ung Jun | Mary Jane Hendri

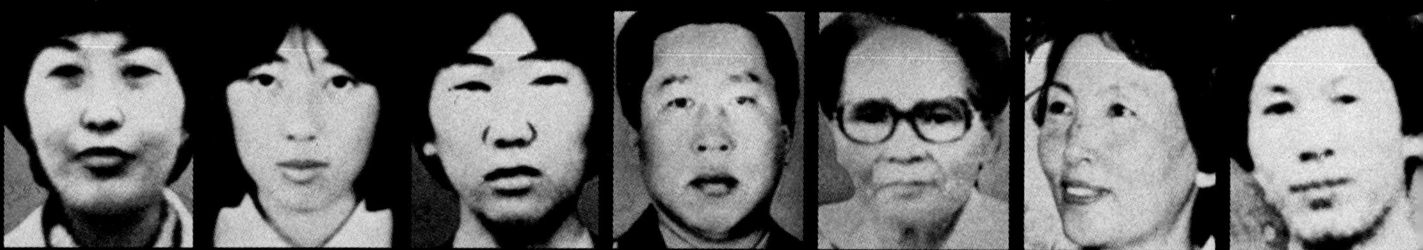

K. Inoue | M. Inoue | H. Kawana | Kim Ek Yu | Kim Gannan | Kim Jinh | Kim Lee Sik

Lilian Kohn | King Kong | Tomiko Kono | C.F. Kung | Kwon Sung Hee | Kwon Youn Keum | Raymundo Lantin

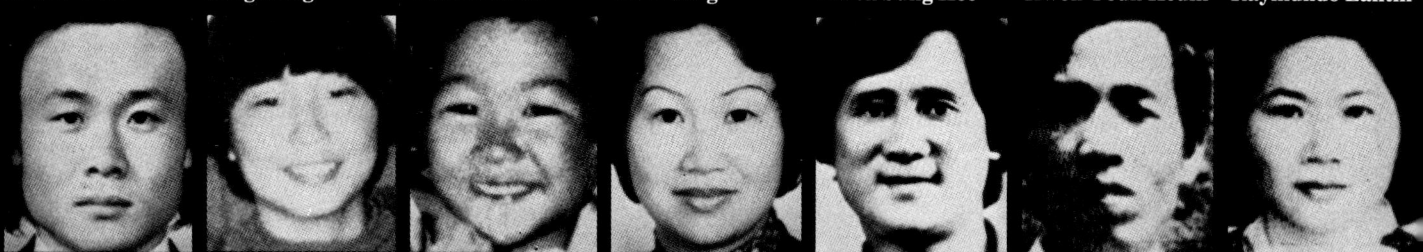

Lee Myung Jae | Lee Seong Joo | Lee Zun Hyouk | Chiman Leung | S.M. Lim | Lin San Mei | C. Liu

S. Campbell

C. Carrasco

M.E. Carrasco

Joyce Chambers

Amado Chan

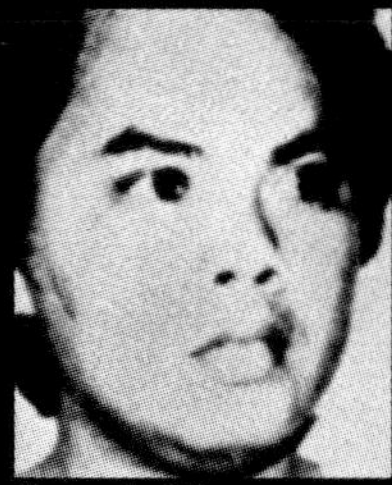
Joseph Chan

Mason Chang

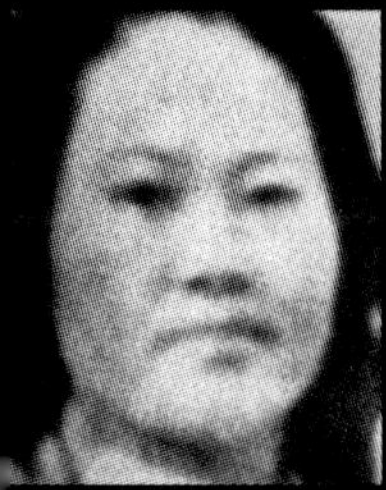
Chung Hwa Sun

Neil und Carol Ann Grenfell mit ihren zwei Kindern Noelle Ann und Stacey Marie

Chung Ok Soon

Merrylou Covey

S. Draughn

Lillian Fitzpatrick

John Paul Gregoire

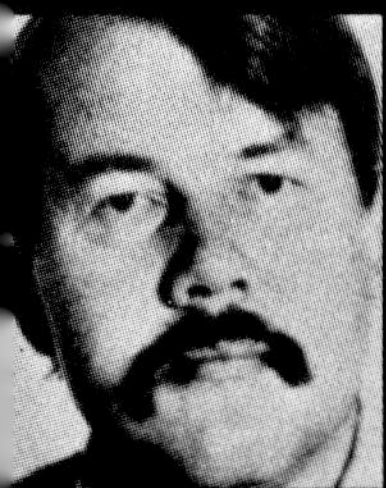
J. Hjalmarsson

Bill Hong

Masuyo Ishihara

Kim Soon Taek

Kim Yung Sik

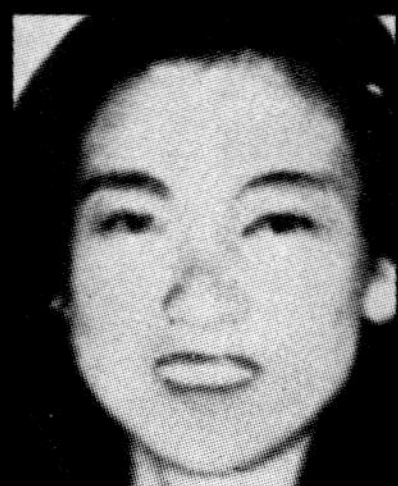
Hitomi Kitao

Y. Ko

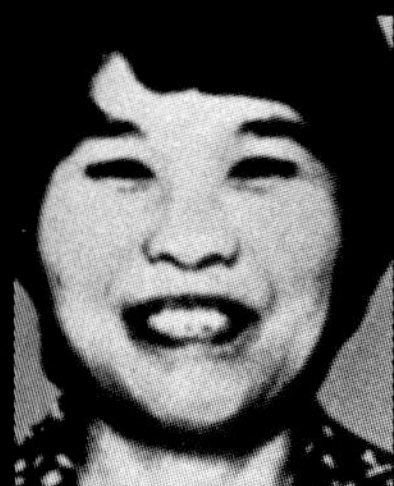
Ikiko Kobayashi

Shoi Chi Kobayashi

Allan Kohn

Lee Chul Kyun

Lee Eun Hyung

Lee Hee Young

Lee Inho

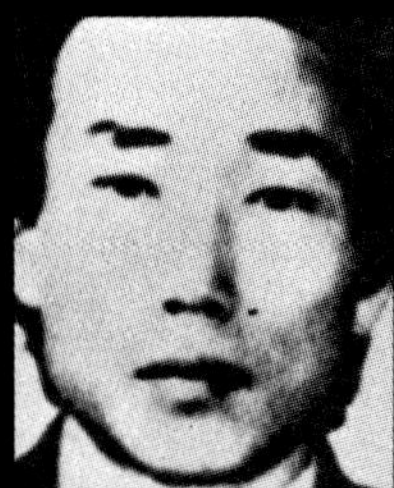
Lee Jeong Bong

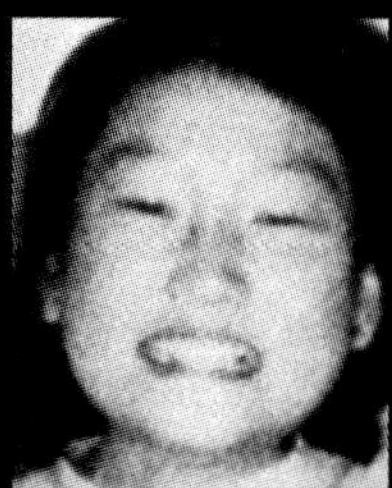
Lee Kwih Yon

Lee Kyong Gae

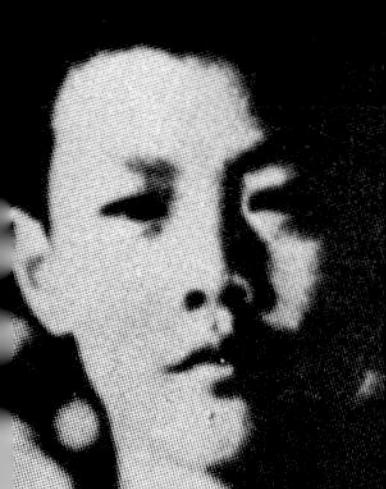
C. Liu

P. Liu

Y. Liu

John Lui

S.J. Ma

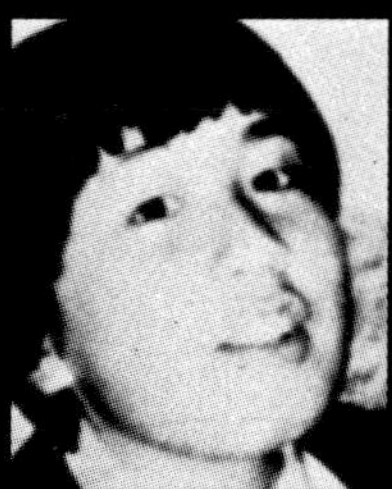
Sayori Mano

Lawrence McDonald

Kevin McNiff
N. Nakao
Takeshi Nakazawa
S. Shiiki
C. Ocampo
M.C. Ocampo
S.E. Ocampo

G. Panagopoulos
Park Han Tae
Park Heung Seol
Park Hong Soon
Park Jahn Gaun
Park Seung Ha
K. Patel

Rebecca Scruton
Jook Seo
L. Shiiki
Jessie Slaton

K. Takemoto
T. Takemoto
Chi Tien
Yae Tomitaka

Michael Wong
M. Yamaguchi
M. Yamaguchi
Cecilio und Mary Chouapoco (Tochter nicht auf dem Bild)
Hong Hyong Ung

Yuh Tong Yeal
Kim Kum Sun
Pak II Chong
Margaret Zarif
Chong Pyong In
Kim Eui Dong
Yoon Yang Ro

Kim Chung Yul
Kim Hak Yoon
Kim He Cheol
Kim Kyung Soon
Kim Mi Hyang
Kim Seoil
Kim Young Ran

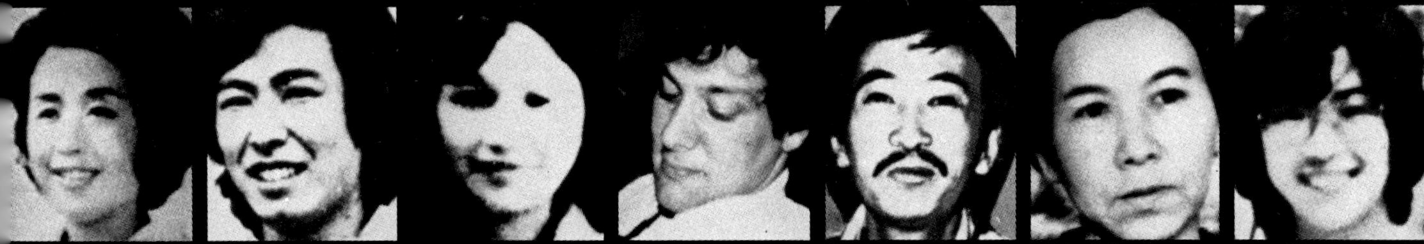

Oh Chung Choom | M. Okai | Y. Okai | John Oldham | Noriyu Osaka | Midori Osedo | Limei Pan

Raymond Petroski | Ian Powrie

Ryu Gyung Geun | L. Sayers

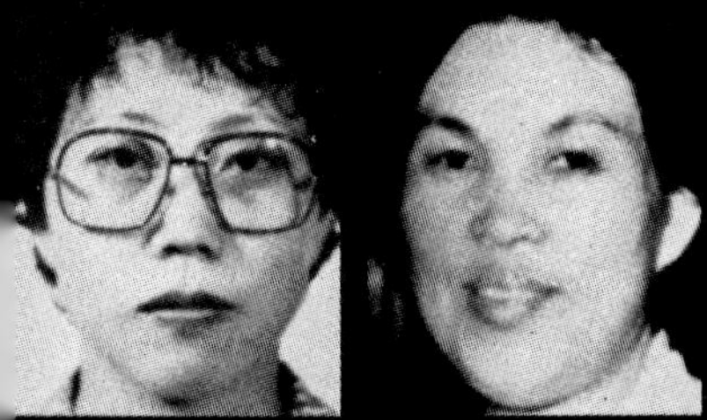

Soja Son | Anna Song

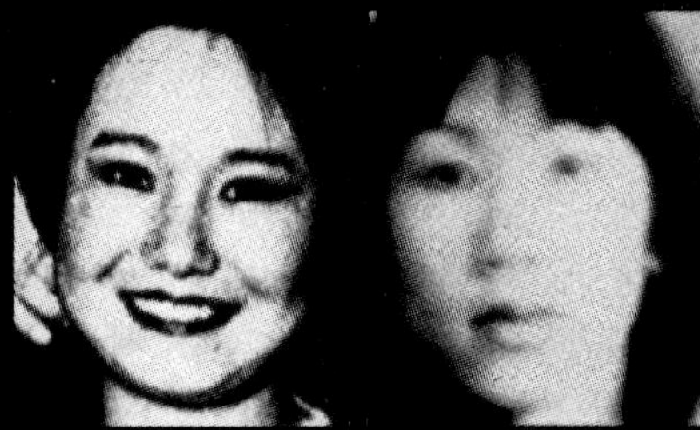

Hiroko Stevens | Keiko Tanaka

Yuen Tsao | Wang Yun Shen

Park Minsik und Ehefrau Ahe Kyung mit Kindern

Wee Kang Il | M.T. Weng

C. Yeh | C.L. Yeh | Kazuko Yoden | Yoo Byeong Sook | Yoo Chung Soo | Yu Ok Myong | Yu Kyong Gun

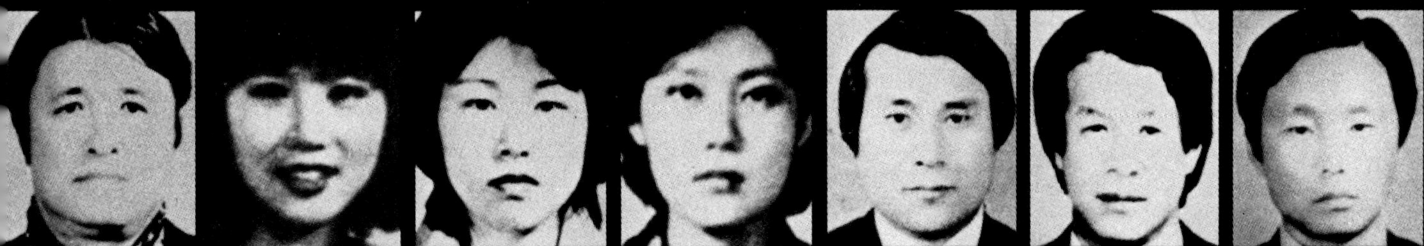

An In Su | Cho Hyung Sim | Cho Kyung Ja | Chung Geum Joo | Chung Ran | Dok Hyeon Muk | Kang Jin Hae

Lee Boo Rae | Lee Eun Hee | Lee Eun Mee | Lee Hyeon Kae | Pae Young Rang | Roh Joon Shik | Shin Jung Moo

Jumbo-Abschuß

Zwei Monate lang suchte eine gemischte Flotte von sowjetischen und amerikanischen schiffen, darunter mehrere Klein-U-Boote, nach Überresten der abgeschossenen Boeing 747. Sie fanden hunderte Wrackteile, Kleidungsstücke, zerfetzte Schwimmwesten, Familienfotos, Schuhe und Leichenteile. Doch das eigentliche Ziel der aufwendigen Suchaktion, Flugschreiber und Sprachaufzeichner, wurde nur vage geortet: 30 Kilometer nördlich der Insel Moneron in 700 Meter Tiefe. Bevor die „black boxes" (in Wirklichkeit orangefarbene Blechkästen) gefunden wurden, verstummten ihre Peilsender, weil die eingebauten Batterien erschöpft waren. Die Geräte hätten wertvollen Aufschluß über Steuermanöver und Piloten-Gespräche während der letzten Flugminuten geben können. Anfang November wurde die Suche ergebnislos eingestellt.

20

Recht vorbehält, fremde Flugzeuge „ohne Vorwarnung" abzuschießen. In dieser Nacht waren die sowjetischen Jäger – auch ohne den koreanischen Eindringling – in höchster Alarmbereitschaft. Im Gebiet um Petropawlowsk sollte eine sowjetische Testrakete niedergehen. Der geplante, aber dann doch wieder abgesagte Versuch hatte auch ein amerikanisches Spionageflugzeug vom Typ RC-135 angelockt, dessen Kurs in der Nähe des Testgeländes mit dem des Jumbos kurzzeitig deckungsgleich war. Hatten die sowjetischen Beobachter am Boden und in der Luft den friedlichen Großraumjet mit der wesentlich kleineren US-Militärmaschine verwechselt? War der kaltblütige Abschuß in Wahrheit nur ein Fehler der sowjetischen Luftaufklärung? Das offizielle Moskau hüllte sich tagelang in Schweigen. Während politische Beobachter im Westen noch rätselten, ob vielleicht der erkrankte Parteichef Andropow selbst den Abschußbefehl gegeben habe, traten die Kreml-Herren die Flucht nach vorn an. Jawohl, russische Raketen hätten die Maschine, die alle Aufforderungen zum Kurswechsel unbeachtet gelassen habe, getroffen. Außenminister Andrej Gromyko erklärte ohne ein Wort der Entschuldigung: Jedem anderen Flugzeug werde in gleicher Situation das gleiche passieren, denn „die Grenzen der Sowjetunion sind heilig". Daß die Kreml-Herren es damit ernst meinen, hatte ein anderes koreanisches Zivilflugzeug im April 1978 erlebt. Auf dem Flug von Paris nach Seoul war es bei Murmansk tief in die Sowjetunion eingedrungen und schließlich durch Geschoßgarben zur Landung gezwungen worden. Zwei Insassen starben, zehn weitere wurden verletzt. Geplagt von Einkreisungsängsten, haben die obersten Sowjets ein Sicherheitsdenken entwickelt, das zweifellos Züge von Hysterie trägt.

Ungeklärt blieb, weshalb KE 007 den richtigen Kurs in die Heimat verpaßte. Ein Fehler im computergesteuerten Navigationssystem ist noch die wahrscheinlichste Erklärung.

Auf Massenkundgebungen in Seoul fordern Zehntausende Rache und Vergeltung für die 269 Toten von KE 007, 110 davon sind Südkoreaner. Diktator Chun Doo Hwan nutzt die Empörung und die verzweifelte Trauer der Familienmitglieder zur Generalabrechnung mit Moskau: „Der Kommunismus muß von der Erde verschwinden." Präsident Reagan hingegen bleibt besonnen und widersetzt sich den Forderungen nach einem Abbruch der diplomatischen Beziehungen mit der Sowjetunion.

Der rettende Sprung

Ein spektakuläres Ende nahm die Fahrt des Amerikaners Lerry Clark bei einem Autorennen in der kalifornischen Stadt El Centro. Bei einer Geschwindigkeit von fast 180 Stundenkilometern verlor er die Kontrolle über seinen Wagen. Er schlitterte am Sicherheitszaun entlang und prallte schließlich gegen den vier Meter hohen Zielrichterturm vor der Tribüne. Fahnen und Transparente wurden zerfetzt. Ehe das Podest unter den Füßen wegsackte, retteten sich die beiden Zielrichter durch einen Sprung hinter die Barriere. Sie wurden, wie der Unglücksfahrer, nur leicht verletzt.

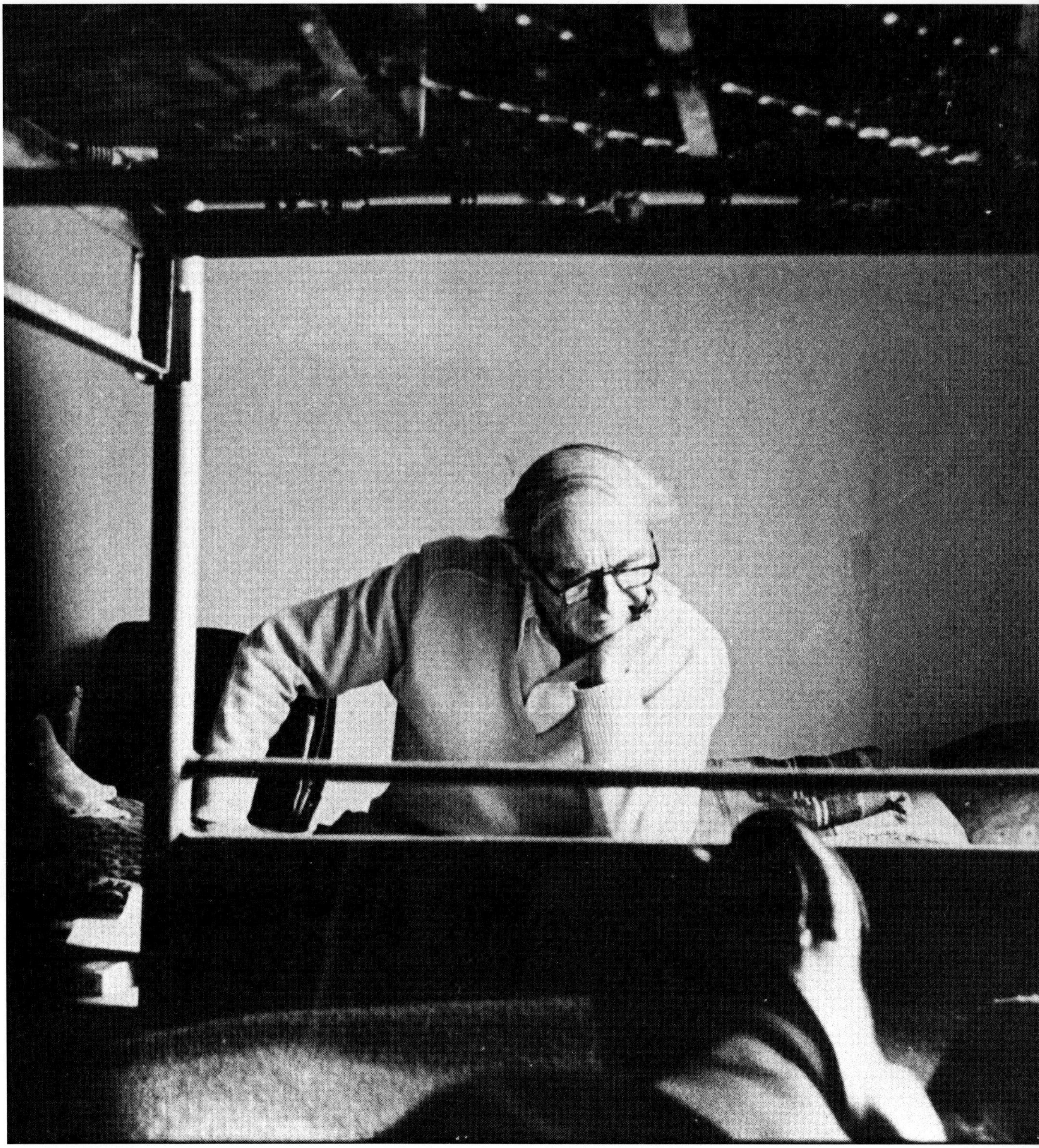

Der Schlächter von Lyon

Klaus Barbie, 70, ehemaliger Gestapo-Chef in Lyon, wurde im Februar an Frankreich ausgeliefert. Unter dem Decknamen Klaus Altmann hatte er seit 1951 in Bolivien gelebt. Nach Kriegsende glückte Barbie mit Hilfe des amerikanischen Geheimdienstes C.I.C., für den er in der deutschen Besatzungszone Informationen beschaffte, die Flucht nach Südamerika. Über den Schutz des Kriegsverbrechers zeigte Washington jetzt „tiefes Bedauern" gegenüber der französischen Regierung.

In der südfranzösischen Stadt Lyon wird Barbie jetzt wegen „Verbrechen gegen die Menschlichkeit" angeklagt. Von 1942 bis 1944 soll der Gestapo-Mann Hunderte von Juden in die Vernichtungslager des Ostens deportiert haben. Mitglieder der französischen Widerstandsbewegung Résistance wurden von Barbie gefoltert. Auch der Führer der französischen Résistance, Jean Moulin, wurde von Klaus Barbie verhaftet und ermordet. Ob der Widerstandskämpfer durch Hinweise aus den eigenen Reihen verraten wurde, ist bis heute ungeklärt.

Verhaftung nach vier Jahrzehnten. In Bolivien wird der ehemalige Gestapochef Klaus Barbie festgenommen. Nach einem Regierungswechsel in dem Andenstaat hatte der Holzkaufmann Klaus Altmann alias Barbie seine Gönner verloren. Er wird nach Frankreich abgeschoben. Die Bundesregierung hatte erst 1982 einen Antrag auf Auslieferung des Kriegsverbrechers gestellt.

Rückkehr nach Lyon. Der ehemalige Gestapochef Klaus Barbie wurde nach seiner Auslieferung im Militärgefängnis der südfranzösischen Stadt in Untersuchungshaft genommen. 50 Jahre nach der Machtergreifung Adolf Hitlers wird dem ehemaligen Obersturmführer für „Verbrechen gegen die Menschlichkeit" der Prozeß gemacht. Der „Schlächter von Lyon" soll Hunderte von Juden in Vernichtungslager deportiert und Mitglieder der Widerstandsbewegung Résistance gefoltert und getötet haben. Französische Gerichte verurteilten Barbie in Abwesenheit bereits 1954 zum Tode.

Trutz, blanker Hans

Das „größte Wasserbau-Unternehmen aller Zeiten" tritt in Holland in seine letzte Phase: die Abschottung der Provinz Seeland gegen die Gewalten der Nordsee, „Projekt Delta". Drei Meeresarme im Mündungsgebiet von Rhein, Maas und Schelde sind schon durch Dämme und Schleusen abgeriegelt. Doch gegen den Oosterschelde-Damm regte sich Protest bei Naturschützern, Fischern und Muschelzüchtern. Sie fürchten, daß die Oosterschelde sich künftig in ein Süßwasserbecken verwandeln wird, daß Austern und Muscheln verschwinden. Nach heftigem Streit im holländischen Parlament entschied Premierminister Joop den Uyl, vorwiegend aus ökologischen Gründen, statt des Damms ein riesiges Flutwehr zu bauen, das bei gutem Wetter Ebbe und Flut ihren Lauf läßt und so die natürliche Umwelt bewahrt. Nur bei Sturmflutgefahr sollen die stählernen Tore des Wehrs geschlossen werden. Statt 580 Millionen Mark für einen festen Damm kostet das Wehr nun 7,2 Milliarden Mark.

Seit vier Jahren wird auf der künstlichen Insel Neeltje Jans an den 66 riesenhaften Pfeilern gearbeitet, von denen jeder 18 000 Tonnen wiegt. Der Boden am vorgesehenen Standort wurde von Schlick befreit und zum Schutz gegen Unterspülung mit einem 37 Zentimeter dicken Spezialteppich aus Kunststoff bedeckt. Ein eigens gebautes Hubschiff, die „Ostrea", nimmt die gigantischen Betonklötze in Greifklauen und bugsiert sie millimetergenau an den vorgesehenen Standort. Schließlich müssen die 63 Stahltore eingehängt werden, die auf Knopfdruck abgesenkt werden können.

Blüten-Traum für Florida

Von einem Ring aus Styroporbalken läßt der Verpackungs-Artist Christo Stoffbahnen aus Polypropylen auf den Strand des Eilands vor der Küste von Miami zurren. So verwandelte der Exil-Bulgare elf Inseln für 14 Tage im Juni mit 400 Helfern und 700 000 Quadratmetern Stoff in riesige Seerosen. 3,1 Millionen Dollar kostete die Arbeit unter dem Titel „Surrounded Islands". Auf die Frage, ob das denn Kunst sei, fand eine amerikanische Zuschauerin eine einfache Antwort: „Ich fühle, daß es schön ist. Also muß es wohl Kunst sein."

Auf einer der Inseln dicht vor dem Rentner-Paradies von Florida verschnürt ein Helfer die Planen. Zur Christo-Crew gehören Kunststudenten, Schüler und Arbeiter, die auf das freie Essen und die 28 Dollar Tageslohn dringend angewiesen sind. Auch die Bedenken der Umweltschützer, das Christo-Projekt werde Reiher und Kormorane und das Liebesleben der Seekühe stören, konnte der Künstler zerstreuen: Für 8000 Dollar heuerte der Verpackungs-Perfektionist Ornithologen und Seekuh-Experten. Und die fanden heraus, daß die Tiere unter dem zarten Dach aus Kunststoff zu Zärtlichkeiten geradezu animiert würden. Zur Premiere kamen denn auch rund 20 000 Touristen, und Hubschrauber zogen Spruchbänder über den azurblauen Himmel: „Miami dankt Christo."

Hertz

Frauen und Kathedralen

Er liebt die Skulpturen von Aristide Maillol, bewundert die großen französischen Kathedralen und beliefert reiche Kunden – so den amerikanischen Schauspieler Sylvester Stallone – mit Frauenbildern, die ihn, wie er selbstgefällig und selbstsicher sagt, „zur schwarzen Bestie der New Yorker Feministinnen gemacht haben". Der 1920 als Abkömmling türkischer Einwanderer in Iowa geborene John Kacere studierte an der Kunstakademie von Chicago, produzierte während des Krieges Pin-Ups für die Spinde der Soldaten, machte seine Examina an der Universität von Iowa und blieb „als abstrakter Maler völlig erfolglos". Zwischen 1963 und 1971 malte er seine Frauenbilder: Erinnerungen an die Pin-Ups aus der Kriegszeit. Beim „Studium der alten Meister" entdeckte er, daß alle großen Maler prachtvolle Kleider gemalt haben und daß die „halbbekleidete Frau erotischer wirkt als die gänzlich nackte". 1971 stellte er zum erstenmal die obskuren Objekte seiner Begierde aus: Frauenkörper ohne Köpfe, nur halb bekleidet mit Seidenem, das die Franzosen „déshabillés" nennen. Seine Bilder sieht Kacere als Test: „Frauen, die Frauen sind und mit sich im reinen, bewundern die Bilder; die anderen, die mit Problemen, verabscheuen sie." So einfach ist das.

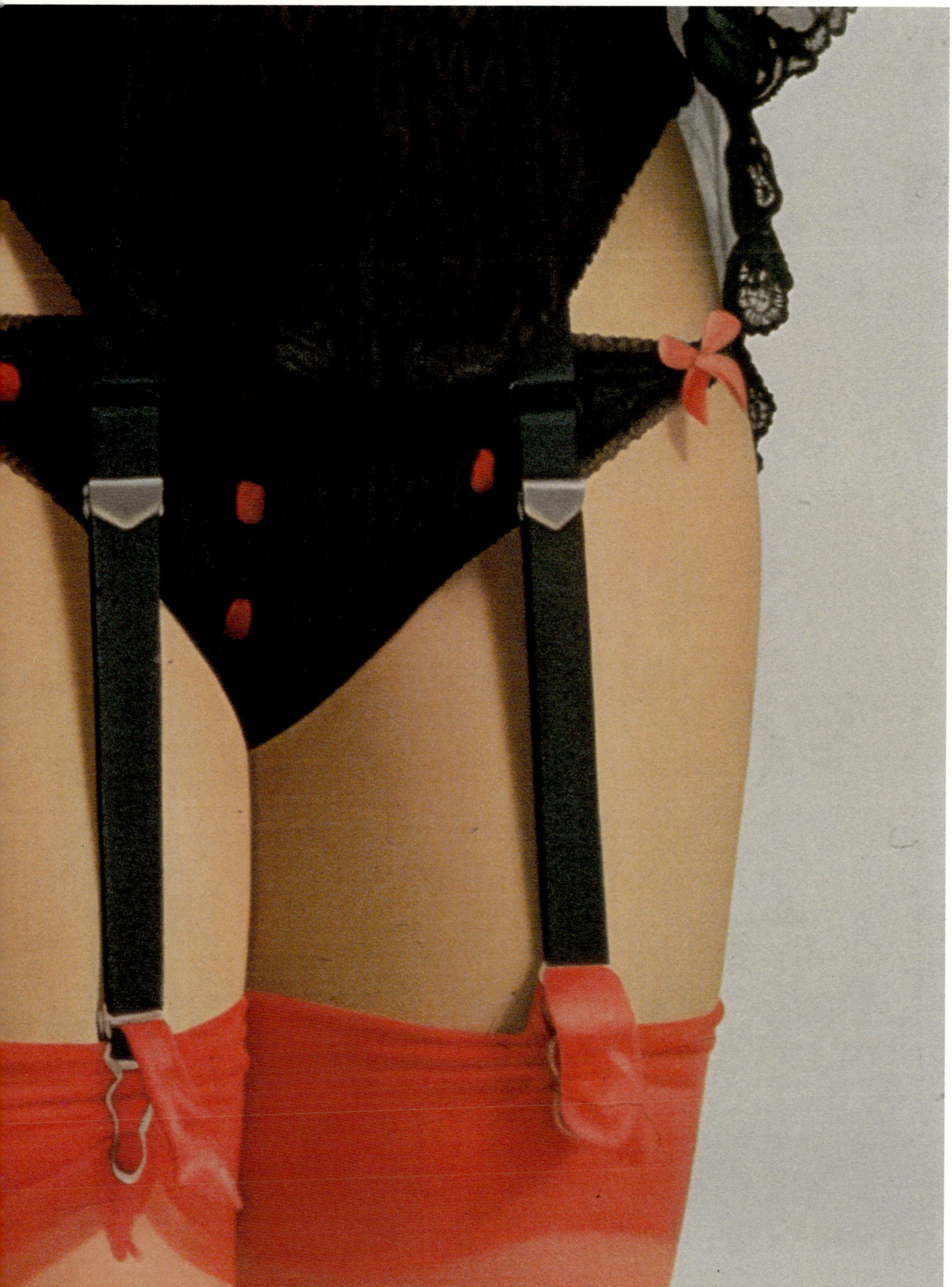

Am Fallschirm hing ein Toter

Vier Maschinen kamen von links, vier von rechts. In der Mitte wollten sie sich treffen – mit zwei Meter Abstand. Eine regelmäßig vorgeführte Paradenummer der französischen Kunstflugstaffel „Patrouille de France". Doch diesmal, am 4. September in dem französischen Städtchen Niort, hatten die Piloten allzu knapp kalkuliert: Mit 850 Kilometer pro Stunde rammte Jean-Marie Vuillamy, Pilot des von rechts kommenden „Alpha Jet", die

Maschine seines Staffelkameraden Patrick Badin am Leitwerk. Vuillamy muß die Kollision vorausgesehen haben: Sekundenbruchteile vor der Kollision zog er den schwarz-gelben Griff zwischen seinen Beinen und setzte damit die Automatik seines Schleudersitzes in Gang. Die komplizierte Rettungsmaschine benötigt ein paar Zehntelsekunden, um die Cockpit-Haube wegzusprengen, die Beingurte des Piloten strammzuziehen und seine Atemmaske von Bordversorgung auf Not-Sauerstoff umzuschalten. Während dieses automatischen Ablaufs, so wurde später rekonstruiert, geschah der Zusammenstoß. Als Vuillamy herausgeschossen wurde, war er schon tot — erschlagen von den Trümmern seiner eigenen Maschine, die bei der Kollision um mehrere Meter zusammengestaucht wurde (Fotos oben und rechts). Am Fallschirm hing seine kopflose Leiche (unten). Sein Alpha Jet, ein in deutsch-französischer Gemeinschaftsarbeit hergestellter leichter Jagdbomber, stürzte steuerlos zu Boden. Leutnant Badin kam glimpflicher davon. Sein Flugzeug war am Leitwerk getroffen worden und deshalb nicht mehr steuerbar. Dem Leutnant war klar, daß er seinen angeschlagenen Jagdbomber aufgeben mußte.

Doch er zögerte sekundenlang und versuchte, seinen sechs Tonnen schweren Untersatz über tausende Zuschauer wegzureißen, die sich zum jährlichen Flugtag des örtlichen Aero-Clubs versammelt hatten. In letzter Sekunde, bei nur 30 Meter Höhe, schoß er sich heraus und konnte, während er am Fallschirm niederschwebte, den Aufschlag seiner 15-Millionen-Mark-Maschine verfolgen (ganz rechts). Sie verbrannte beim Aufprall auf die Erde in einer gewaltigen Treibstoff-Explosion.

Amerikas größte Olympia-Hoffnung läßt kaum eine Gelegenheit aus, sich effektvoll in Szene zu setzen. Wie sein Vorbild Jesse Owens, der vierfache Goldmedaillengewinner von 1936, trat Carl Lewis auf einer Ranch in Texas sogar zu einem Wettlauf gegen ein galoppierendes Pferd an. Das arabische Vollblut hatte gegen den Sprintweltmeister von 1983 keine Chance. Carl stürmte nach 100 Metern als Erster durchs Ziel. Auf der Tartanbahn steht seine Bestzeit auf 9,97 Sekunden. Die rennt er wie mit Sieben-Meilen-Stiefeln: 46 Schritte für die 100 Meter bei einer maximalen Schrittlänge von 2,59 Metern.

Ein Showboat fährt Volldampf voraus

Mit sieben Jahren beschloß er, Weitspringer zu werden, und trainierte im heimischen Obstgarten gleich hinter dem Apfelbaum. Heute ist der inzwischen 22jährige Carl Lewis, Student in Houston/Texas, mit 8,79 Metern der alles überragende Weitspringer und neben Calvin Smith der schnellste Läufer noch dazu. Anfang August wurde er in Helsinki dreifacher Weltmeister: Im Weitsprung, über 100 Meter und als Schlußläufer der amerikanischen Sprintstaffel. Den vierten möglichen Titel überließ er im 200-Meter-Lauf seinem Rivalen Smith. Er wollte sich schonen, sagte er. Vielleicht war er auch nur clever: Wer immer gewinnt, langweilt die Zuschauer. „Show-boat" nennen seine Gegner den 1,88 Meter großen Modellathleten, der jeden Tag in der Bibel liest, nicht ohne Neid. Doch dann geben sie zähneknirschend zu: „Gegen Carl sind wir alle lahme Enten." Unübersehbar ist denn auch die Eleganz, mit der sich Lewis im Sprint auf den letzten vierzig Metern von seinen Konkurrenten löst. „Jeder Sprinter wird gegen Ende langsamer", sagt sein Trainer Tom Tellez, „aber Carl verliert viel weniger Schwung als die anderen. Deswegen sieht es immer so aus, als würde er noch zulegen." Zulegen will Lewis im Sommer bei den Olympischen Spielen in Los Angeles. Wie sein legendäres Vorbild Jesse Owens möchte er dann viermal gewinnen.

Der beste Weitspringer seit Bob Beamons 8,90-Meter-Jahrhundertsatz von 1968 landet jedesmal zielsicher jenseits der Acht-Meter-Marke. Deshalb legten sich zwölf Leichtathleten der Universität Houston auch völlig sorglos nebeneinander. Carl Lewis flog leichtfüßig über sie hinaus.

Ein neuer Anfang in den Ruinen von Beirut

Ein libanesisches Brautpaar in einer von den Trümmern des Krieges übersäten Straße von Beirut symbolisiert den Überlebenswillen des schwergeprüften Volkes. Doch das junge Glück ist nicht ungetrübt: Der Moslem Abed, 23, mußte die Christin Arige, 19, heimlich heiraten, weil ihre Eltern einer Trauung mit einem Nichtchristen niemals zugestimmt hätten. Und auch die Zukunft in Beirut ist ungewiß. Immer wieder erschütterten im Lauf des Jahres Kämpfe und Bombenanschläge die libanesische Hauptstadt, die in den vergangenen acht Jahren mehr gelitten hat als jede andere Metropole seit dem Zweiten Weltkrieg.

Für die 1600 US-Soldaten war der Einsatz in Beirut wie der Gang „in einen Saloon, wo geschossen wird und man nicht zurückfeuern darf". Die Marines, so hatte Präsident Reagan bestimmt, waren „Friedenstruppen", nicht Kampftruppen. Sie sollten die Zentralregierung des Libanon stärken und, wie diese Soldaten im Tarnzeug, Soldaten der libanesischen Armee ausbilden. Doch immer wieder geriet die Truppe, die in der Nähe des internationalen Flughafens von Beirut Stellung bezogen hatte, unter Beschuß von Drusen und schiitischen Milizen. Die Gegner des Präsidenten Amin Gemayel sahen in den Amerikanern nur Verbündete der Christen. Als unter den Amerikanern die Verluste zunahmen, wuchs im Kongreß in Washington der Druck auf Reagan, die Marines wieder abzuziehen.

Wer schießt auf wen? Im Wirrwarr des libanesischen Bruderkriegs war diese Frage, vor allem für die ausländischen Friedenstruppen, oft nicht zu beantworten. Zu den erbittertsten Gegnern der Christen zählen die Mitglieder der schiitischen Amal-Miliz, die hier maskiert auf einem Panzerwagen posieren. Sie halten Poster mit dem Bild ihres Idols, des Imam Musa Sadr. Als Schiiten am 28. August solche Plakate in Beirut aufhängen wollten und dabei von Christen-Milizen beschossen wurden, begann die neue Runde im Bürgerkrieg, die dritte seit 1975. Im Libanon stellen die eine Million Schiiten zwar die größte Volksgruppe, doch auch die ärmste und einflußloseste. Amal will das ändern.

Blutiger Sonntag in Beirut: In einer riesigen Staubwolke streifen amerikanische Marineinfanteristen durch die Trümmer ihres Hauptquartiers. Mit jeder Stunde sinkt ihre Hoffnung, unter den Betonblökken noch lebende Kameraden zu finden. Das vierstökkige Gebäude war am 23. Oktober um 6.22 Uhr von einem Selbstmord-Attentäter angegriffen worden, der einen Lastwagen mit mehr als zwei Tonnen Sprengstoff direkt vor dem Eingang zur Explosion brachte. Alle Stockwerke stürzten ein und begruben fast 300 Marines. 241 von ihnen konnten nur noch tot geborgen werden.

Nur wenige Momente nach der Explosion im amerikanischen Hauptquartier raste ein Sprengstoff-Lastwagen auch in das achtstöckige Gebäude der französischen Fallschirmjäger. Die Bergungsarbeiten begannen sofort. Nur 15 von den 73 Hausbewohnern überlebten. Einer von ihnen war der junge „Para" Eric Mohamed, der auf einen Balkon gegangen war, als er die Detonation bei den Amerikanern hörte. Hauptmann Yves Verdier hörte Mohameds Stöhnen aus den Trümmern. Er griff die Hand des Soldaten und versuchte, ihn aus einer Öffnung ans Freie zu ziehen. Mohamed, dessen Bein eingeklemmt war, schrie vor Schmerzen auf. Voll Zorn und Mitleid wandte sich der Hauptmann ab. Tränen liefen über seine Wangen. Fest umklammerte er weiterhin Mohameds Hand, während andere Soldaten den Verschütteten freischaufelten. Bis zur Rettung verging jedoch noch mehr als eine Stunde. „Am Schluß war es kaum noch zu ertragen", berichtete Mohamed später. „Unter dem Gewicht der Trümmer entzündete sich mein Bein. Ich hatte Angst, es zu verlieren." Nach der Bergung wurde Mohamed zur Behandlung nach Südfrankreich ausgeflogen.

Schock und Hilflosigkeit zeichnen das Gesicht eines schwarzen Marineinfanteristen, der von Helfern aus dem zertrümmerten US-Hauptquartier in Beirut geborgen werden konnte. Ein anderer Überlebender, dem die Explosion die Beine zerfetzte, hängt auf dem Weg zum Sanitäter halb ohnmächtig auf den Schultern zweier Kameraden. Eine offizielle Untersuchungskommission der US-Regierung ermittelte später, warum der Anschlag bei den Marines sich so viel schlimmer auswirkte als bei den Franzosen. Die Amerikaner begin-

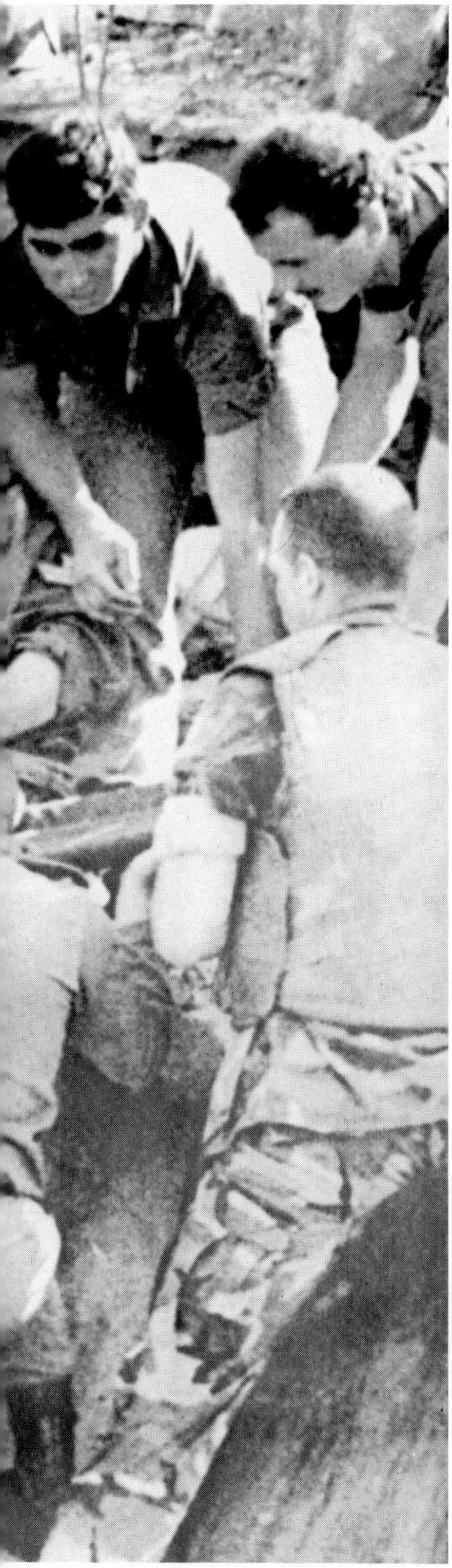

Grab der Hoffnung

Wenn es stimmt, daß nur im Libanon der Schlüssel zum Frieden gefunden werden kann, dann war 1983 ein böses Jahr für den Nahen Osten. Das schon seit Jahren von Bürgerkrieg und Fremdeinmischung zerrissene Land wurde zum Grab aller Hoffnungen. Niemand, der hier seine Ziele verfolgte, kam ohne Schaden davon. Und die Unbeteiligten, libanesische Zivilisten und palästinensische Flüchtlinge, die nur überleben wollten, gerieten immer wieder zwischen die ständig wechselnden Fronten des Krieges, wurden Opfer von Terror und Gegenterror. Libanons schwache Regierung unter dem christlichen Präsidenten Amin Gemayel zog offene Feindschaft der wichtigsten Gruppen des Landes auf sich, weil sie mit den israelischen Besatzern und ihren amerikanischen Schutzherren paktierte. Am 17. Mai schloß sie ein Friedensabkommen, das Israels Abzug mit weitreichenden Interventionsrechten erkaufte. Aber Syrien, das 40 000 Soldaten im Ostlibanon hielt, spielte nicht mit. Und als Israel seine 15 000 Besatzungssoldaten am 3. September hinter den Awali-Fluß zurückzog, brachen im freigewordenen Schuf-Gebirge erbitterte Gefechte zwischen den dort ansässigen Drusen und der christlichen Falange-Miliz sowie der libanesischen Armee aus. Drusische Geschütze, unter syrischem Schutz betrieben, feuerten auf Beirut. Der Beschuß forderte auch Opfer unter den 1600 amerikanischen und 2000 französischen Soldaten, die als Teil der internationalen Friedenstruppe im Libanon für Ruhe sorgen wollten. Ihre Kampfflugzeuge und Schiffsgeschütze griffen drusische – und syrische – Stellungen an. Am 25. Oktober kam es zum Waffenstillstand; in Genf trafen sich die verfeindeten libanesischen Brüder zur „Versöhnungskonferenz" – ohne Erfolg. Syrien stellte klar: Im Libanon lief nichts ohne den Segen seines Präsidenten Hafez Assad. Und dieser Assad bewies seine Macht, indem er Palästinenser-Chef Jassir Arafat und seine Anhänger nach blutigem Endkampf um Tripoli von pro-syrischen Fedajin am 20. Dezember ins Exil treiben ließ. Mehr aber als die unentwirrbaren libanesischen Rivalitäten und die undurchschaubaren syrischen Intrigen erschütterte Amerikaner, Franzosen und Israelis eine neue Form des Terrors: Selbstmord-Attentäter in Lastwagen voller Sprengstoff. Sie zerstörten die US-Botschaft und – fast gleichzeitig am 23. Oktober – Truppenunterkünfte Amerikas und Frankreichs in Beirut sowie ein israelisches Hauptquartier in Tyros. Bilanz: 430 Tote. Die Killer waren schiitische Fanatiker mit Iran-Bindungen. Sie wollen die Fremden im „heiligen Krieg" mit allen Mitteln aus dem Libanon hinausbomben.

gen grobe Fehler: Ihr Gebäude war ungenügend gesichert, schlecht bewacht und überbelegt. Überdies hatten die Offiziere alle Warnungen über ein bevorstehendes Sprengstoffattentat ignoriert. Eine Bestrafung der Verantwortlichen ließ US-Präsident Reagan indes nicht zu: „Ich selbst übernehme die Verantwortung für die Schlechten wie für die Guten."

Kurz nach dem Einschlag eines Artilleriegeschosses im Zentrum von Beirut: Entsetzt beobachten die Menschen, wie die von grauenvollen Verbrennungen entstellte Leiche eines Libanesen auf einer Tragbahre weggetragen wird. Die libanesische Hauptstadt geriet Anfang September unter Beschuß aus dem Schuf-Gebirge, der Heimat der drusischen Minderheit. Solange israelische Soldaten das Gebiet besetzt hielten, war es dort nicht zu Zwischenfällen gekommen. Doch dann zogen sich die Besatzer zurück, und schwerbewaffnete Christen rückten nach. Die Drusen, die ein Massaker befürchteten, setzten sich zur Wehr. Es kam zu schweren Gefechten, in die sich auch die libanesische Armee einschaltete, und zu Mordgreueln auf beiden Seiten. Der Drusen-Führer Walid Dschumblat (unten rechts im Gespräch mit Ältesten seines Volkes) fühlte sich stark genug. Hinter ihm standen die Syrer, die im Ostteil des Libanon rund 40 000 Soldaten hielten. Erst als Kampfflugzeuge der amerikanischen und französischen Friedenstruppe seine Stellungen — und die der Syrer — bombardierten, willigte er in einen Waffenstillstand ein. Er nahm auch an einer „Versöhnungskonferenz" der zerstrittenen libanesischen Gruppen in Genf teil. Doch Mißtrauen und Haß prägten den Umgang der Christen, Moslems und Drusen — schlechte Grundlagen für eine Rückkehr zur Einheit eines Landes, das einmal „Schweiz des Orients" genannt wurde.

Das schrecklichste Bilddokument des Jahres: Im umkämpften Tripoli hielt ein iranischer Fotograf das Schicksal zweier Brüder fest. Sie waren durch Granatsplitter verletzt worden. Gemeinsam wurden sie auf einer Bahre abtransportiert. Ehe noch ein Arzt helfen konnte, war einer der kleinen Jungen an seiner Bauchwunde verblutet. Ein Randereignis, beinahe schon alltäglich in einem Land, das seit fast einem Jahrzehnt mit Blut und

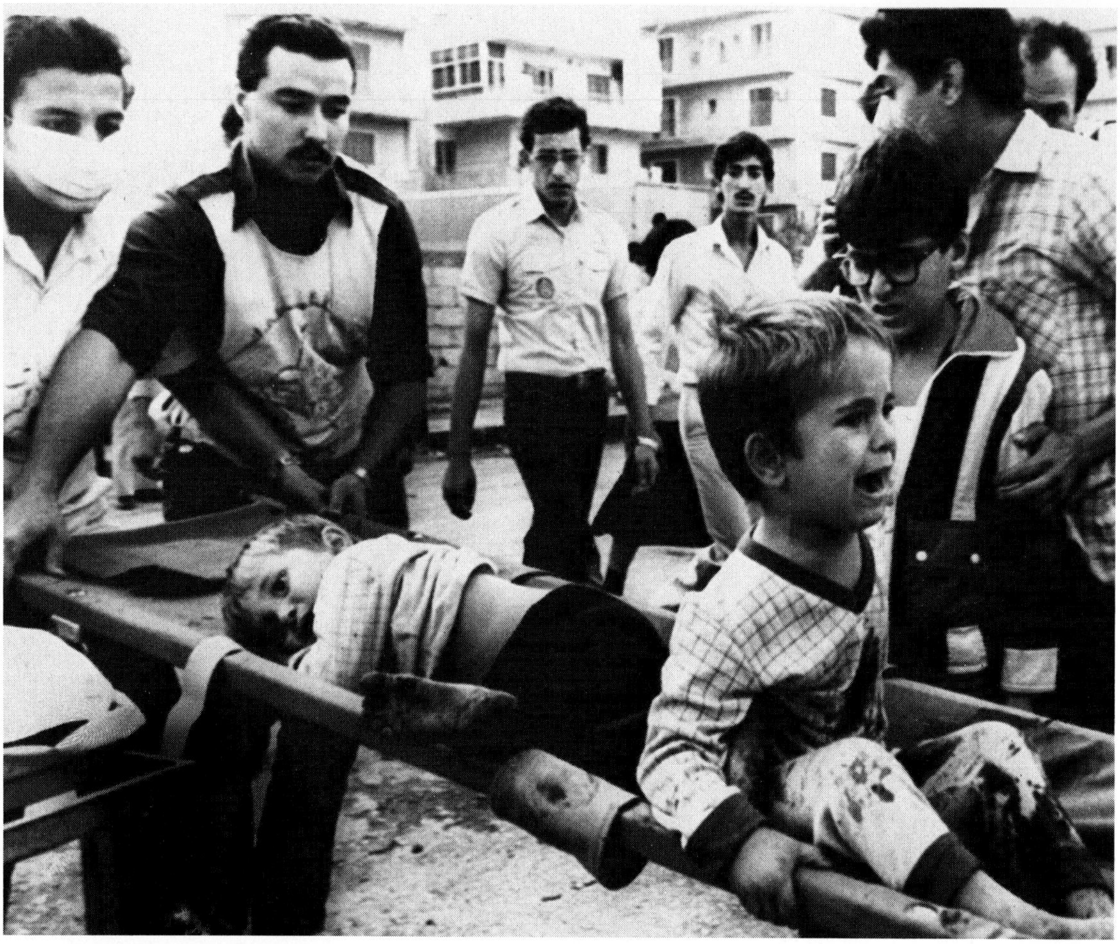

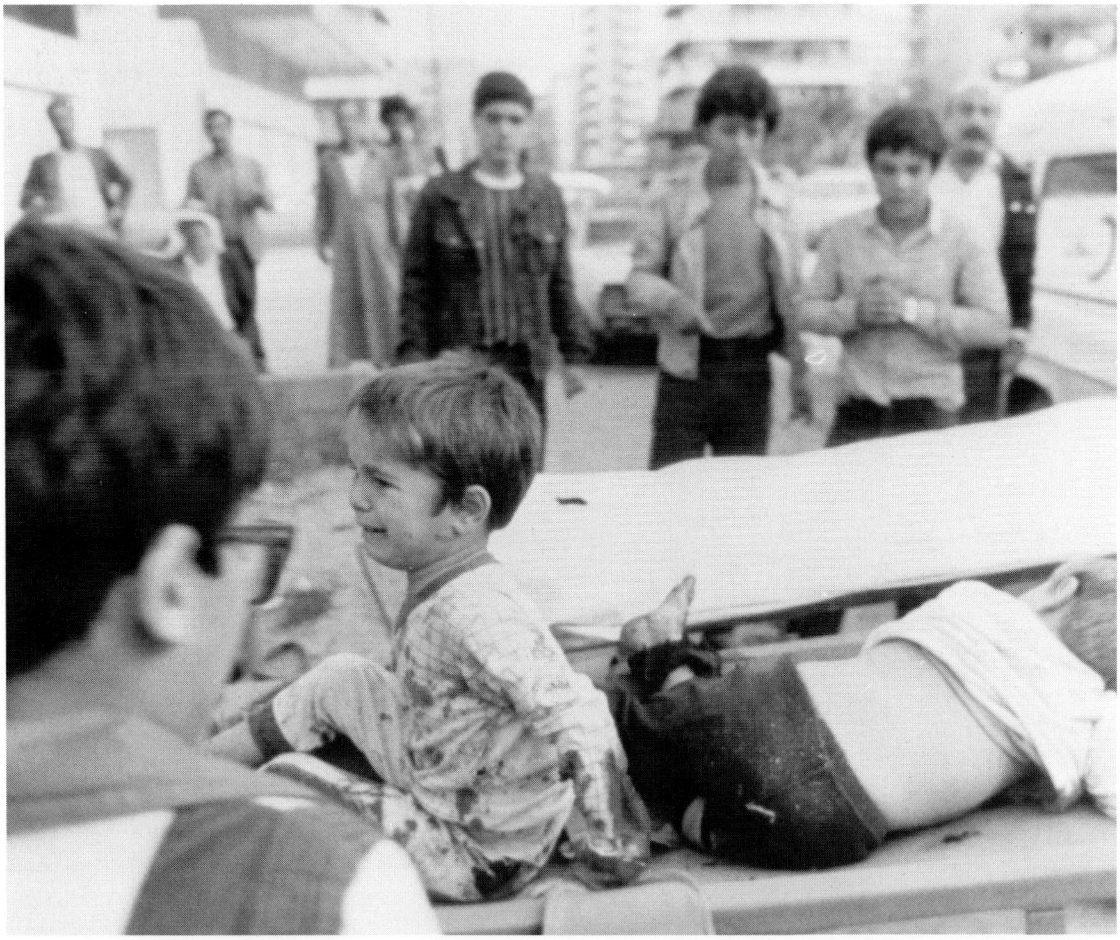

Chaos lebt. Die beiden Brüder waren in ein Artilleriegefecht zwischen verfeindeten Palästinensern geraten. In der Hafenstadt Tripoli kämpfte PLO-Chef Jassir Arafat um seine letzte Bastion im Libanon, um sein politisches Überleben als Führer der Palästinenser. Arafat verlor den Kampf und ging ins Exil. Sein Leben verlor er nicht.

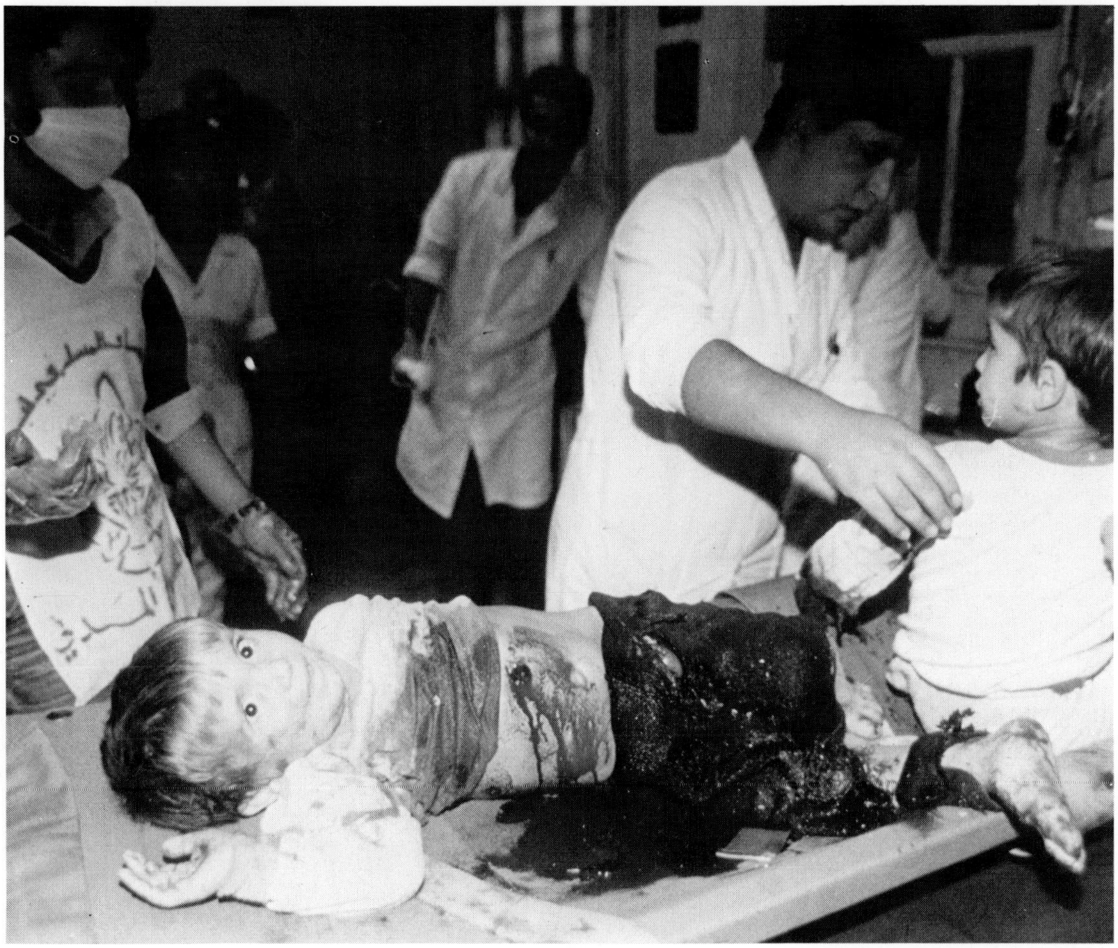

Rennen und laufen lassen

Der New York City Marathon erreichte 1983 eine neue Rekordmarke: 17 165 Profis, Amateure und Freizeitsportler aus 69 Nationen ließen sich auf der klassischen 42,195-Kilometer-Distanz von zwei Millionen Zuschauern feiern. Für die meisten war Dabeisein alles, denn mehr als 40 000 andere Lauf-Enthusiasten hatten sich vergeblich um eine Teilnahmeberechtigung beworben. Die 2850 Frauen blieben wieder einmal eine benachteiligte Minderheit: Während die männliche Konkurrenz auf der Verrazano-Narrows-Brücke ihre letzten Startvorbereitungen im Freien treffen konnte, mußten sie dazu an überfüllten Toilettenwagen anstehen. Später, beim Lauf über die Brooklyn Bridge oder durch die Bronx, verkniff man sich solche menschlichen Regungen, denn das Fernsehen war live dabei. Wer das Ziel im Central Park erreichte, durfte sich als Sieger fühlen, aber 25 000 Dollar Preisgeld kassierte nur der Erste: der Neuseeländer Rod Dixon.

Schiff auf Raten

Seit das Öl teuer geworden ist, rechnen die Reeder mit ganz spitzem Griffel. Die Royal Viking Line in Oslo verfiel auf den Dreh, drei Passagierschiffe, die kurz vor der Ölkrise 1973 fertig geworden waren, nachträglich zu verlängern, um die Betriebskosten (120 000 Mark pro Tag) auf mehr Passagiere umlegen zu können. Werftarbeiter in Bremerhaven trennten die 177 Meter lange „Royal Viking Star" und später ihre Schwesterschiffe mit einem langen Schnitt durch alle zwölf Decks auseinander, paßten das 28 Meter lange Mittelstück ein und schweißten das Ganze wieder zusammen. Statt 580 finden jetzt 815 Passagiere Platz. Die Fahrleistung der Schiffe hat kaum gelitten:

Mit vier Dieselmotoren zu je 3300 Kilowatt liefen sie vor der Verlängerung 18 Knoten, jetzt fast genauso schnell: 17,8 Knoten (33 Kilometer pro Stunde).

Solche Verlängerungen erfordern eine höchst genaue Arbeitsweise, weil sämtliche Wände, Rohrleitungen und Kabel präzise zusammenpassen müssen. Doch gänzlich neu ist dieses Verfahren nicht. Die Deutschen haben es einst erfunden, um ihre U-Boote am Fließband produzieren zu können. Heute bedienen sich auch die Amerikaner dieser inzwischen bestens bewährten „Sektionsbauweise", wenn sie größere Serien von Kriegsschiffen in Angriff nehmen. Die Seebeckwerft in Bremerhaven, die die Verlängerung der norwegischen Luxus-Liner durchgeführt hat, hat spezielle Erfahrungen mit dieser Stückelei: Sie hat schon mehrere Schiffe „auf Raten" gebaut, weil ihr Dock zu klein ist.

Mit Schneidbrennern wurde das 22 000-Tonnen-Schiff in zwei Hälften geschnitten. Nachdem die Teilstücke provisorisch abgedichtet waren, wurde das Dock geflutet. Die beiden Hälften schwammen auf und wurden mit Schleppern auseinandergezogen (rechts). Inzwischen traf das Mittelstück ein, das in einem anderen Dock komplett fertiggebaut worden war — samt Verkabelung und Inneneinrichtung (links). Dann wurden alle drei Teilstücke zusammengeschweißt, und fertig war der neue Liner, 28 Meter länger als vorher. Zweck der Operation ist die Umlage der Betriebskosten auf mehr zahlende Passagiere.

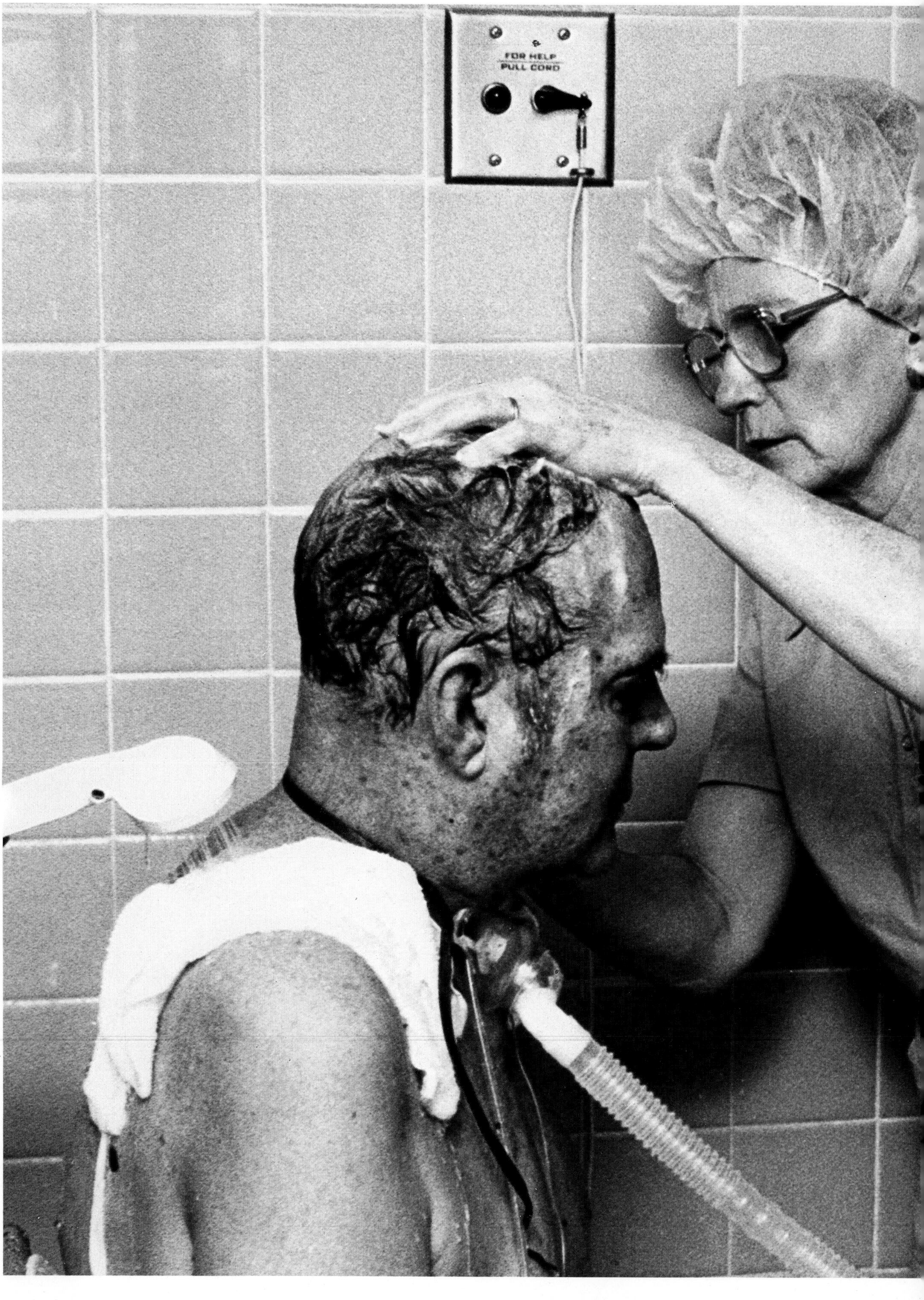
FOR HELP
PULL CORD

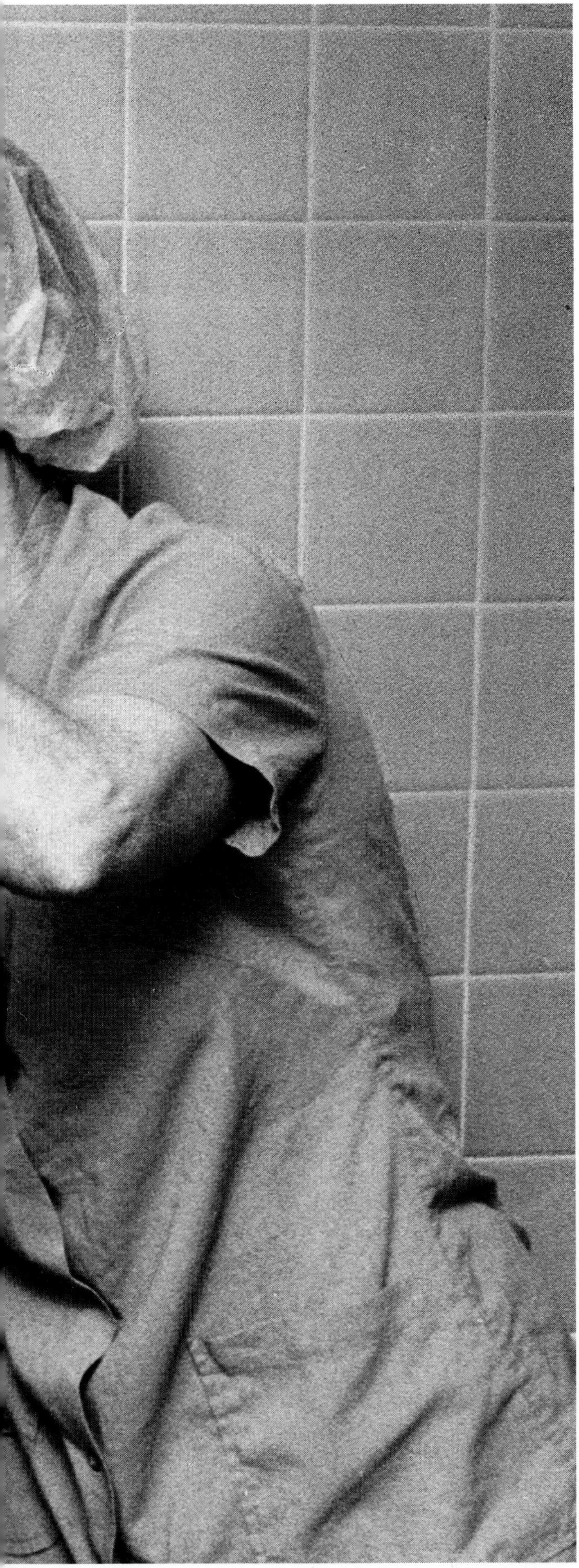

Er war ein Gefangener seines Herzens

Es ist alles anders gelaufen, als Arzt und Patient es wollten. Der 61jährige amerikanische Zahnarzt Dr. Barney Clark war der bisher einzige Mensch auf der Welt, der mit einem künstlichen Herzen über hundert Tage gelebt hat. Doch dieses Leben ist für ihn nur Schinderei gewesen. Kaum war er nach dem Einnähen der Kunststoffpumpe in der Universitätsklinik von Salt Lake City im Bundesstaat Utah aus der Narkose erwacht, drohten Komplikationen. Die Druckbeatmung bei der Narkose hatte die Lungen zu stark gebläht. Aus ihnen strömte Luft in den Brustraum. Die Ärzte befürchteten, sie könnte die Luftröhre zusammendrücken und den Patienten ersticken. So mußte Dr. William DeVries wieder den Brustkorb öffnen und die Risse in der Lunge zunähen.

Clark, der längst wieder in den eigenen vier Wänden leben sollte, lag wieder auf der Intensivstation, durch zwei Schläuche mit der 372 Pfund schweren Maschine verbunden, die sein Herz antrieb. Die wenigen Male, an denen der Zahnarzt sein Bett verlassen konnte, glichen einer makabren Prozession. Der Maschinenpark, der ihn am Leben hielt, mußte vor ihm hergeschoben werden. Selbst mit dieser Fessel hatte sich Barney Clark ein besseres Leben erhofft – und seine Ärzte Ruhm für ihre Pionierleistung. Doch seine Natur hat dies alles nur 112 Tage erduldet.

Einer der wenigen Lichtblicke im Leben zwischen Hoffnung und Verzweiflung: Der erste Patient mit einem künstlichen Herzen in der Brust kann nach zweieinhalb Monaten zum erstenmal unter die Dusche. Seine Frau wäscht ihm die Haare. Viel weiter als über den Krankenhausflur ins Bad ist der amerikanische Zahnarzt Dr. Barney Clark nicht gekommen. Er hing an zentnerschweren Maschinen, die sein Herz in Gang hielten und ihn beatmeten. Nach 70 Tagen mit dem künstlichen Herzen macht Barney Clark wieder ein paar Schritte. Sein Arzt Dr. DeVries stützt ihn. Jeder Transport in ein anderes Zimmer gleicht einer Prozession. Helfer schieben das Steuergerät für sein Herz vor ihm her und die Stahlflasche mit Preßluft, die das Blut aus den Herzkammern drückt.

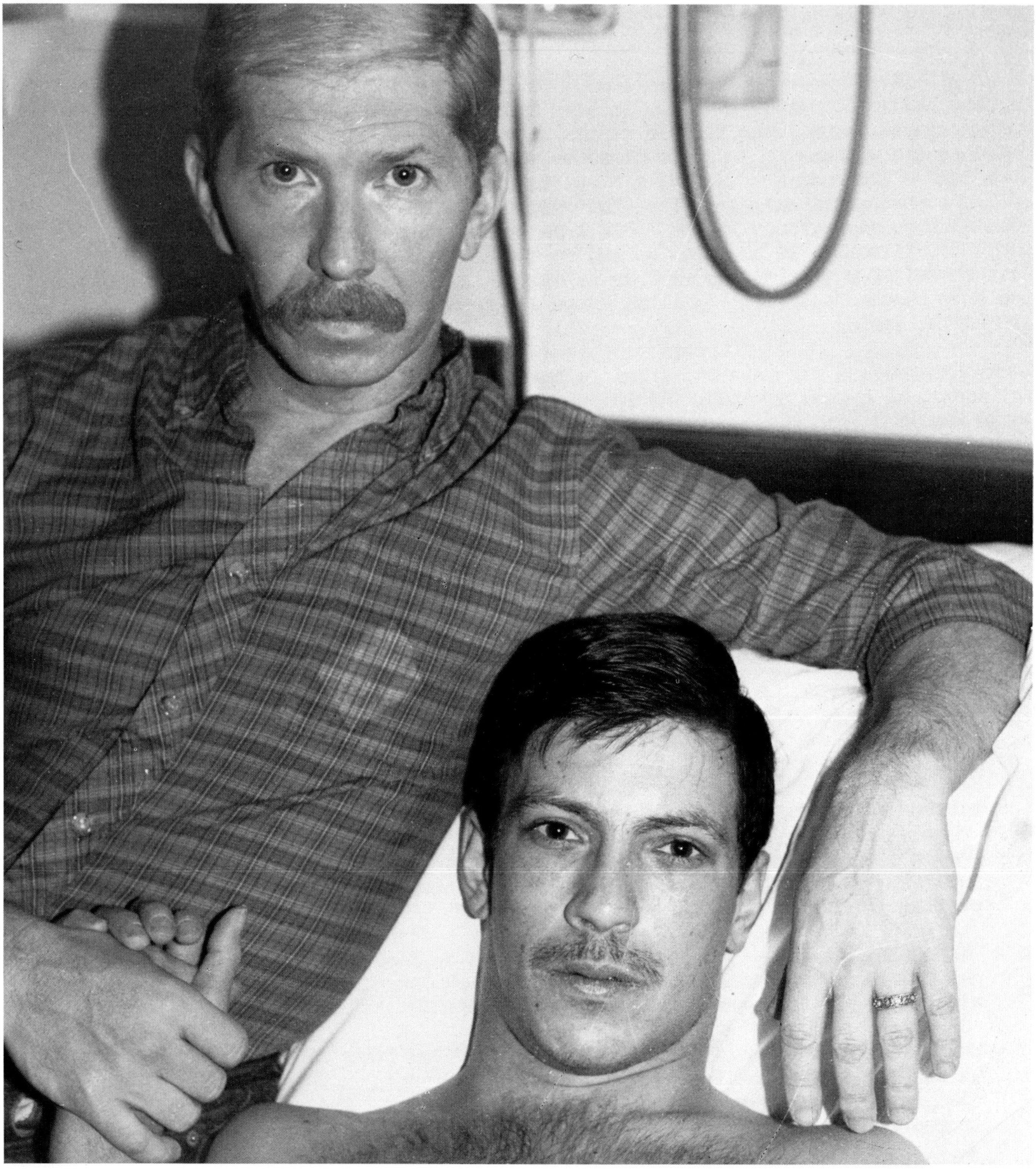

Todkrank und ausgestoßen

Als Ken Ramsaur den Mut hatte, sein entstelltes Gesicht in aller Öffentlichkeit zu zeigen, wußte er, daß er in wenigen Tagen sterben mußte. Zusammen mit seinem Freund Jim trat er vor die Fernsehkameras in Amerika, ließ sich für Zeitungen und Magazine fotografieren und erzählte seine Leidensgeschichte. Denn so kurz vor seinem Tod wollte er sich zur Wehr setzen, weil man ihn behandelt hatte wie einen Pestkranken. Ausgestoßen und verachtet, war ihm nur noch sein Freund geblieben. Kens Tod wie der von tausend anderen in den USA machte Schlagzeilen.

Denn gestorben sind sie alle an AIDS, einer mysteriösen Abwehrschwäche, die ihrem Körper jeden Schutz vor Krankheitserregern nimmt. Niemand kennt bisher die Ursache dieser Seuche, niemand weiß eine erfolgreiche Therapie. 2500 AIDS-Kranke waren bis zum Jahresende in den USA registriert, gut hundert in der Bundesrepublik. Fast alle sind männlich, manchmal drogenabhängig oder bluterkrank. 70 Prozent von ihnen sind homosexuell wie Ken Ramsaur. Sein Leiden hatte im Juni 1982 begonnen. Er fühlte sich schlapp und hatte Fieber. Als er zum erstenmal ins Krankenhaus kam, hatten sich auf seiner Haut schon bräunlich-violette Flecken gebildet, Male eines Hautkrebs mit Namen Kaposi-Sar-

kom, an dem ein Drittel aller AIDS-Kranken leidet. Zu jener Zeit war bekannt, daß AIDS wahrscheinlich von einem Virus übertragen wird. Man konnte sich also bei einem anderen anstecken. Darauf reagierten viele Amerikaner mit Panik. AIDS-Kranke mußten ihre Wohnungen verlassen, Schwestern und Pfleger in Krankenhäusern weigerten sich, AIDS-Patienten zu versorgen. Der Haß gegen die Homosexuellen wuchs. Denn vor allem Konservative glaubten, AIDS sei Gottes gerechte Strafe für eine perverse Minderheit. Dabei ist AIDS eine Infektionskrankheit mit sehr geringer Ansteckungsgefahr. Wer aus dem Glas eines Infizierten trinkt oder ihm die Hand reicht, kann davon nicht krank werden. Trotzdem wurden die AIDS-Patienten von allen gemieden. Deshalb trat Ken Ramsaur vor die Kamera. Er wollte sein Elend schildern, Mitleid wenigstens für die wecken, die nach seinem Tod mit AIDS und den Folgen dieser Krankheit zu leben haben.

Sein Freund Jim schenkte ihm nach seinem Auftritt in einer Talk-Show eine Torte. Ken Ramsaur war schon von der Behandlung entstellt und am Ende seiner Kraft. Er starb wenige Tage nach seinem Auftritt.

Durch den Chirurgen gewachsen

Obwohl der Patient 16 Jahre alt war, hatte er erst eine Körpergröße von einem Meter und dreißig Zentimetern. Wenn er sich auf einen Stuhl setzen wollte, mußte er mit Schwung aufspringen. Im Lift erreichte er mit seinen Fingern gerade noch den Knopf für die dritte Etage. So war es noch vor einem Jahr. Heute ist der junge Mann um 19 Zentimeter größer geworden. Die Verlängerung geschah in Sibirien, fast 5000 Kilometer entfernt von Ralfs Heimatstadt in Nordrhein-Westfalen, in der Klinik des sowjetischen Professors Gawril Ilisarow in Kurgan.

Dieser Mann ist ein Meister in der Knochenchirurgie. Dazu braucht er lediglich einige Stahlringe, Draht, Bohrer, Hammer, Meißel und einen Schraubenschlüssel. Ohne blutige Operation, Hormonspritzen und Verpflanzung von Knochenstücken korrigiert er Kleinwuchs, zu kurze Gliedmaßen, Verkrüppelungen und Brüche. Seine Methode: Ober- und unterhalb der Bruchstelle treibt Ilisarow Stahldrähte kreuzförmig durch Fleisch und Knochen. Die Enden der stricknadeldicken Drähte hält dann ein Metallring mit Schrauben und Muttern. Die Ringe werden ihrerseits mit Stahlrohren zu einer Manschette verschraubt, die den Knochen fixiert – ohne Gipsverband. Bei der Verlängerung der Beine muß der Patient seine äußere Schienung monatelang mit sich herumtragen. Waden- und Schienbein durchschlägt Ilisarow vorher mit einem dünnen Meißel und dreht dann jeden Tag die Metallmanschette mit einem Schraubenschlüssel um einen Millimeter auseinander. Der Bruchspalt in den Knochen wird kontinuierlich größer. Durch Bildung von Ersatzknochen überbrückt das Bein diesen Spalt, bis die gewünschte Länge erreicht ist. Wichtig sind während der Dehnung und Festigung des Knochens gymnastische Übungen, um die Gelenke beweglich zu halten. Denn die Spannung der Weichteile während der Dehnung macht ihnen zu schaffen.

Wie Ilisarow besonders bei Verkrüppelungen mit seiner genial einfachen Methode wieder gerade Arme und Beine modelliert, ließ seine deutschen Kollegen auf einem Kongreß in München nur staunen.

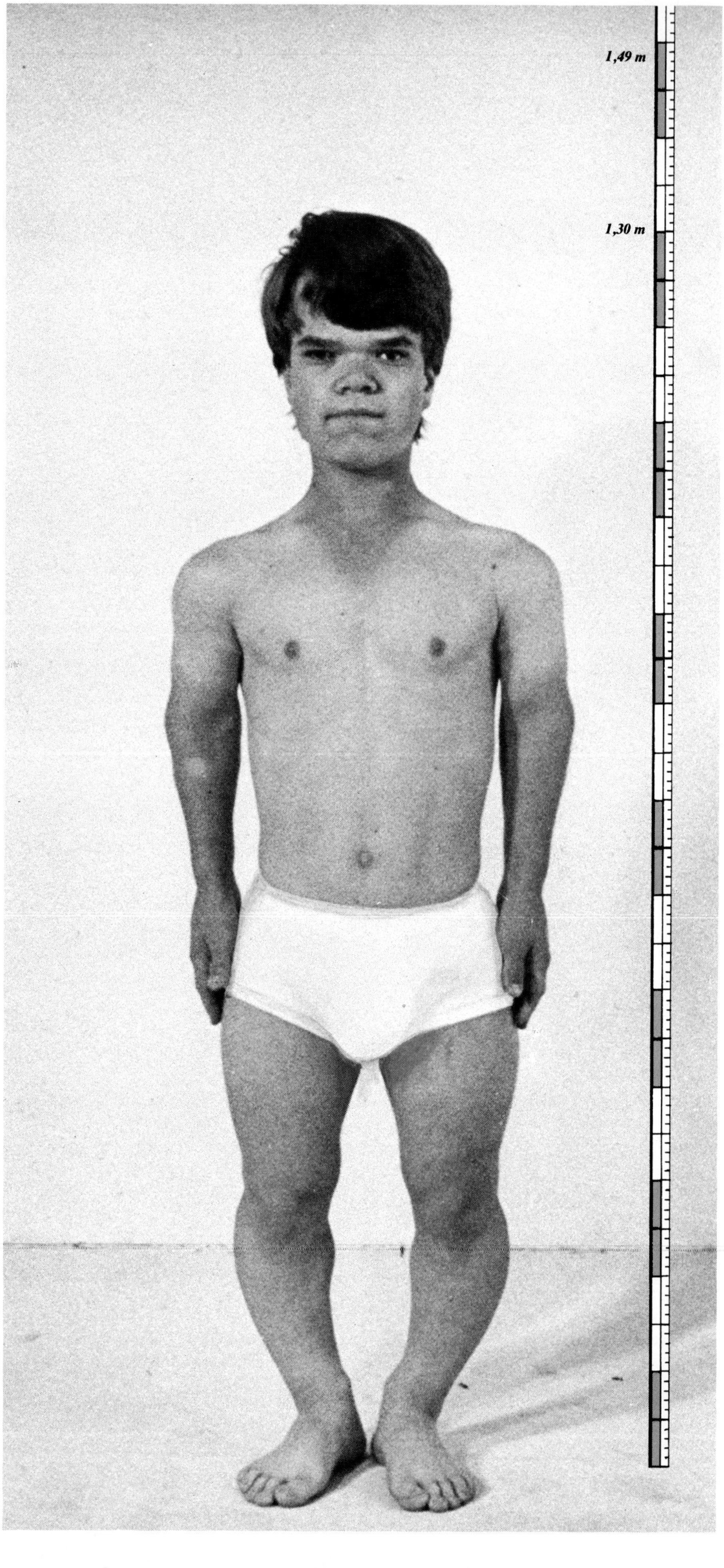

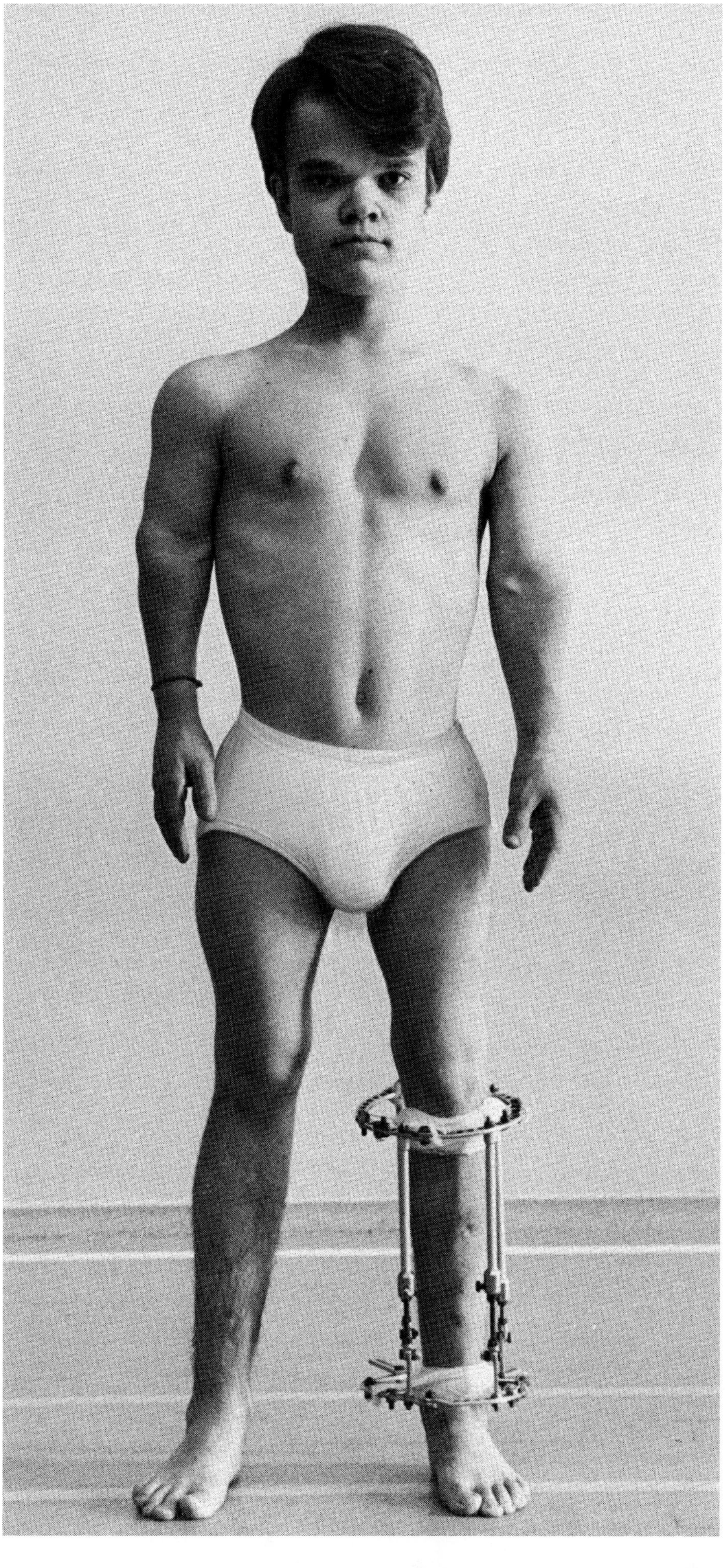

Vor der Verlängerung in Sibirien und danach. Heute ist der junge Patient 1,49 Meter groß. In Streckapparaten wuchsen Knochen und Gewebe seiner Unterschenkel um 19 Zentimeter. Bei dem Operationstisch des Professors lagern wie aus dem Stabilbaukasten Metallringe, Schrauben und Muttern, um den gebrochenen Knochen von außen zu schienen. Bei der Verlängerung werden Schien- und Wadenbein durch Drähte in der Manschette fixiert, die der Patient

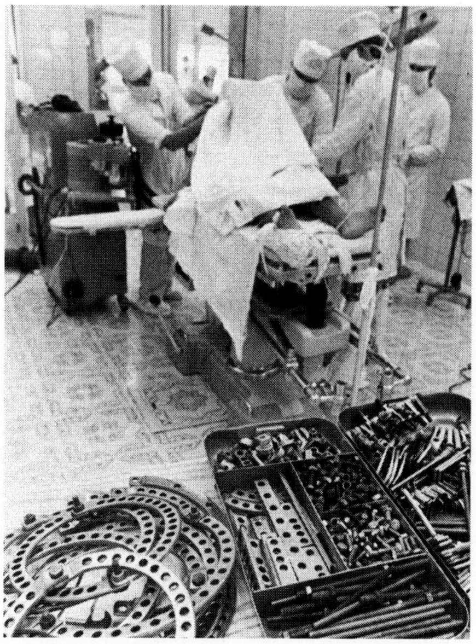

um sein Bein trägt. Jeden Tag dreht der Arzt an Schrauben und zieht so die Bruchenden auseinander – täglich um einen Millimeter. In die Lücken wächst neuer Knochen.

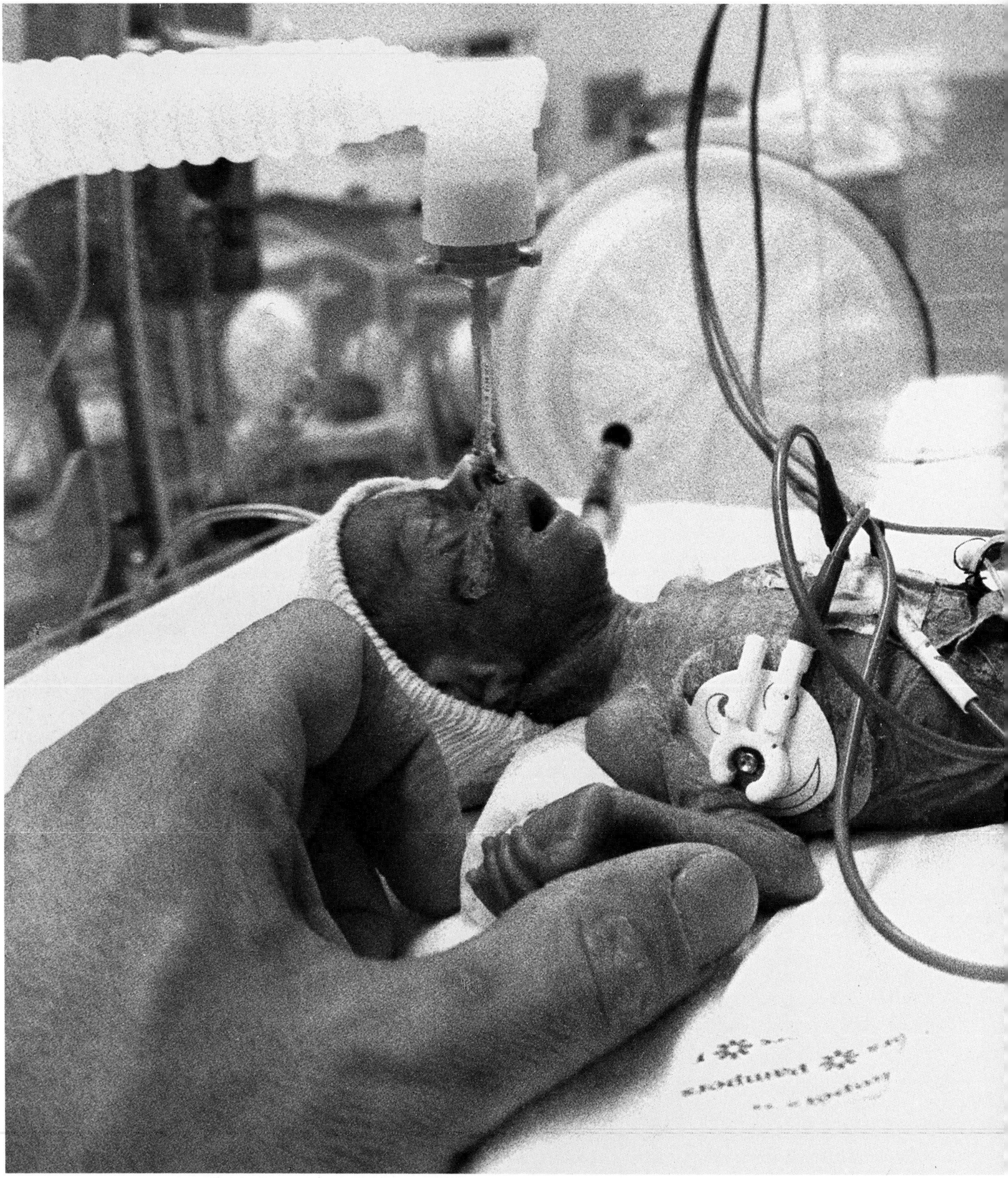

Eine Handvoll Leben

13 Zentimeter war das Baby groß, als es zur Welt kam. Es wog 454 Gramm. In seiner winzigen Nase stecken Beatmungsschläuche. Sensoren, die den ganzen Oberkörper bedekken, registrieren den Herzschlag. Durch zwei Schleusen lassen sich sterile Hände in den Plexiglaskasten schieben, um das Baby zu versorgen oder ihm über seine schrumpelige Haut zu streichen. Tristin Kowal aus East Meadow bei New York kam im Mai drei Monate zu früh auf die Welt. Ihre Lunge war zu schwach, genügend Sauerstoff in den Körper zu pumpen. Ihr kleines Herz konnte das Blut kaum in alle Adern drücken. So starb sie 16 Tage nach ihrer Geburt.

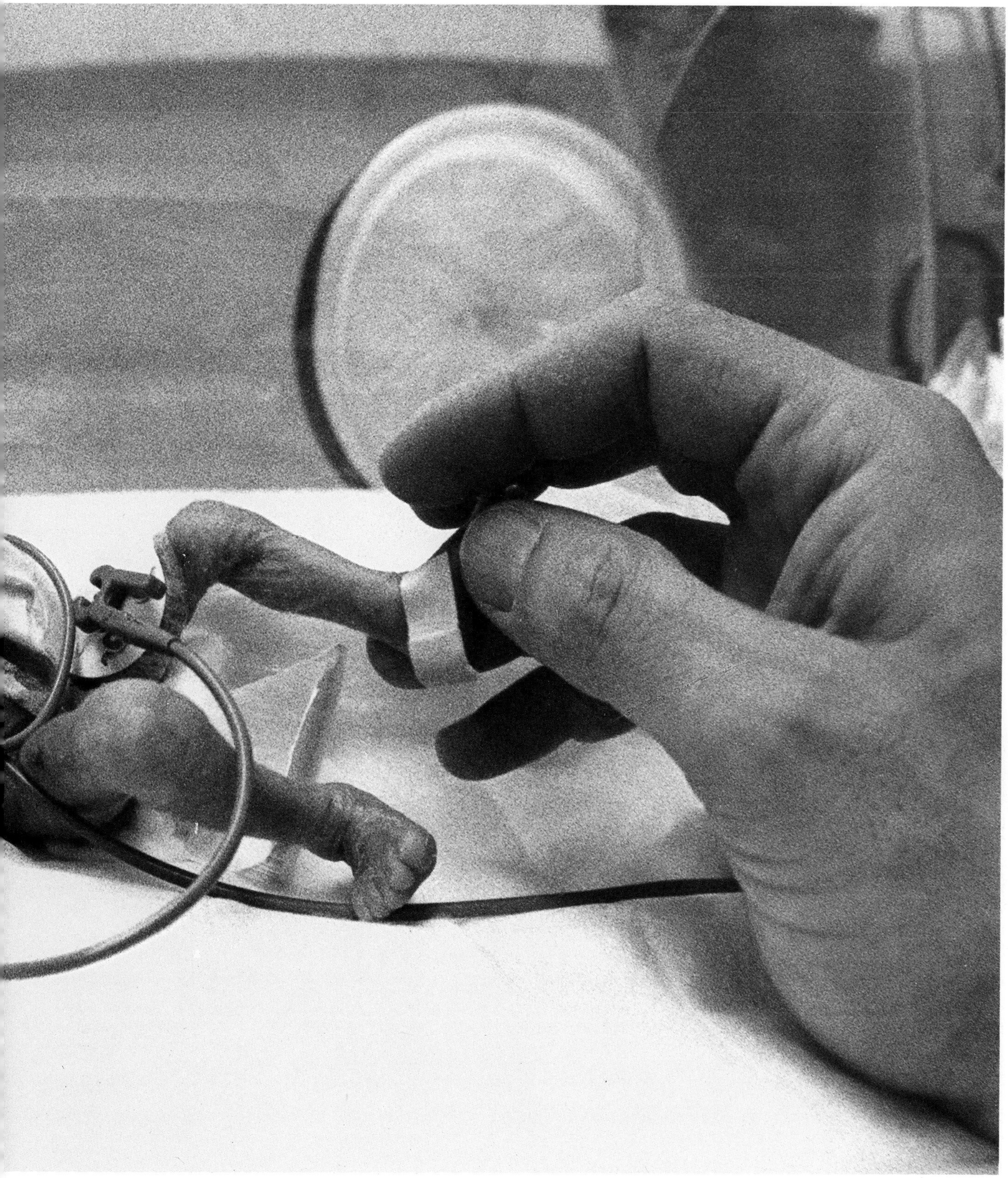

Der Prominenten-Fotograf Patrick Lichfield hatte leichtes Spiel. Im Sommer dieses Jahres fragte der Engländer bei Caroline von Monaco an, ob sie sich vielleicht für seinen Bildband „Die schönsten Frauen der Welt" „ablichten" ließe. Die Prinzessin zierte sich nicht lange, sagte spontan zu. Der Engländer besorgte Schmuck im Wert von 1,5 Millionen Mark und drapierte das Geschmeide um Hals, Arme und Hände. Zwei Tage dauerte die Foto-Session. Über 120 Aufnahmen „schoß" der Fotograf, und sein blaublütiges Modell befolgte artig seine Anweisungen. Was Wunder, denn welche Frau hat schon etwas dagegen, wenn man sie als schön bezeichnet. Und außerdem hat Caroline von Monaco, wie ihre verstorbene Mutter Gracia Patricia, eine Schwäche für teure Brillanten. Ihre Schmucksammlung wird auf umgerechnet 1,7 Millionen Mark geschätzt.

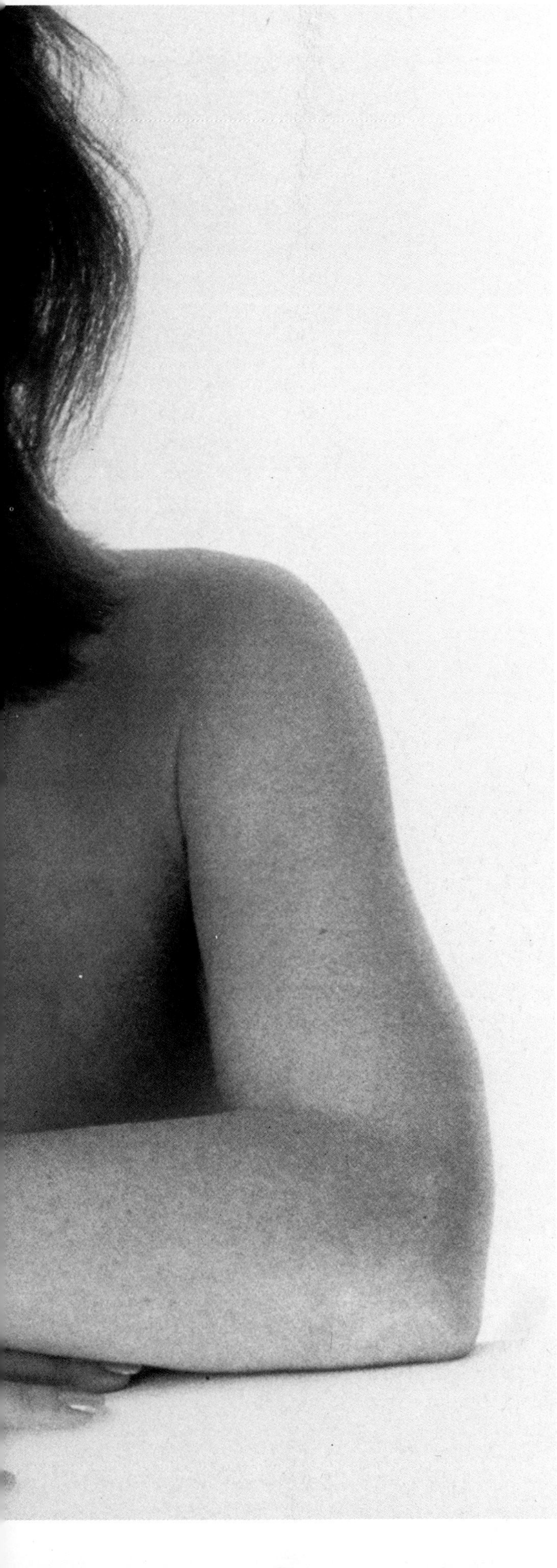

Auf ein Neues

Am 29. Dezember 1983 um 11.30 Uhr heiratete die 26-jährige Prinzessin Caroline von Monaco im Biedermeier-Spiegelsaal der Grimaldis den um drei Jahre jüngeren italienischen Millionärssohn Stefano Casiraghi. Für die Prinzessin ist es die zweite Ehe. Zuvor war sie 24 Monate lang mit dem Franzosen Philippe Junot verheiratet – von Beruf Playboy.

Aber so richtige Freude wollte bei der Vermählungs-Zeremonie in Monaco – trotz 23 Grad im Schatten und strahlend blauem Himmel – nicht aufkommen. Dafür hatten sich zuvor zu viele dunkle Wolken im Palast der Grimaldis zusammengezogen. Hinter den Kulissen der Märchenwelt war es zu familiären Auseinandersetzungen gekommen. Fürst Rainier hatte das junge Paar immer wieder ermahnt, mit der Hochzeit zu warten, bis Papst Johannes II. Carolines erste Ehe offiziell annulliert hat. Vergebens! Die „wilde Prinzessin" („Paris Match") hat ihren hübschen Dickkopf durchgesetzt. Trotz der internen Verstimmungen ließ sich Vater Rainier nicht lumpen und schenkte dem Brautpaar eine Stadtvilla in Mailand. Stefano Casiraghis Eltern, deren Vermögen auf vier Milliarden Mark geschätzt wird, wollten dieser noblen Geste nicht nachstehen und überreichten als Hochzeitsgeschenk die Schlüssel zu einer Villa im Park ihres Anwesens am Comer See. Soviel Räumlichkeit muß genutzt werden. Dieser Ansicht ist auch Prinzessin Caroline. Sie will von ihrem Stefano vier Kinder.

Mit Glanz ins Wasser

Badeanzüge aus hauchdünnem Elastik-Material, die wie eine zweite Haut um die Figur gelackt scheinen, waren der glänzende Einfall der New Yorker Designerin Norma Kamali für die Feriensaison 1983. Diese pechschwarze Hülle mit extrahohem Bein-Dekolleté führt Christie Brinkly vor, Amerikanerin mit Traumfigur und begehrtestes Fotomodell für Bademoden. Poster dieser Aufnahme brachten der Brinkly ein Vermögen ein.

Figur-Macher

Hauteng und hauchdünn – Tanztrikots waren die heißeste Sache des letzten Sommers. Zuerst tauchten sie in den Aerobic-Studios auf. Dann zogen modische Mädchen die bunten Dinger vom Ballett auf der Straße an und fegten damit so manchen scharfen Mini aus dem Weg: mal mit David Bowie am Busen, mal mit 'nem Sicherheitsgurt als Taillen-Gag, mal mit Herzen am Ohr zu Superkaros von der Hacke bis zum Handgelenk.

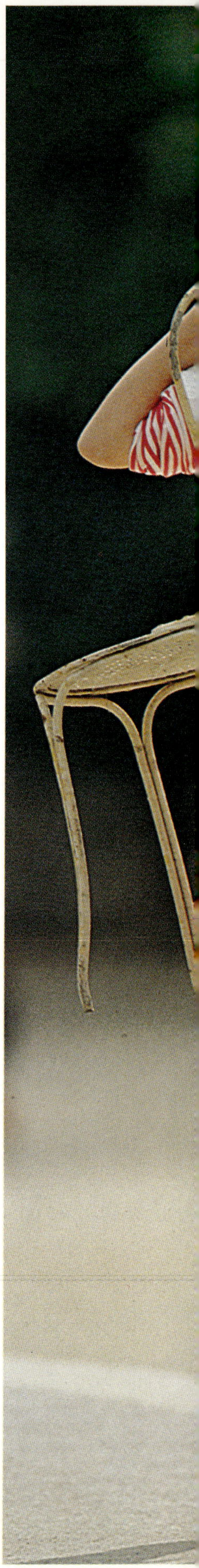

Manns-toll

Die Frauen sind auf den Mann gekommen. Mit Herrenhut und Sakko, mit Oberhemd und Krawatte, mit Smoking und Rockerkluft beweisen sie, daß Männersachen nun auch ihre Sache sind. Dazu gibt's jede Menge Talmi-Schmuck und hohe Hacken, extralange Handschuhe und extrakurzes Haar. Und es gibt ein neues Material: Für diesen Trenchcoat griff Claude Montana aus Paris zu pechschwarzer, glänzender Gummihaut. Dazu empfiehlt er schwarze Spitzen-Dessous.

Mode-Revoluzzer

Der Schock kam aus Japan. Nach HiFi und Kameras, nach Uhren, Autos und Video brachten die Kreativen aus Fernost nun eine eigene revolutionäre Mode. Sie ist eine Absage an westliche Schneiderkunst und macht den europäischen Klamottenkönigen Konkurrenz. Seit Mini und Obenohne-Look hat nichts mehr so aufgeregt wie diese wilde Welle: Formlose Gewänder, zerknautscht, ausgefranst, schief genäht – und so teuer wie französische oder italienische Konfektion. Mit dem Schlabber-Anzug in nebligen Grautönen und dem T-Shirt aus dicken Baumwollfäden zettelte Rei Kawakubo, Modemacherin aus Tokio, den Aufstand gegen westliche Ästhetik an.

Die Wacht am Rhein

Mit Zustimmung des Bundestages werden in den nächsten Monaten Pershing-II-Raketen und einige Dutzend Cruise Missiles in der Bundesrepublik stationiert. Durch ihre Verhandlungsverweigerung in Genf – der letzte Andropow-Vorschlag einer sowjetischen SS-20-Abrüstung auf das Niveau der französischen und britischen Mittelstreckensysteme wurde im Oktober 1983 bereits nach 30 Minuten abgelehnt – haben die Amerikaner erreicht, was sie von Anfang an erreichen wollten: die Aufstellung eines zum Ersteinsatz fähigen nuklearen Mittelstreckenpotentials, stark genug als Drohmittel gegenüber der UdSSR, aber auch schwach genug, um im Konfliktfall eine Abkoppelung der USA von Europa nicht auszuschließen.

Dieses strategische Ziel der Reagan-Regierung war der Bundesregierung seit Jahren bekannt – verändern wollte und konnte sie es nicht. Bereits im Sommer 1980 hatten die Militärberater Colin S. Gray und Keith Payne in der außenpolitischen Zeitschrift „Foreign Policy" die Katze aus dem Sack gelassen: „Die Vereinigten Staaten sollten planen, die Sowjetunion zu besiegen – und zwar zu einem Preis, der die Erholung der USA erlaubt."

Das Schlachtfeld wird Europa sein. US-Verteidigungsminister Caspar Weinberger ist sicher, daß „der dritte Weltkrieg ebenso wie der Erste und Zweite in Europa ausgefochten" werden wird. „Abschreckung mittels Androhung des Selbstmordes" (so der westfälische CDU-Vorsitzende Kurt Biedenkopf) wird zur absurden Sicherheitspolitik der Bundesrepublik.

Die Konsequenz solcher Politik ist die Militarisierung des politischen Denkens. Außenpolitik ist „nur mehr eine Funktion der Waffenentwicklung" („Zeit"-Herausgeberin Gräfin Dönhoff). Und da ist die Bundesrepublik immer dabei und immer vorneweg:

- In keinem Land der Nato sind mehr Streitkräfte und Waffen stationiert als bei uns: 392 000 verbündete Soldaten, 495 000 Mann Bundeswehr und 850 000 Reservisten, die innerhalb von drei Tagen mobilisiert werden können.
- Mit 36 Brigaden des Feldheeres und sechs Heimatschutzbrigaden stellt die Bundeswehr die Hälfte der Nato-Landstreitkräfte in Mitteleuropa, 30 Prozent aller Kampfflugzeuge und ein Drittel der europäischen Marinestreitkräfte.
- Die Verteidigungsausgaben für 1984 sind um 3,2 Prozent auf 58,95 Milliarden Mark angehoben worden, obwohl der Bundeshaushalt insgesamt auf ein Plus von 1,8 Prozent beschränkt wurde und deshalb Leistungen nicht nur im sozialen Bereich gekürzt werden mußten.
- „Mit dem Kampfpanzer Leopard 2, dem Kampfflugzeug Tornado und der Fregatte 122", meldete das „Weißbuch 1983" des Verteidigungsministeriums voller Stolz, „hat die Bundeswehr moderne Waffensysteme, die jedem Vergleich standhalten."
- Und die Einführung neuer Waffen steht bevor: Der Rüstungskonzern Messerschmitt-Bölkow-Blohm (MBB) hat „autonome" Bomben, Panzerfäuste und Marschflugkörper mit höchster Sprengkraft entwickelt, die ihr Ziel selbständig identifizieren und ansteuern können; bereits in der Fertigung sind Artillerie-Raketen mittlerer Reichweite, die über „endphasengelenkte Tochtergeschosse" imstande sind, ganze Panzerformationen in der Bewegung anzugreifen und sicher zu vernichten.

Vor diesem Hintergrund bekommen die Schlagzeilen der vergangenen Monate über das neue offensive Einsatzkonzept der US-Armee („Airland Battle"), über die von US-General Ro-

Mitte November 1983 transportierten „Galaxy"-Flugzeuge der US-Luftwaffe die ersten Marschflugkörper auf den englischen Atomwaffen-Stützpunkt Greenham Common. Der zwei Jahre anhaltende Dauerprotest einer Frauengruppe gegen die Stationierung blieb ohne Erfolg. Allerdings dürfen die Vereinigten Staaten die neuen Mittelstreckenwaffen nur mit ausdrücklicher Genehmigung der britischen Regierung einsetzen.

gers, dem Nato-Oberkommandierenden in Europa, angekündigte konventionelle Aufrüstung („Rogers Plan") und über die von Präsident Reagan geforderten Strahlenwaffen zur Vernichtung sowjetischer Raketen im Anflug („Krieg der Sterne") beängstigendes Gewicht.

Denn ein konventioneller Krieg in Europa fordert nicht weniger Opfer als der nukleare Schlagabtausch. Mit sechs Millionen Toten rechnet eine Studie der Bundeswehr nach 20 Kampftagen; und zwischen 1,5 und 11 Millionen Menschen müßten sterben, ermittelte der amerikanische Friedensforscher William Arkin, wenn 171 militärische Ziele in West- und Ost-Deutschland durch Mittelstreckenraketen ausgelöscht würden.

Nachrüstung

Im Dezember 1983 wurden im schwäbischen US-Stützpunkt Mutlangen die ersten neun Pershing II-Mittelstreckenraketen montiert. Wird der Stationierungsfahrplan eingehalten, werden bis 1985 insgesamt 102 dieser Raketen und 96 Marschflugkörper in der Bundesrepublik aufgestellt sein.

Die Staaten des Warschauer Pakts folgen mit der „Nach-Nachrüstung". Zusätzlich zu den bereits einsatzklaren 535 SS-20-Mittelstreckenraketen werden in den kommenden Jahren die neuen SS-21, SS-22 und SS-23 Kurz- und Mittelstreckenwaffen in Osteuropa stationiert. Und wie geht es im Westen weiter? Die Amerikaner werben für ihre Kurzstreckenrakete Patriot, und auch über die Einführung der Neutronenwaffe wird wieder diskutiert.

Unstrittig ist allerdings, daß die neuen Waffensysteme allesamt so kompliziert sind, daß Wehrpflichtige sie nicht mehr bedienen können. Und noch ein Trost: Sie sind so teuer, daß die Anschaffungskosten in keinem Wehretat mehr unterzubringen sind.

2 PERSON
LIFT

Nigeria

Mit Holzstöcken versuchen Soldaten der Armee des Staates Togo, Flüchtlingsmassen in Schach zu halten, die sich an der Grenze zum Nachbarland Ghana stauen. Die Ausweisung von fast zwei Millionen illegalen Gastarbeitern aus Nigeria führte zur größten Völkerwanderung dieses Jahrhunderts in Afrika.

Die Vertreibung der Sündenböcke

Im Hafen der Hauptstadt Lagos stürmten sie einen schrottreifen „Seelenverkäufer", und viele stürzten dabei ins Meer. Vor der Grenze zu ihrem Heimatland Ghana staute sich eine Wagenkolonne bis zu 200 Kilometern Länge. Rund 800 000 Ghanaer flüchteten aus dem Land, in dem sie ein neues Leben hatten führen wollen.

Die größte Völkerwanderung, die Afrika in diesem Jahrhundert erlebte, hatte der nigerianische Innenminister Ali Baba am 17. Januar ausgelöst. Ohne Vorabsprache mit den Nachbarregierungen hatte er verkündet: „Alle Ausländer, die sich illegal in Nigeria aufhalten, sind angewiesen, das Land binnen zwei Wochen zu verlassen."

Das größte Land Schwarzafrikas, das so gern das menschenverachtende Apartheid-System der Weißen in Südafrika attackiert, scherte sich wenig um die Humanität, als es daranging, sein Ausländer-Problem zu lösen. Zwar gab es eine Gnadenfrist von nochmals 14 Tagen für Facharbeiter, Ingenieure, Ärzte, Lehrer und Buchhalter. Aber das Klima, das die Medien des Landes geschaffen hatten, führte zu dem erwünschten Effekt. Fast zwei Millionen „Illegale", neben den Ghanaern noch 400 000 aus Niger und 700 000 aus dem Tschad, fürchteten um ihre Sicherheit und verließen das Land.

Als Grund für die Ausweisung gab die Regierung an, Ausländer seien an der steigenden Kriminalität schuld. Außerdem seien sie an blutigen Unruhen im Norden des Landes beteiligt gewesen. Die wahren Gründe freilich lagen in der Wirtschaftsmisere, von der auch das ölreiche Nigeria nicht verschont blieb. Ehrgeizige Entwicklungspläne fielen dem sinkenden Ölpreis zum Opfer. Die Importe wurden eingeschränkt. Die Zahl der Arbeitslosen stieg. Die Regierung mußte Sündenböcke finden. Und dafür sind Ausländer auch in Nigeria immer gut.

Doch am Jahresende zog das Militär einen anderen Schuldigen zur Verantwortung: Die erst im Sommer wiedergewählte Zivilregierung von Präsident Shehu Shagari. Sie wurde bei einem Putsch gestürzt, und Generalmajor Mohammed Buhari übernahm die Macht. So endeten vier Jahre Demokratie in Afrikas „Musterland".

Auf der Küstenstraße von Nigeria nach Ghana, die durch die Nachbarländer Togo und Benin führt, stauen sich Kleinbusse und vollgepackte Lastwagen bis auf 200 Kilometer Länge. Scharenweise schleppen die Menschen ihr Gepäck zu Fuß weiter. Rund 800 000 Ghanaer mußten innerhalb von zwei Wochen in ihre Heimat zurück, weil sie keine Aufenthaltsgenehmigung für Nigeria hatten. Zehn Tage lang weigerte sich Ghanas Regierung, ihre Grenze für die Flüchtlinge zu öffnen. Sie war über Monate hinweg geschlossen gewesen, um dadurch den Schmuggel zu unterbinden.

C 7068 RPB

Pilot und Flugzeug wohlauf

Mit abwärts gedrehten Düsen setzte sich die „Harrier", einziger Senkrechtstarter der westlichen Welt, ganz sachte auf die Container eines zufällig vorbeikommenden spanischen Frachters. Pilot Ian Watson hatte sein eigenes Schiff, den britischen Flugzeugträger „Illustrious", im Atlantik nicht wiedergefunden. Als er bleich aus dem kaum beschädigten Jagdbomber kletterte, war noch Sprit für eine Minute Flugzeit im Tank.

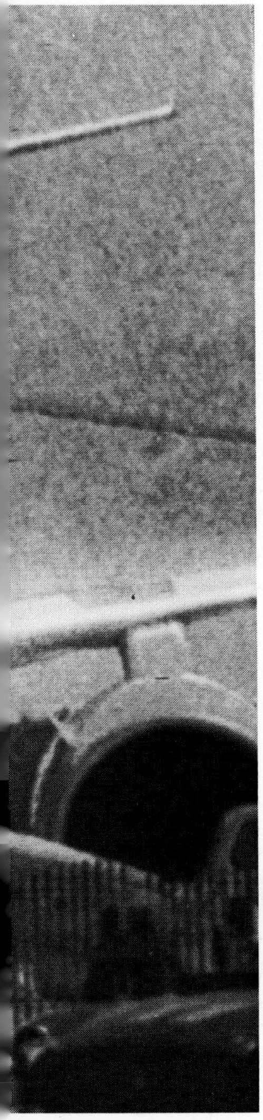

Die alte Streitfrage, ob moderne Verkehrsflugzeuge noch segeln können, wurde am 23. Juli positiv entschieden: Eine nagelneue Boeing 767 landete ohne Antrieb auf einer Rennstrecke bei Winnipeg, Kanada. Beide Triebwerke waren in 10 000 Meter Höhe, auf einem Inlandflug von Ottawa nach Edmonton, wegen Spritmangels stehengeblieben. Kapitän Robert Pearson, ein erfahrener Segelflieger, brachte den 90 Tonnen schweren Jet mit 61 Passagieren ungerührt in Gleitflug und segelte 160 Kilometer weit zu der Rennpiste, wo gerade ein Dragster-Rennen tobte. Beim Aufsetzen brach das Bugfahrwerk zusammen, weil es nicht ordentlich eingerastet war. Als die Feuerwehr anrückte, wehrte der Kapitän gelassen ab: „Da kann nichts mehr brennen." Der Kraftstoff-Mangel war durch das heillose Durcheinander bei den Maßeinheiten der Luftfahrt zustande gekommen: Die Crew hatte „Kilogramm" bestellt, der Tankwart „Pfunde" verstanden. So reichte das Kerosin gerade für den halben Weg.

Statt sich in Bonn um die Lösung so dringender Probleme wie Arbeitslosigkeit, Stahl- und Werftenkrise oder Abrüstung zu kümmern, reiste Bundeskanzler und CDU-Chef Helmut Kohl lieber in fremde Länder. Besonders viel Spaß machte es ihm, im Fernen Osten für die Bundesrepublik Stimmung zu machen. Aufgeräumt fand er in Japan, im Schnellzug von Tokio nach Kyoto und Hiroshima, sogar Zeit, mit einer Mädchenklasse zu scherzen. Als allerdings der japanische Kaiser Hirohito Kohl und seine Frau Hannelore zu einer Audienz in seinem Palast empfing, verkniffen sich beide das Lächeln: Sie machten ein eher ernstes, staatstragendes Gesicht.

Ende der Schonzeit

Helmut Kohls Selbstbewußtsein ist ungebrochen – auch noch nach gut einem Jahr Regierungsverantwortung. Mit ewigem Lächeln und wohlformulierten Unverbindlichkeiten meint der Kanzler und CDU-Chef, seine Partei, die Koalitionspartner CSU und FDP und die Bürger bei Laune halten zu können. Dabei ist die Bilanz keineswegs so rosig, wie er sie der Öffentlichkeit darstellt. Das Nato-Bündnis ist nach den vielfältigen Querelen und Widerständen in den Mitgliedsländern um die Stationierung neuer US-Mittelstrekkenraketen vom Typ Pershing II und Cruise Missile brüchiger als je zuvor. Die Partner der USA streben auseinander – aus Angst oder aus Anmaßung. Der innere Friede in der Bundesrepublik ist zerbrochen, seit die ersten Raketen aufgestellt wurden.

In der Wirtschaftspolitik sind zwar erste Hoffnungsschimmer am Horizont aufgetaucht, aber sicher kann niemand sein, ob der von Kohl im Wahlkampf versprochene Aufschwung wirklich kommt. Erste Dämpfer haben den selbstsicheren Kohl nicht beunruhigt, zeigten aber, daß die Schonzeit zu Ende geht.

Bei den Landtagswahlen in Hessen und Bremen mußten die Christdemokraten unerwartet Stimmenverluste hinnehmen. Kohls Rezept für Hessen, nicht um die absolute Mehrheit zu kämpfen, sondern die eigenen Anhänger aufzufordern, FDP zu wählen, war falsch: Die CDU verlor die Position der stärksten Fraktion, der SPD-Ministerpräsident Holger Börner hatte das Heft wieder in der Hand. In Bremen ging die Werftenkrise nicht zu Lasten der regierenden SPD, sondern zu Ungunsten der CDU aus, der die Arbeitnehmer ankreideten, von Bonn aus nichts zur Beseitigung der Arbeitslosigkeit getan zu haben. Sorgen bereiten Kohl inzwischen auch die eigenen Minister. Es war ein Fehler, daß er nach der Wahl vom 6. März keinen Ressortchef ausgewechselt hat. Denn jetzt schaden mehrere Minister dem Ansehen der Regierung: vor allem die in Finanz- oder Schmuddelaffären verstrickten Otto Graf Lambsdorff, Christian Schwarz-Schilling und Manfred Wörner. Seither ist die Kritik an Kohls Führungsstil in den eigenen Reihen wieder lauter geworden.

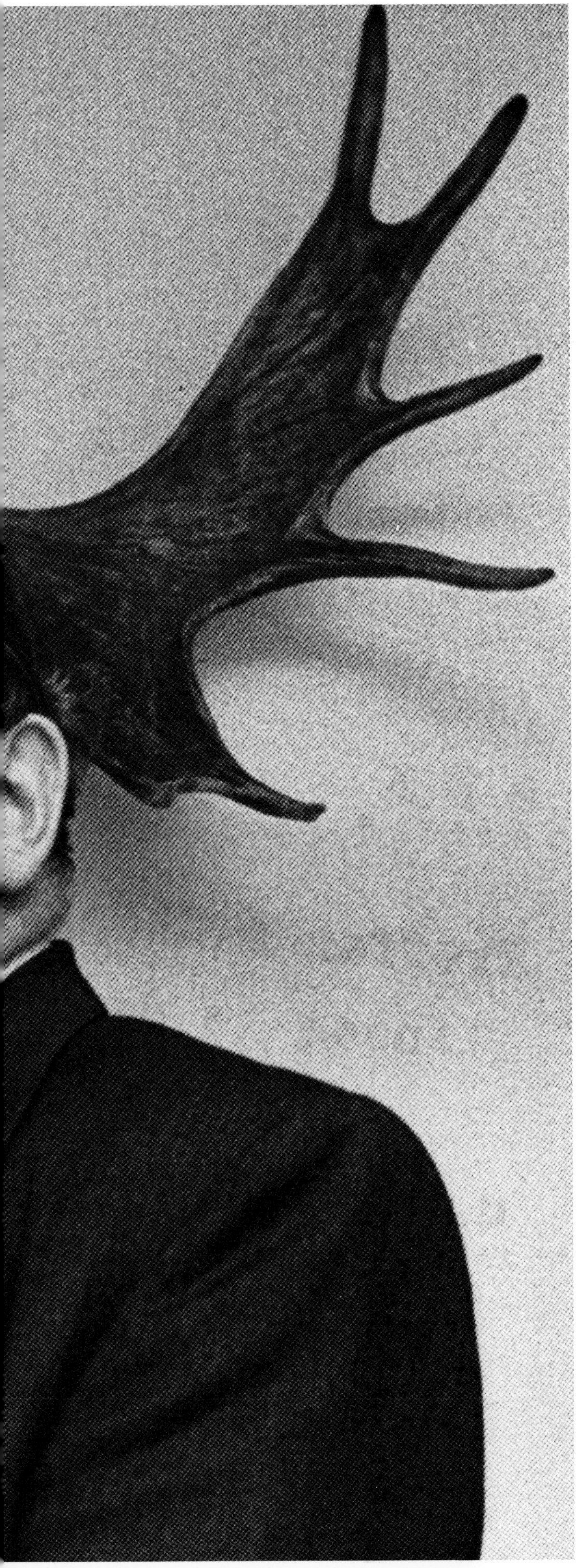

Mit Flexibilität und Volkstümlichkeit machte der CSU-Chef und bayerische Ministerpräsident Franz Josef Strauß seine Partei zur alles bestimmenden politischen Kraft und sich selbst zum Alleinherrscher im weiß-blauen Freistaat. Doch die Ära des „FJS" neigt sich dem Ende zu. Die Diadochenkämpfe sind bereits ausgebrochen. Als mögliche Nachfolger stehen in den Startlöchern: Finanzminister Max Streibl, Landtagsfraktionschef Gerold Tandler, Bundesinnenminister Friedrich Zimmermann und Staatskanzlei-Staatssekretär Edmund Stoiber. Offiziell ist das Thema der Nach-Strauß-Zeit allerdings weiterhin tabu.

Denkzettel für einen Alleinherrscher

Das war Franz Josef Strauß noch nie passiert: Auf dem CSU-Parteitag Mitte Juli in München wurde er offen kritisiert und sogar ausgepfiffen, und bei der Wiederwahl zum Vorsitzenden mußte er herbe Stimmenverluste hinnehmen. Das Debakel hatte zwei Gründe: Zum erstenmal hatte wenige Wochen zuvor ein langgedientes, dem bayerischen Ministerpräsidenten bis dahin in treuer Gefolgschaft verbundenes Mitglied, der Bundestagsabgeordnete Franz Handlos aus dem Bayerischen Wald, seine Partei verlassen – aus Protest gegen die „Ein-Mann-Demokratie" von Strauß, und außerdem hatte der CSU-Chef die Gesinnungsfreunde durch seinen Alleingang bei der Bewilligung eines Milliardenkredits der Bundesrepublik für die DDR gegen sich aufgebracht. Denn die Parteibasis verstand die Welt nicht mehr: Ausgerechnet ein kommunistisches Regime, das nach der überkommenen CSU-Doktrin aufs schärfste bekämpft werden mußte, sollte jetzt mit harter West-Mark aufgepäppelt werden. Vergessen waren da die Erfolge, die gerade Strauß in den Monaten zuvor für seine Partei erzielt hatte und denen viele CSU-Politiker, die jetzt revoltierten, Posten und Pfründe verdankten. Im Landtag hatte die Partei die Zweidrittelmehrheit nur knapp verfehlt, in Bonn regierten fünf CSU-Minister mit, bei der Bonner Bundestagswahl am 6. März wurden 44 der 45 Wahlkreise direkt gewonnen. Und auch in bayerischen Städten und Gemeinden geben die Christsozialen den Ton an. Nur in Bonn ist die CSU mit ihrer Rolle noch immer nicht zufrieden. Wiederholt versuchte sie, ihrem Chef mehr Einfluß auf die Politik von Kanzler Kohl zu erkämpfen. Doch über unverbindliche Gespräche mit dem Regierungschef ist Strauß nicht hinausgekommen: Am Kabinettstisch war kein für den CSU-Chef akzeptabler Platz frei. Um vielleicht doch noch an den Rhein wechseln zu können, attackierte Strauß vor allem Wirtschaftsminister Lambsdorff. Einflußreiche Freunde glauben allerdings, daß Strauß in Bonn zwar mehr Einfluß, aber kein Ministeramt anstrebe. Der Bayer selbst schweigt und bleibt, was er immer war: unberechenbar.

Statistenrolle für zwei Linksliberale. Seit FDP-Chef Hans-Dietrich Genscher die Partei zur Wirtschaftslobby gewendet hat, tun sich Ex-Innenminister Gerhart Baum und sein Fraktionskollege Burkhard Hirsch schwer, das einst besonders betonte fortschrittlich-rechtsstaatliche Profil der Freidemokraten noch deutlich zu machen. Die beiden Reformliberalen stehen als ehemalige Kritiker der Genscher-Wende noch immer im Ruch der Illoyalität. Dabei wäre es für die FDP unerläßlich, wieder stärker die Fahne der Bürgerrechtspartei zu hissen, wenn sie sich nicht endgültig aus der Geschichte abmelden will. Selbst unter den Vorsitzenden Thomas Dehler und Erich Mende hat die FDP stets darauf geachtet, als Garant der Freiheitsrechte akzeptiert zu sein.

Die Leihstimmen-Partei

Noch einmal davongekommen sind die nach der Herbst-Wende zur CDU/CSU arg gebeutelten Liberalen am Tag der Bundestagswahl, am 6. März 1983. Nach dem opportunistischen Motto „Was es auch sei, die FDP ist immer dabei" hatten sich die Freidemokraten rechtzeitig nach der Sommerpause 1982 aus den Fängen der im Abwind befindlichen Sozialdemokraten gelöst und an die Seite des vermeintlichen Siegers CDU/CSU geflüchtet. Und der Wähler hat ihnen diesen Kurswechsel sogar noch honoriert. Obwohl führende Mitglieder die Partei verlassen hatten und niemand mehr so recht wußte, wofür das einstige Markenzeichen FDP im Bundestagswahlkampf 1983 eigentlich noch stand, konnten die Liberalen die Fünf-Prozent-Hürde klar überspringen. Dabei hatte die FDP monatelang nach der Umfall-Wende und der Beinahe-Spaltung in den Umfragen der Meinungsforscher zwischen 2 und 2,5 Prozent gependelt. Aber mit einer geschickten Zweitstimmen-Kampagne war es ihr gelungen, sich wieder als das unverzichtbare Korrektiv in der Bonner Politik hoffähig zu machen. Wer eigentlich nicht so richtig wollte, wer sich nicht so recht entscheiden mochte, für die CDU nicht, für die SPD aber schon gar nicht – der sei bei ihnen gut aufgehoben, suggerierten die Freidemokraten.

Die Botschaft kam an. Wer keine absolute Mehrheit der CDU/CSU wollte und gegen eine sich im Wahlkampf abzeichnende Entwicklung zum Zwei-Parteien-Parlament war, der mußte mit der FDP vorliebnehmen. Auf der Strecke blieb dabei das so oft von der Parteispitze angepriesene „unverzichtbare liberale Profil": Die FDP war zur reinen Lobby von Industrie, Handel und Mittelstand denaturiert; für nachdenkliche Bürger, die sich Sorgen um die Verteidigungs-, Abrüstungs- und Rechtspolitik machten, hatten die Liberalen nichts mehr zu bieten.

Schon bei den Landtagswahlen im Herbst wurde der Aderlaß sichtbar. In Bremen, wo die FDP über Jahre als sozialliberale Reformpartei Stimmenerfolge verzeichnen konnte, sackten die Liberalen schlagartig unter die Fünf-Prozent-Hürde. Und in Hessen, wo die Partei sich bereits im Frühsommer 1982, noch vor der Bonner Wende, auf CDU-Kurs begeben hatte, gelang der Wiedereinzug ins Landesparlament nur dank der Leihstimmen aus dem Lager der Christdemokraten.

Doch die Abhängigkeit von der CDU hat ihren Preis. Die FDP ist zu einer reinen Machterhaltungspartei ohne griffiges Programm und ohne kreativen Unterbau geworden. Kaum noch in Kommunal- oder Landesparlamenten vertreten, stirbt sie langsam von unten weg. Die Personalnot ist augenfällig, qualifizierter Nachwuchs fehlt.

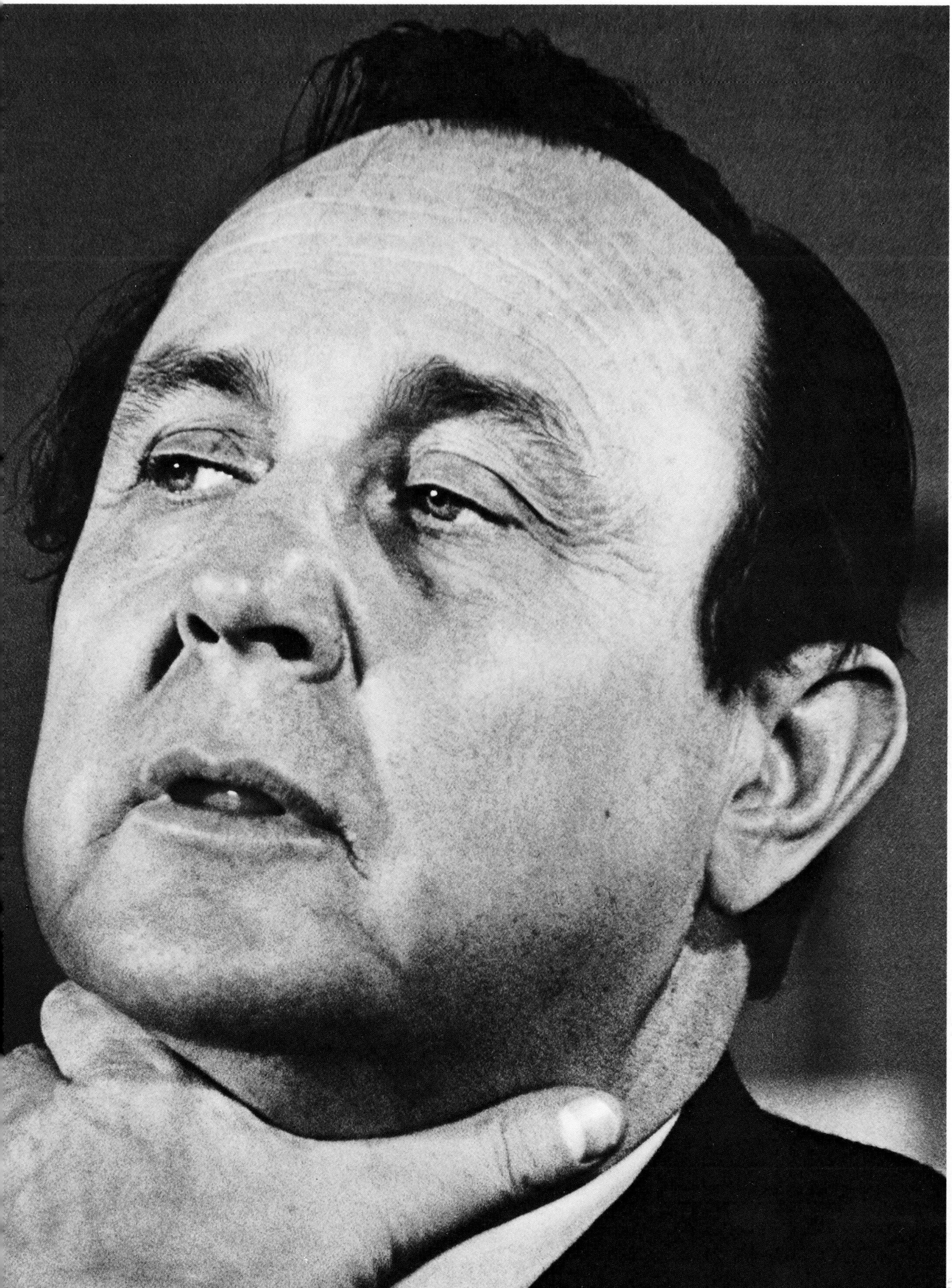

Grüner Sonderzug nach Pankow. In Ostberlin überreichte Grünen-Bundesgeschäftsführer Lukas Beckmann einen „Friedensvertrag". SED-Staatsratsvorsitzender Erich Honecker unterzeichnete das Dokument wenige Wochen vor der Stationierung von Pershing II- und SS 20-Raketen in Mitteleuropa. Grüne-Abgeordnete Petra Kelly erschien in einem T-Shirt mit der Parole: „Schwerter zu Pflugscharen". Bei der Bundestagsdebatte über die Nachrüstung am 21. November entrollten grüne Abgeordnete Bilder von Opfern des Faschismus und des Vietnam-Krieges. Saalordner sammelten die Protest-Poster ein. Nach zweitägiger Debatte bestätigte der Bundestag gegen die Stimmen der Grünen und der Sozialdemokraten den Stationierungsbeschluß für die amerikanischen Raketen.

Eine neue Farbe im hohen Haus

Die Grünen haben es geschafft – und sie sind geschafft. Erstmals seit 1953 ist es einer kleinen Partei gelungen, in den Bundestag einzuziehen. „Die Grünen" bekamen bei der Bundestagswahl im März 5,6 Prozent der Wählerstimmen und schickten 28 Abgeordnete nach Bonn. Für jeden Parlamentarier wurde ein „Nachrücker" in die Fraktionsgemeinschaft aufgenommen. Nach den bisherigen Beschlüssen soll das „Rotationsprinzip" angewandt werden und jeder grüne Abgeordnete nach zwei Jahren an die Basis zurückkehren.

Die dünne Personaldecke, der Krach um die Diäten, die hektische Reisediplomatie der grünen Prominenz und der Dauerzwist zwischen „Realpolitikern" und „Fundamentalisten" im Umgang mit den etablierten Parteien haben die Grünen auf eine Bewährungsprobe gestellt. Mit über 150 parlamentarischen Anfragen, Gesetzesvorlagen und Klagen beim Bundesverfassungsgericht gegen Nachrüstung und Bundeshaushalt haben die Neulinge für frischen Wind gesorgt.

Manchmal auch für Gegenwind. So bekam ein Bundestagsabgeordneter der Grünen von zwei weiblichen Angestellten der Fraktion wegen „Busengrabscherei" statt einer Ohrfeige eine öffentliche Anzeige. Der Technik-Experte, Vorsitzender des Forschungsausschusses, mußte seinen Platz räumen. Umstritten war auch die Aktion des hessischen Landtagsabgeordneten Schwalba-Hoth, der bei einem offiziellen Empfang im Wiesbadener Landtag eigenes Blut auf die Uniform eines US-Generals spritzte. Im Bundesvorstand der Grünen wurde der „symbolische Akt" gegen die amerikanische Politik in Nikaragua sowohl „scharf verurteilt" als auch für „richtig" erklärt.

Vier Jahre nach Gründung der grünen Partei wird weiterhin um das Programm gerungen. Auf dem Parteitag in Duisburg bestätigte eine Mehrheit der fast tausend Delegierten den linksökologischen Kurs. Allerdings formiert sich in den Landesverbänden von Berlin und Baden-Württemberg eine

„ökologische Fraktion", die auch weiterhin im bürgerlichen Lager Bündnispartner sieht. Der Streit um den richtigen Kurs, personifiziert im Grünen-Vorstand Rainer Trampert, Betriebsrat in Hamburg, und im Polit-Theoretiker Rudolf Bahro, Professor in Hannover, erinnert an die mühsame Gründungsphase der bunten Partei.
In den Bundesländern konnten die Grünen erstmals überleben. Trotz der Konkurrenz von drei grünen Gruppierungen kamen die Bundesgrünen erneut mit 5,4 Prozent in die Bremer Bürgerschaft. Nach vorgezogenen Landtagswahlen in Hessen verloren die Grünen zwar Wählerstimmen, mit 5,9 Prozent (1982: 8,0 Prozent) blieben sie in Hessen aber das Zünglein an der Waage der Regierungsbildung. Der geschäftsführende SPD-Ministerpräsident Holger Börner erklärte sich überraschend zu „Duldungsgesprächen" bereit und handelte mit den einst ungeliebten Grünen Kompromisse in den Bereichen Energie, Umwelt, Kernkraft und Verkehr aus. Ob das erste rot-grüne Bündnis für eine Mehrheit links von der Mitte funktioniert, ist allerdings ungewiß.
Ungewiß ist auch das Schicksal der Grünen in Baden-Württemberg. Nach dem Rückzug prominenter Abgeordneter, die für eine „Professionalisierung" eintraten, könnten die Grünen sich bei der Landtagswahl im Frühjahr 1984 schwarz ärgern. Doch für den Grünen-Parlamentarier Otto Schily steht fest: „Auch eine Wahlniederlage würde uns nicht den Garaus machen." Denn die grüne Partei, im Januar 1980 gegründet, will auch weiterhin in „Bewegung" bleiben. So nahmen auch in diesem Jahr grüne Abgeordnete an der Blockade von US-Kasernen und außerparlamentarischen Aktionen gegen die Ausländerpolitik teil. Unzufriedenheit herrscht bei der grünen Basis dagegen über das fehlende Engagement in den ökologischen Themen wie beim Kampf gegen Kernkraftwerke und Atommüll-Lager.
Die Sozialdemokraten in der Bonner Opposition suchen im Umweltbereich bei den Grünen Wähler zurückzuholen. Schon einmal gelang es Willy Brandt Ende der sechziger Jahre, die außerparlamentarische Opposition in die SPD zu integrieren. Grünen-Vorstand Trampert: „Wir lassen uns nicht noch einmal umarmen. Wer mit uns zusammenarbeiten will, muß wissen, daß die Trauben hoch hängen."

Das harte Brot der Opposition

Mit der Wende in Bonn war die SPD im Herbst 1982 zum ersten Mal seit 16 Jahren auf die Rolle einer Oppositionspartei zurückgeworfen worden. Doch so recht angenommen hatte die Partei diese Rolle noch nicht. Obwohl die Demoskopen ihnen dafür wenig Chancen vorrechneten, hofften die Sozialdemokraten, mit der Wahl vom 6. März 1983 wieder den Weg zurück ins Kanzleramt antreten zu können. Wenn zum Beispiel die FDP an der Fünfprozenthürde scheitern, die Partei der Grünen statt dessen als dritte Fraktion in den Bundestag einziehen würde, die Unionsparteien die Mehrheit knapp verfehlen würden? Der Popanz einer rot-grünen Koalition in Bonn wurde denn auch von den Parteien der neuen Bonner Regierung zum Wahlkampfthema hochstilisiert. Für die SPD war diese mögliche Bündnisfrage zu früh gestellt – sie wich ihr aus.

Mit seinem Verzicht, am 6. März als Spitzenmann der SPD erneut anzutreten, hatte es Helmut Schmidt seiner Partei einerseits leichter gemacht, sich von der Vergangenheit zu lösen; doch der Ex-Kanzler war andererseits – übrigens auch noch Ende 1983 – der unbestritten populärste Politiker der Bundesrepublik und damit das beste Zugpferd der SPD. Die SPD setzte nun auf Hans-Jochen Vogel, der sich als fleißiger Oppositionsführer im Berliner Abgeordnetenhaus bewährt hatte, aber nicht die Ausstrahlung besaß, über den Wählersockel seiner Partei hinaus weitere Schichten der Bevölkerung zu erschließen.

Die SPD setzte im Wahlkampf schließlich auf erfolgreiche Rezepte der Vergangenheit („Den Frieden wählen"), doch für die Wähler stand die Wirtschaftspolitik im Vordergrund. Hier war die SPD doppelt verwundbar: Einmal konnte sie dem „Erblast"-Vorwurf schlecht gegensteuern – schließlich hatte sie noch vor kurzem regiert –, andererseits hatte sie aber noch keine Gelegenheit gehabt, neue und überzeugende Konzepte für den Kampf gegen Rezession und Arbeitslosigkeit zu entwickeln. Das Wahlergebnis mit mageren 38,2 Prozent war um so bitterer, als typische Stammwähler aus dem Bereich der Arbeiterschaft CDU/CSU gewählt hatten. Sie trauten der Union offenbar eher zu, gemeinsam mit den Unternehmern den Karren aus dem Dreck zu ziehen.

Der rechte Parteiflügel mit seinem Vordenker Richard Löwenthal sah sich denn auch in seiner Warnung bestätigt, den Ideen der Alternativbewegung nachzulaufen und die Interessen der Industriearbeiterschaft aus dem Auge zu verlieren. Aus der gleichen Ecke kam auch die Mahnung, fest zum Nato-Doppelbeschluß zu stehen, dessen Miturheber Helmut Schmidt 1979 gewesen war – mit der Rückendeckung einer Mehrheit seiner Partei. Auf dem letzten ordentlichen Parteitag im April 1982 hatte die SPD die Entscheidung in der Nachrüstungsfrage auf den Herbst 1983 vertagt. Auch im Wahlprogramm war auf diesen Termin verwiesen worden; man wollte sich erst mit Ablauf der Verhandlungsfrist entscheiden, die für die Genfer Abrüstungsverhandlungen gesetzt worden war. Zunächst hatten die SPD-Sicherheitsexperten noch die Hoffnung, daß es bei diesen Verhandlungen zu einem Kompromiß zwischen den USA und der Sowjetunion kommen werde, der die Begrenzung der Mittelstrecken-Nachrüstung festlegte. Die Friedensbewegung freilich, in der sich immer mehr Sozialdemokraten engagierten, sprach sich gegen jegliche Raketenstationierungen aus – „ohne Wenn und Aber". Im Lauf des Jahres schwenkten immer mehr SPD-Bezirke ebenfalls auf diese rigorose Linie ein. Ein unübersehbares Zeichen für die Veränderungen in der Partei war auch ihr zunehmend offenes Engagement in den Aktionen der Friedensbewegung. Die

Generationssprung erneuern müsse. Die Riege der jetzt bis Mitte vierzig Jahre alten Politiker sei nun an der Reihe, die Älteren seien nur die Generation des Übergangs.

Vor allem aber muß sich die SPD nach Ansicht ihres Vorsitzenden programmatisch verjüngen. Dazu gehört, die Herausforderungen der Ökologiebewegung anzunehmen und zum eigenen Thema zu machen. So setzte die SPD denn 1983 auch deutliche Signale in der Umweltpolitik. Aber ausgerechnet die Konservativen machten es ihr nicht leicht, sich an die Spitze der Bewegung zu setzen. Denn Bundesinnenminister Zimmermann und andere Unionspolitiker vertraten verbal nicht minder radikal klingende Forderungen, namentlich zum Schutz des kranken Waldes.

Von der Alternativbewegung übernahm die SPD auch den Selbsthilfe-Gedanken und das Prinzip der kleinen, dezentralen Einheiten. Unter dem Titel „Arbeit für alle – die Zukunft gestalten" legte eine Parteikommission Ende 1983 den Entwurf für ein neues Wirtschaftskonzept vor, in dem der alte Genossenschaftsgedanke wieder aufgegriffen und aktualisiert wird. So heißt es: „In einer immer anonymer werdenden Welt bedeuten Dienste, die in kleinen Einheiten, genossenschaftlich organisiert, erbracht werden, mehr Humanität."

Dies ist eine Abkehr vom überkommenen Bild der Industriegesellschaft, an dem sich bisher auch die stärksten Bündnispartner der SPD, die Gewerkschaften nämlich, immer noch orientieren. Die Parteispitze hat aber erkannt, daß man Oppositionszeiten nutzen muß, um ohne Furcht vor dem Wähler über neue Programm-Perspektiven nachzudenken.

Schlecht ist der SPD dies alles keineswegs bekommen. Als am 25. September in Bremen gewählt wurde, erhielt der SPD-Bürgermeister Hans Koschnick trotz der Werftenkrise in seiner Stadt eine klare absolute Mehrheit. Am gleichen Tag wurden alle Voraussagen Lügen gestraft, daß nun in Hessen die CDU an die Macht kommen werde: Holger Börners SPD erhielt die relative Mehrheit. Da es weder mit der CDU noch mit der FDP zu ernsthaften Koalitionsgesprächen kam, war Ende 1983 schließlich der Weg für die erste rot-grüne Kooperation in einem deutschen Parlament geebnet.

SPD beteiligte sich an der bundesweiten „Woche des Widerstands" Mitte Oktober, die Parteiprominenz reihte sich gar in die Menschenketten ein.

Da war es dann keine Überraschung mehr, daß sich der außerordentliche Parteitag am 19. November eindeutig gegen die Nato-Nachrüstung entschied. Nur 13 Delegierte stimmten dafür – unter ihnen Helmut Schmidt.

Sein Grundsatzreferat auf dem Parteitag und seine Rede in der Abrüstungsdebatte des Bundestages wenige Tage später waren die letzten großen Auftritte des Ex-Kanzlers und stellvertretenden SPD-Vorsitzenden für seine Partei. Aus der alten Troika Brandt-Wehner-Schmidt blieb am Ende Willy Brandt als führende Figur der Sozialdemokratie übrig. Er ist davon überzeugt, daß sich die SPD durch einen

1983 war das Jahr Willy Brandts. Der Parteichef, dessen Karriere nach der Guilleaume-Affäre im Jahr 1974 schon beendet schien, war im November der Sieger des Parteitags von Köln. Sein Rivale Helmut Schmidt war in der Nachrüstungsfrage mit wehenden Fahnen untergegangen. Herbert Wehner kam als kranker Mann aus seinem schwedischen Feriendomizil zurück. Brandt wurde 70, doch er zeigte sich jugendlich wie lange nicht mehr. Er heiratete sogar noch einmal – die kaum mehr als halb so alte Brigitte Seebacher. Er will die Partei auch in den nächsten Jahren weiter anführen. Seine Nachfolge-Kandidaten Johannes Rau und Hans-Jochen Vogel werden sich noch einige Zeit gedulden müssen.

AVSECOM

Auf dem Flughafen der Hauptstadt Manila laden Soldaten die Leiche von Benigno Aquino in ein Auto. Der Oppositionsführer ist unmittelbar nach seiner Ankunft aus dem Exil ermordet worden. Der angebliche Attentäter Rolando Galman, von Sicherheitskräften erschossen, bleibt am Boden liegen. In den Wochen danach allerdings wachsen die Zweifel an der offiziellen Mord-Version.

Ein Mord, der eine Diktatur ins Wanken bringt

Noch am Flughafen der Hauptstadt Manila wollte er Gandhi zitieren: „Das bereitwillige Opfer des Unschuldigen ist die mächtigste Antwort gegen überhebliche Tyrannei." Doch Benigno Aquino, aus dem Exil heimkehrender philippinischer Oppositionsführer, konnte sein vorbereitetes Plädoyer für Gewaltlosigkeit nicht mehr halten.

Drei uniformierte Männer, mit Pistolen bewaffnet, zogen ihn nach seiner Ankunft am 21. August aus der Maschine und über eine Nebentreppe aufs Flugfeld hinunter. Sekunden später krachten dort Schüsse. Der 51jährige stürzte tot zu Boden, und gleich darauf erschossen Sicherheitsbeamte einen Mann in T-Shirt und Jeans, der später als der Mörder präsentiert wurde.

Kein Ereignis in den 18 Jahren seiner Regierung brachte die Herrschaft von Präsident Ferdinand Marcos so sehr ins Wanken wie dieses Attentat. Tagelang lieferten sich die Polizei und wütende Demonstranten Straßenschlachten. Zwei Millionen Filipinos nahmen an dem Trauerzug für Marcos' populärsten Gegenspieler teil. Und immer lauter wurden die Zweifel an der offiziellen Version, wonach ein Krimineller namens Rolando Galman die Bluttat verübt haben sollte. Wie konnte dieser Mann unbehelligt auf den schwerbewachten Flughafen kommen? Woher sollte er wissen, daß Aquino nicht den normalen Weg nehmen würde? Warum war die Drei-Mann-Eskorte nach den Schüssen plötzlich verschwunden?

Die Art, wie Diktator Marcos den Fall untersuchen lassen wollte, belastete die Regierung nur noch mehr. Die erste Kommission löste sich wieder auf, weil ihre Zusammensetzung aus Marcos-Getreuen in der Öffentlichkeit auf Kritik stieß. Die zweite wurde von Leuten gebildet, die kaum sachliche Kompetenz hatten – die Vorsitzende der Kommission, eine pensionierte Richterin, war in ihrer Amtszeit vor allem mit Jugend- und Familienrecht befaßt gewesen. Inzwischen hatten die Verantwortlichen für den Mord zudem genügend Zeit, Spuren zu verwischen und mögliche Zeugen der Tat einzuschüchtern.

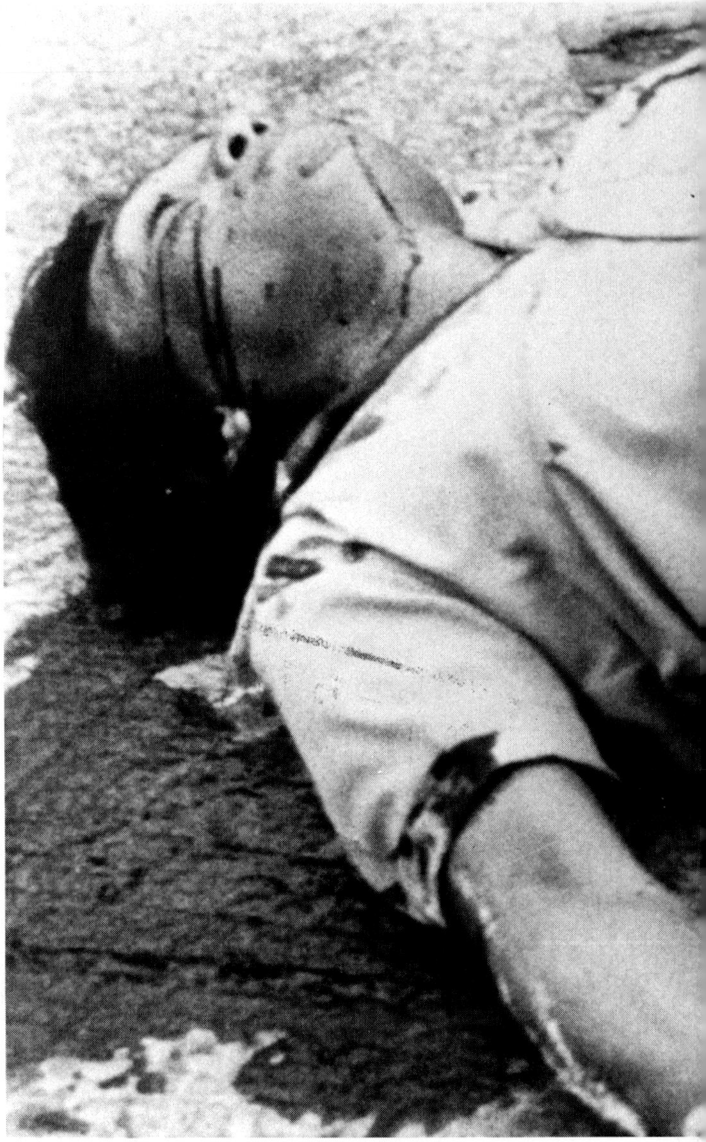

Der tote Rolando Galman, daneben seine Revolvertasche. Er galt als Erpresser von Geschäftsleuten und Politikern, saß wegen Mordverdachts zweimal in Untersuchungshaft, wurde aber nie verurteilt. Regierungsgegner vermuten, daß er für das Aquino-Attentat „geopfert" wurde.

So bekamen Spekulationen ständig neue Nahrung, daß die Täter im Militär zu finden seien. Generalstabschef Fabian Ver hatte persönlich die Order gegeben, Aquino aus dem Flugzeug zu eskortieren. Hohe Militärs, so die Vermutungen, wollten den Oppositionellen aus dem Weg räumen, um ihre weitreichenden Vollmachten auch nach dem Tod des 66jährigen schwerkranken Präsidenten zu sichern. Seit 1972, als Marcos das Kriegsrecht über sein Land verhängte, war die Zahl seiner Soldaten von 58 000 auf rund 150 000 gestiegen, dazu noch 110 000 Mann in paramilitärischen Organisationen.

Das Militär hatte allen Grund, bei einem Wahlsieg Aquinos um diese Machtfülle zu fürchten. Als Präsident Marcos vor hohen Offizieren sagte, er könne nicht an ein Komplott aus ihren Reihen glauben, senkten die Herren den Blick und blieben stumm.

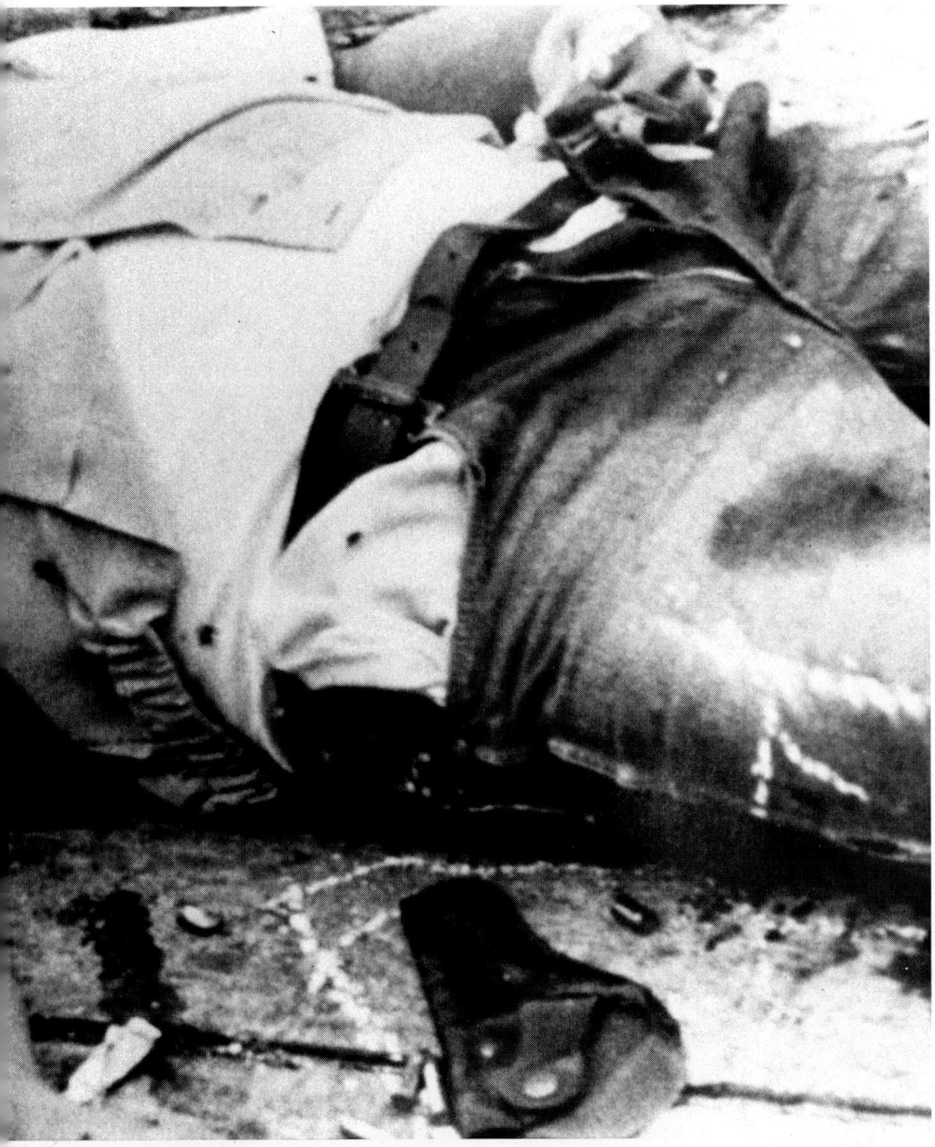

Bei der Suche nach den Hintermännern des Attentats geriet auch die Präsidenten-Gattin Imelda Marcos ins Zwielicht. Wahrscheinlicher aber ist die Verwicklung führender Militärs in die Affäre. Auf Anordnung von Generalstabschef Fabian Ver hatten Soldaten den heimkehrenden Oppositionsführer aus der Maschine und über eine Nebentreppe aufs Flugfeld eskortiert. Dort fielen die tödlichen Schüsse.

18 Jahre lang herrschte Ferdinand Marcos mit eiserner Hand über die Philippinen. Jetzt, da der 66jährige Präsident schwerkrank ist, sind heftige Kämpfe um seine Nachfolge entbrannt. Einer der aussichtsreichsten Kandidaten war der ermordete Aquino.

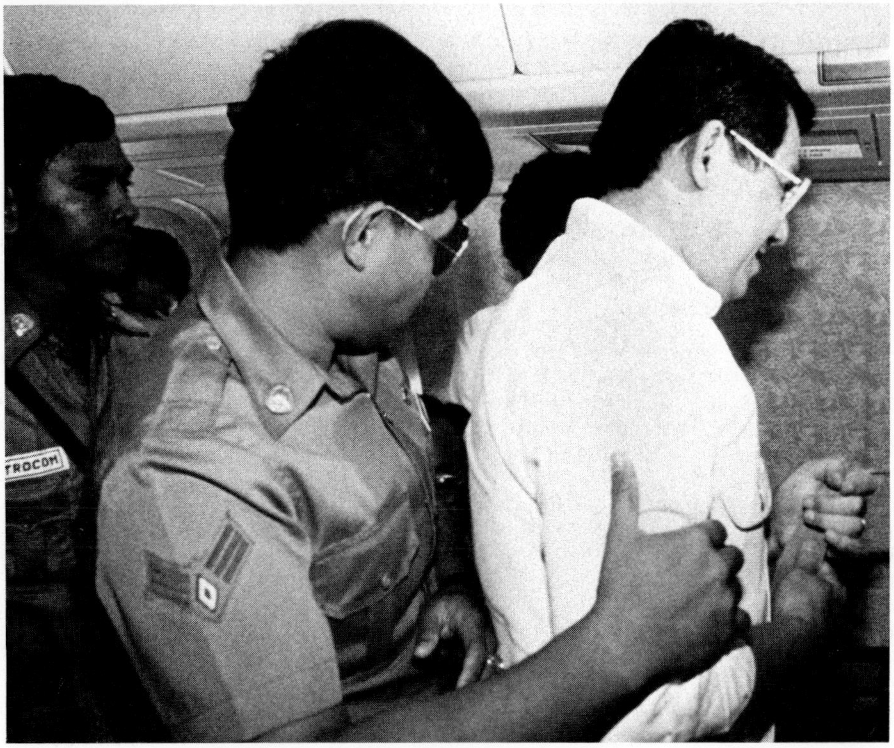

Eine Pilgerfahrt zwischen den Fronten

Es war der zweite Besuch in der Heimat, seit der Pole Karol Wojtyla im Oktober 1978 zum Nachfolger Petri und zum Oberhaupt aller Katholiken gewählt worden war. Als „Pilgerreise" hatte Johannes Paul II. hartnäckig dieses Unternehmen deklariert, weil 1983 das 600jährige Jubiläum der Schwarzen Madonna von Tschenstochau – dem polnischen Nationalheiligtum – gefeiert wurde. Doch als die fähnchengeschmückte Maschine der Alitalia am 16. Juni in Warschau landete, signalisierte nicht nur die Begrüßung durch Staatspräsident Jablonski, daß es sich um eine hochpolitische Reise handelte.

Wochenlang war zwischen Warschau und dem Vatikan über diese päpstliche Wallfahrt verhandelt worden. Der Kreml hatte wissen lassen, daß er strikt dagegen sei. Unter Polens regierenden Kommunisten war die Meinung gespalten. Die einen erhofften sich durch die Anwesenheit des Papstes eine Anerkennung des ungeliebten Regimes im Innern und eine günstige Wirkung nach außen. Würden nicht die Amerikaner endlich die Wirtschaftssanktionen gegen Polen ohne Gesichtsverlust aufheben können, wenn sich Johannes Paul II. und General Jaruzelski unter den Augen der Weltöffentlichkeit – 900 Journalisten begleiteten den Papst – die Hand reichten? Die anderen warnten, daß die Anwesenheit des polnischen Papstes in seiner Heimat gefährliche Emotionen wachrufen und der verbotenen Gewerkschaft Solidarnosc neuen Auftrieb und Rückhalt geben würde.

Die Warner schienen recht zu behal-

Gottesdienst in der Pferderennbahn von Wroclaw (Breslau): Wieder sind es vor allem junge Menschen, die dem Papst zujubeln und durch rhythmisches Klatschen die Emotionen hochbringen. Johannes Paul II. erinnerte in seiner Predigt an die hl. Hedwig, Tochter eines bayerischen Fürsten. Ihre Person stehe für die Idee der „wechselseitigen Verständigung und Versöhnung in Übereinstimmung mit dem Recht einer Nation auf internationale Gerechtigkeit und auf Frieden".

ten. Während der Papst sich in der Residenz des polnischen Primas zur Ruhe begibt, bricht in Warschau die größte Demonstration seit der Verhängung des Kriegsrechts im Dezember 1981 aus. Der Miliz, die überall postiert ist, ruft die Menge zu: „Heute wird nicht geschlagen, heute gehören wir dem Papst." Solidarnosc-Rufe werden laut. Doch dann verlaufen sich die Menschen, ohne daß es zu Auseinandersetzungen kommt.
Es ist auch an den folgenden Tagen nicht zu übersehen, daß die Polen, indem sie diesen Besuch zu einem Triumphzug machen, überdeutlich zeigen, wo ihre Sympathien liegen. Millionen sind es, die zu den Messen erscheinen, die der Papst hält. Ein Meer von weiß-roten Fahnen ist immer dabei, Spruchbänder mit „Solidarnosc"-Aufschriften und sogar Abordnungen der verbotenen Gewerkschaft, die in Reih und Glied auftreten und für alle sichtbar vor dem Altar stehen. Pfeifkonzerte brechen los, sobald sich Vertreter der Staatsgewalt zeigen.
Die Regierung wird unruhig, beschwert sich laut über die propagandistischen Effekte dieser Reise. Der Papst versucht die Ovationen, die seine Predigten ständig unterbrechen, immer deutlicher zu dämpfen. Doch er scheut sich wiederum nicht, zwei Ordensleute seligzusprechen, die 1863 am Kampf gegen die russische Fremdherrschaft teilgenommen haben. Er fordert einen „wirklichen Dialog" zwischen Regierung und Volk, kommt andererseits dem Warschauer Regime entgegen, indem er diesmal auch Schlesien bereist.
Eine Frage wird erst gegen Ende der Reise beantwortet: Wo und wie werden der Papst und der Gewerkschaftsführer Lech Walesa zusammentreffen? Wird der Papst-Besuch die Rückkehr des Elektrikers von der Danziger Lenin-Werft in die polnische Politik bedeuten? Es war wohl eher der endgültige Abschied, denn die beiden be-

Im Belvedere in Warschau treffen sich der Papst und der kommunistische Regierungschef. Mit ungewöhnlich offenen Worten wirbt General Jaruzelski um Verständnis für seinen Kurs: „Man sagt, Polen leidet. Doch wer denkt an die enormen Leiden, die Qualen und Tränen, die vermieden werden konnten?" Am Abend ziehen Tausende durch Warschau. In Sprechchören verlangen sie die Freilassung der politischen Gefangenen und die Wiederzulassung von „Solidarnosc". Die Miliz greift nicht ein.

rühmtesten Polen trafen sich fern von allen Journalisten und neugierigen Beobachtern heimlich im südpolnischen Wintersportort Zakopane.
Am Abend zuvor hatte ein nicht geplantes zweites Treffen zwischen Papst und Parteichef stattgefunden. General Jaruzelski flog nach Krakau und kam mit Johannes Paul II. auf dem Wawel, der alten Burg der polnischen Könige, zusammen. Offenbar wollte der Regierungschef die zunehmende Kritik in den eigenen Reihen an dieser Reise damit zum Schweigen bringen. Als nach der Begegnung die Menschenmenge dem Papst zurief „Was hast du auf dem Wawel getan?", erhielt sie keine Antwort.
Zehn Tage Hochstimmung, zehn Tage „Ausnahmezustand". Als die Papstmaschine am 26. Juni Kurs auf Rom nahm, waren die Polen mit ihren zahlreichen Sorgen und drängenden Problemen wieder allein.
Die nach wie vor schlechte Versorgungslage und die beim geringsten Anlaß hart durchgreifenden Staatsorgane dämpften die Widerstandsbereitschaft der Polen: Im Dezember, beim Gedenktag zum Aufstand der Danziger Arbeiter von 1970 und dem zweiten Jahrestag der Erklärung des Kriegsrechts im Lande, kam es nur noch vereinzelt zu Demonstrationen und kurzen Arbeitsniederlegungen.

Lech Walesa, der Elektriker aus Danzig, ist zum Symbol eines ganzen Volkes geworden. Seine Treue zur katholischen Kirche, die ihm geistliche und geistige Berater zur Seite gestellt hat, steht außer Frage.

So groß ist seine Popularität, daß das Warschauer Regime ein gemeinsames öffentliches Auftreten von Walesa und dem Papst verhinderte. Beide trafen sich heimlich und ohne daß ein einziges Bild gemacht wurde im Wintersportort Zakopane.

Drei finstere Dadaisten

Musiker-Stars der Neuen Deutschen Welle präsentieren, was Designer-Stars den Männern als neue Mode anboten: die Schwarze Welle. Schwarzes aus Leder und Chintz, Schwarzes aus Tuch und Trikot und aus Gummi. Das Trio von „Trio" sah nur modisch schwarz, denn die drei müssen überhaupt nicht Trübsal blasen. Es geht ihnen Gold – dank „Da da da".

Die Formel-1-Radler

Seit der außerirdische Filmgnom E.T. auf einem Zwergrad vor den Erwachsenen gerettet wurde, sind „Bicycle-Motocross"-Fahrräder, kurz BMX genannt, die große Renn-Masche der Fünf- bis Zwanzigjährigen. Die Hersteller halten sich viele der 1500 Jungs mit Renn-Lizenz als Werksfahrer. Bei Meisterschafts- und Pokalwettbewerben auf den 25 deutschen Spezialbahnen mit Steilkurven, Sprunghügeln und künstlichen Bodenwellen geht es für die Sieger bereits um Prämien und Sachpreise von Sponsoren. Denn BMX-Läufe sind werbewirksam und publikumsträchtig. Schon beim Start, wenn sich die Fahrer mit beiden Beinen in die Pedale stemmen und die Vorderräder mit voller Kraft gegen das Startgatter pressen, kommt es oft zu spektakulären Stürzen.

TEAM

Fast wie ein Flugzeug

Die jahrelangen Kinderkrankheiten der US-Raumfähre sind vergessen: Jetzt fliegt sie fast so regelmäßig wie ein Verkehrsflugzeug. Nur die Farmer rund um Cape Canaveral sind noch nicht zufrieden: Sie fürchten um ihre Zitrus-Plantagen. Der kilometerlange Rauchschweif aus den Feststoffraketen erzeugt bei hoher Luftfeuchtigkeit sauren Regen.

Beim neunten Flug der US-Raumfähre im November flogen erstmals sechs Mann gleichzeitig mit dem deutschen Himmelslabor „Spacelab" in die Umlaufbahn. Während ihres zehntägigen Weltraum-Ausfluges stellten sie sich zu einem Gruppenfoto – der Einfachheit halber Kopf an Kopf, da es in der Schwerelosigkeit kein oben und unten gibt. Im Uhrzeigersinn von unten links: Ulf Merbold, Owen Garriott, Brewster Shaw, Byron Lichtenberg, Robert Parker und John Young. Im Juni 1983 war die erste Amerikanerin im All: die „Mis-

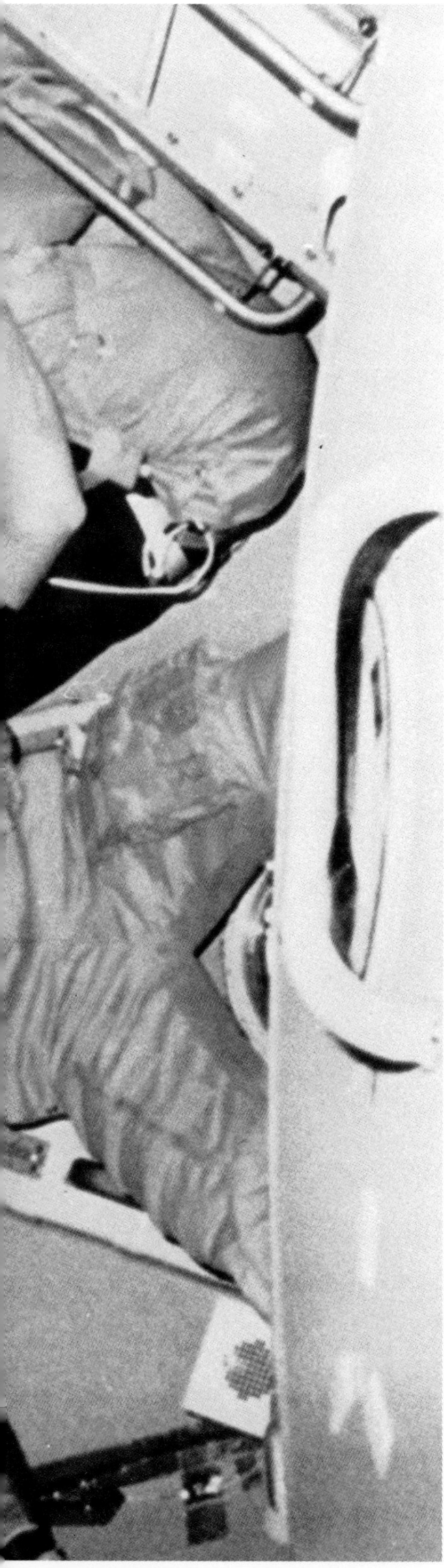

Alltag im Weltall

Auch ein Beweis für die Wandlung der Raumfahrt zum alltäglichen Transportbetrieb: Im Juni schickte Amerika seine erste Frau ins All, die „Missionsspezialistin" Sally Ride. Sie hatte mit der Führung des Raumschiffs nichts zu tun, sondern kümmerte sich um das einwandfreie Funktionieren der Bordsysteme. So setzte sie den in Deutschland gebauten Satelliten „SPAS 01" aus und holte ihn, wie ihre Crew-Kameraden bezeugten, „gefühlvoll" wieder an Bord. Im November beförderte die NASA den ersten bundesdeutschen „Nutzlast-Spezialisten" in die Umlaufbahn, Dr. Ulf Merbold. Der Werkstoff-Wissenschaftler tat zehn Tage lang Dienst in dem von der Bundesrepublik gebauten Himmelslabor „Spacelab". Zehn Jahre Arbeit und zwei Milliarden Mark stecken in der sieben Meter langen Blechtonne. Obwohl einige der 72 geplanten Experimente mißlangen, wurde der Erstflug von Spacelab zum überwältigenden Erfolg. Erstmals konnten erfahrene Wissenschaftler, Merbold und sein US-Kollege Byron Lichtenberg, die einzigartigen Bedingungen in der Erdumlaufbahn zu systematischen Forschungen nutzen. Die insgesamt sechsköpfige Crew brachte 20 Millionen Fotos und zwei Trillionen Versuchsdaten zur Erde zurück. Nach der Landung wechselte Spacelab allerdings den Besitzer. Als Entgelt für den Transport in den Weltraum dürfen die Vereinigten Staaten vertragsgemäß die Milliarden-Tonne behalten. Europäische Forschungsinstitute sind in diesem Punkt einer Meinung: „So einen Vertrag würden wir heute nicht mehr machen."

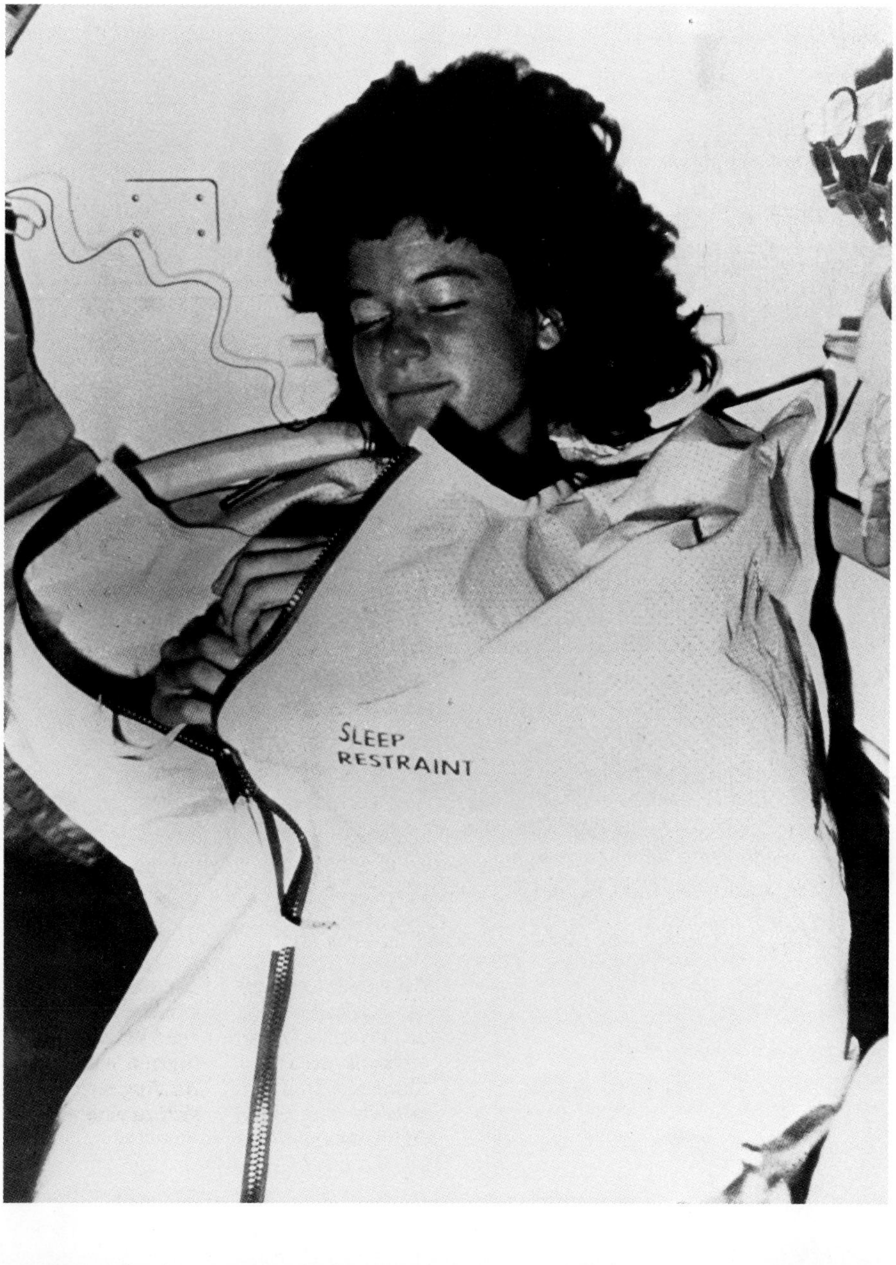

sionsspezialistin" Sally Ride. Die Nasa hatte ihr in der 37 Meter langen Raumfähre einen abgetrennten Schlafplatz eingerichtet. Die Astronauten ruhen in Schlafsäcken, die mit Haltebändern im Raumschiff befestigt sind, damit sie in der Schwerelosigkeit nicht davonschweben.

In ihrem 18 Meter langen Laderaum könnte die Raumfähre gut einen Bus transportieren, denn er wurde für militärisches Sperrgut bemessen: für die 15 Meter langen und elf Tonnen schweren Aufklärungssatelliten „Big Bird". Für zivile Kunden ist der Laderaum viel zu groß, so daß die NASA dazu überging, auf einem Flug gleich mehrere Satelliten auszusetzen. Mit einem Greifarm kann die Besatzung Satelliten auch wieder einfangen, was die Sowjets sehr beunruhigt. Im April testeten die beiden Astronauten Story Musgrave und Donald Peterson die neuen und bequemeren Raumanzüge der NASA: Sie turnten im offenen Laderaum herum. Sicherungsleinen verhinderten, daß sie in den Weltraum davondrifteten.

Selbstmord vor der Kamera

Zwei Stunden lang harrte Pressefotograf Peter Bradt vor dem Haus in Wichita Falls in Texas aus. Ein Mann in dem Gebäude, so hieß es im Polizeifunk, habe Frau und Kind zu Geiseln genommen. Schwerbewaffnete Polizisten waren ringsum aufmarschiert und überredeten den Geiselnehmer geduldig zur Aufgabe. Seine Frau kam heraus, das Kind an der Hand. Dann folgte Chester Simpson, der mutmaßliche Geiselnehmer – mit einer großkalibrigen Jagdflinte im Arm. „Ich dachte, er würde auf jemanden schießen", berichtet der Fotograf. „Aber Simpson drehte die Flinte ganz ruhig um und richtete die Mündung auf die eigene Brust. Himmel, dachte ich, der Kerl will sich selbst erschießen." Der Fotograf löste seine Motorkamera aus und ließ sie rattern. Ein Schuß krachte, die Flinte sprang vom eigenen Rückstoß senkrecht in die Luft, und Simpson sank zusammen. Er war sofort tot. Eine Flinte im Kaliber 12 verschießt ein 36 Gramm schweres Paket von Bleikugeln. Rund 200 Schrotkugeln müssen sein Herz regelrecht zerfetzt haben. „Soweit ich weiß, wurde ein Selbstmord wie dieser noch nie fotografiert", kommentiert der Reporter seine auch in Amerika umstrittenen Bilder. Der Selbstmörder war nervenkrank. Er handelte, vermutet die Polizei, in einem Anfall geistiger Verwirrung.

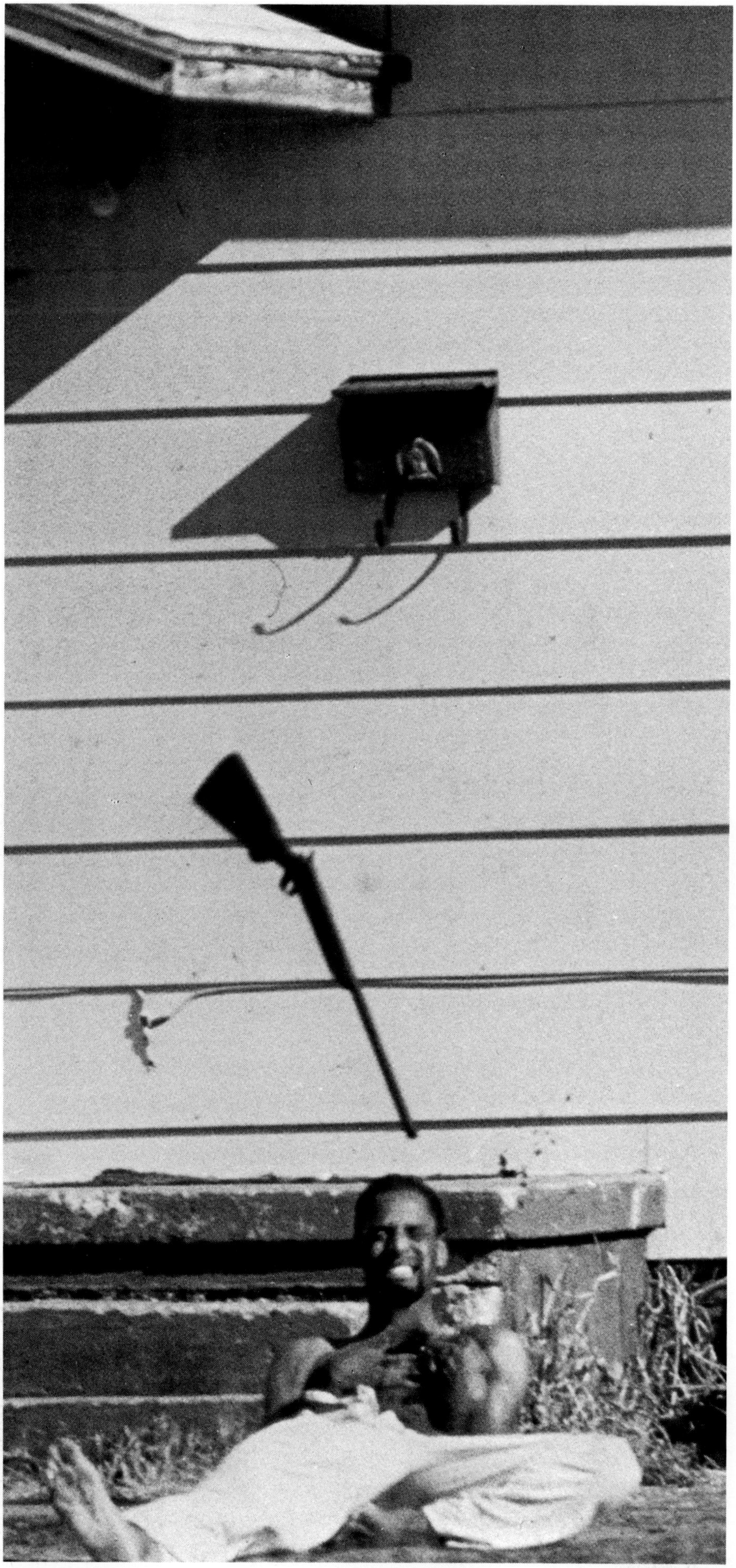

Der Super-Sommer

In Hamburg war es wärmer als in Neapel, in Frankfurt heißer als in Madrid. Die Bundesbürger erlebten einen Sommer wie lange nicht. Cafés räumten die Tische auf die Straße, in Gartenlokalen war kein Platz mehr frei. Die Deutschen entdeckten das Leben im Freien, zogen mit Kind und Grill ans Wasser und spielten Italien. Sie genossen die Sonne und boten was für Genießer: Soviel nackte Haut gab's hierzulande noch nie zu sehen.

Unter die Haube gekommen

Die Familie Hinchliffe im englischen Pershore ist vor Heuschnupfen sicher. Vater Hinchliffe hat endlich einen wirksamen Schutz gegen die lästige Allergie erfunden. Da er als Gärtner arbeitet, war bei ihm eine intensive Beziehung zu dem Problem gegeben. Denn Blütenstaub und pflanzliche Partikel in der Luft sind die Erreger dieser Erkrankung von Bindehaut- und Nasenschleimhaut, an der viele Menschen in den Sommermonaten leiden. So kam Richard Hinchliffe auf die Idee, Heuschnupfen-Gefährdete unter eine Kugel zu setzen. Zu dem schmucken Kopfschutz, der dicht und durchsichtig ist, gehört ein kleiner Motor. Der bläst durch einen Schlauch — unaufdringlich auf dem Rücken zu tragen — fein gefilterte, absolut pollenfreie Luft zum Atmen unter die Glocke. An Hunderten von Versuchspersonen hat der geniale Gärtner in der Grafschaft Worcester seine neue Methode bereits erprobt. Und bei jedem Leidenden sei nach spätestens 20 Minuten deutliche Linderung eingetreten, sagt er. Für lumpige 400 Mark soll Hinchliffes Heuschnupfen-Helm bereits zu haben sein.

Voll ruht der See. Als die Surfer zur Mittagspause die Ufer besetzten, war an den bayerischen Gewässern kein Platz mehr zu haben.

Dieses Mini-Eiland an der Nordseeküste hatten zwei ganz frei bezogen – bis die Flut kam.

Mit Wasserwerfern wurde öffentliches Grün begossen. Bei Bullenhitze waren Passanten mal dankbar, wenn sie von Polizisten was abkriegten.

Mitten in einem Wasserfall des Berliner Stadtteils Kreuzberg machten Türken Picknick mit gebratenem Hammelfleisch vom Spieß.

Ein gebrechlicher alter Mann, den Helfer beim Schritt über den Bordstein abstützen müssen – so zeigte sich der 69jährige Parteichef Jurij Andropow im Frühsommer in Moskau. Dann verschwand er monatelang von der Bildfläche. Zunächst hieß es offiziell, er leide an einer „Erkältung". Später gab Moskau keinen Kommentar mehr, obwohl Andropow als erster Chef von Staat und Partei sowohl bei der Parade zum Jahrestag der Oktoberrevolution als auch bei wichtigen Sitzungen des Zentralkomitees und des Obersten Sowjet fehlte. Nach westlichen Presseberichten litt der erste Mann der UdSSR an einer ernsten Nieren- und Herzerkrankung. Auf seine Machtstellung wirkte sich die Abwesenheit zunächst nicht negativ aus: Am 26. Dezember wählte das ZK zwei Gefolgsleute Andropows ins Politbüro.

Der Mann, der nie richtig da war

Als sich Jurij Andropow im November 1982 überraschend schnell als Nachfolger des verstorbenen sowjetischen Parteichefs Leonid Breschnjew durchsetzte, schien in Moskau die Zeit der Ungewißheit vorbei. Das Rätselraten über Verbleib und Gesundheitszustand des ersten Mannes im Kreml, das die professionellen Breschnjew-Beobachter jahrelang beschäftigt hatte, gehörte offenbar der Vergangenheit an. Denn Andropow wartete nicht lange, ehe er seine Akzente in der sowjetischen Innen- und Außenpolitik setzte, auch wenn er erst am 16. Juni das Amt des Staatsoberhaupts, Breschnjews zweitwichtigste Position, übernahm. Offen gestand er ein, daß die staatlich gelenkte Planwirtschaft der UdSSR unter „ernsthaften Schwierigkeiten" litt, vor allem bei der Konsumgüterproduktion. Er begnügte sich nicht mit den üblichen Appellen zur Sollerfüllung, sondern leitete scharfe Maßnahmen gegen Bummelei, Disziplinlosigkeit und Trunkenheit am Arbeitsplatz ein – bis hin zu Lohnkürzungen und Entlassung. Er ließ, wenngleich nur in wenigen Musterbetrieben, neue Modelle der Selbstverwaltung erproben und gestattete sogar Ökonomen milde Kritik an den Fehlentwicklungen der Planwirtschaft. Überdies zeigte der einstige Chef des Geheimdienstes KGB wieder Härte gegen Dissidenten und brachte die Ausreise von Juden zum Stillstand. Nach außen konzentrierte Andropow alle Bemühungen auf die Verhinderung der von den USA für Ende 1983 angekündigten „Nachrüstung" mit Mittelstreckenraketen in Westeuropa. Die Sowjetpropaganda stellte immer wieder neue Vorschläge, vom gegenseitigen „Gewaltverzicht" bis zur „Vernichtung" überzähliger SS-20-Raketen heraus, doch bei den Genfer Verhandlungen über Mittelstreckenwaffen mit den USA blieb Moskau hartnäckig bei seinem Ziel „null Nachrüstung". Vergeblich setzte Andropow auf einen Sieg des SPD-Kanzlerkandidaten Hans-Jochen Vogel, den er im Februar in Moskau empfing, bei den Bundestagswahlen. Da auch Amerika nicht zu möglichen Kompromissen bereit war, kam es schließlich zum Scheitern in Genf.

„Jetzt ist alles aus!" Mit diesen Worten verließ am 23. November der Sowjet-Unterhändler Julij Kwizinski (oben rechts) die Genfer Gespräche über Mittelstreckenraketen, auch wenn sich Schweizer Demonstranten aus Protest vor seinen Wagen legten. Eine Woche zuvor hatten die USA ihre ersten neuen Atomwaffen in England aufgestellt.

Als am Jahresende die ersten neuen US-Atomwaffen in England und in der Bundesrepublik eintrafen, erreichten die Beziehungen zwischen Moskau und Washington ihren tiefsten Stand seit 15 Jahren: Die UdSSR ließ alle Abrüstungsgespräche mit dem Westen platzen und drohte ihrerseits mit der Aufstellung neuer Nuklearraketen in der Tschechoslowakei und der DDR. Ungewöhnliche Schärfe herrschte im Umgangston zwischen den Supermächten. Reagan nannte die Sowjetunion „das Reich des Bösen", Andropow warf den Amerikanern die Verletzung „elementarer Normen des Anstands" vor – und der Abschuß eines südkoreanischen Linienflugzeugs durch sowjetische Jagdflugzeuge machte alles nur noch schlimmer. Zu diesem Zeitpunkt hatte in Moskau das alte Rätselraten wieder begonnen: Wo ist der Parteichef? Wie krank ist er? Am 18. August war Andropow, bei einem Empfang für US-Senatoren, zum letztenmal öffentlich aufgetreten. Da Moskau nur von „Erkältung" sprach, wucherten die Spekulationen: Ist Jurij Andropow, der so forsch angefangen hat, nur ein Mann des Übergangs, eine „Zwischenlösung"?

Frühling an der Newa

Wenn die sonst eher als prüde geltenden Sowjetbürger in der Öffentlichkeit ihre Hüllen fallen lassen, muß es dafür einen besonderen Grund geben: Frühling an der Newa beispielsweise. Mitten im März und im Windschutz einer Wand haben sich in Leningrad sommerliche Temperaturen entwickelt. So offenherzig, wie es der Sozialismus erlaubt, nutzen diese Sonnenanbeter die Gelegenheit, einen kleinen Vorschuß auf den Sommer zu nehmen. Wer weiß, vielleicht wird man, obwohl immer noch ein eiskalter Wind pfeift, schon ein bißchen braun. Also schnell die Augen zu und den Mantel auf. Bis Juli ist es noch weit, und die Mittagspause kurz. Und morgen schneit es möglicherweise wieder.

Beine bis zum Himmel

Der Deutsche Werner Uhlmann meldete 1953 ein tolles Ding zum Patent an – die Strumpfhose. Das Ding von damals ist inzwischen mächtig auf die Beine gekommen: fein, farbig und fantasievoll. Die Uhlmanns gehörten zum sächsischen Strumpf-Adel. Großvater Friedrich August Uhlmann gründete 1882 in Auerbach im Erzgebirge eine Strumpfwirkerei. Dessen Sohn, Otto Uhlmann, übernahm 1916 die Nachfolge. Unter seiner Leitung wurde aus dem kleinen Handwerksbetrieb in den 20er Jahren eine bekannte Markenartikel-Firma. 1945 wurde das Auerbacher Werk nach dem Einmarsch der Russen demontiert, Otto Uhlmann und sein Sohn Werner erst von den Kommunisten verhaftet, dann aus dem Gefängnis entlassen: Die Sowjets wollten den Juniorchef als Spezialisten für den Aufbau eines Strumpf-Kombinats östlich von Moskau einsetzen. Doch Werner Uhlmann setzte sich in den Westen ab. 1947 gründete er in Lippstadt die Uhli-Werke, 1949 brachte er die ersten Nylon-Strümpfe auf den deutschen Markt, vier Jahre später die Strumpfhose, 1955 holte er sich die erste Auslands-Lizenz für Strümpfe – vom Modekönig Christian Dior. Pionier Uhlmann wollte die Nr. 1 in der deutschen Feinstrumpf-Industrie werden. Weil ihm die Reserven fehlten, plante er eine Partnerschaft mit einem US-Textilriesen. Die Hausbank torpedierte das Vorhaben, kündigte die Kredite. Der Vertrag mit den Amerikanern wurde hinfällig, da ein US-Bundesgesetz amerikanischen Firmen Beteiligungen an illiquiden ausländischen Unternehmen verbietet. Uhlmann verkaufte deshalb Firma und Lebenswerk 1958 an eine andere Feinstrumpfmacher-Firma. Seiner Strumpfhosen-Erfindung von 1953 verhalfen die Avantgardisten des Konkurrenzunternehmens in den letzten 15 Jahren zum Siegeszug. Ihre Ideen färben auf die internationale Branche ab.

Tankerunglück

Bis in eine Höhe von 3000 Metern stiegen die öligen Rauchwolken, als Anfang August der spanische Riesentanker „Castillo de Bellver" vor der südafrikanischen Küste Feuer fing und auseinanderbrach. Die Ladung von 250 000 Tonnen Rohöl strömte ins Meer und setzte es über Hunderte von Metern in Flammen. Drei der 36 Besatzungsmitglieder kamen bei dem Unglück ums Leben.

Der Ölteppich trieb aufs Meer

Eine Ölpest riesigen Ausmaßes drohte dem Naturschutzgebiet in der Langebaan-Lagune an der südafrikanischen Küste, als Anfang August nur 125 Kilometer nördlich von Kapstadt der unter spanischer Flagge fahrende Supertanker „Castillo de Bellver" Feuer fing. Es breitete sich mit rasender Geschwindigkeit über das Schiff aus; dreieinhalb Stunden nach Ausbruch des Feuers gab der Kapitän Befehl, von Bord zu gehen. Die Männer trieben mehrere Stunden bei hohem Seegang in den Rettungsbooten, bis sie von Bergungsschiffen entdeckt und aufgenommen wurden. Binnen Stunden brach der vollgeladene Riesentanker auseinander. Ein großer Teil der Ladung von 250 000 Tonnen Rohöl strömte dabei ins Meer und bildete einen rund 1000 Quadratkilometer großen Ölteppich, der sich entlang der Küste hinzog und nur dank günstiger Wetterbedingungen schließlich mit dem Benguela-Meeresstrom in den Südatlantik driftete. Die öligen Rauchwolken des brennenden 300-Meter-Schiffs stiegen Tausende von Metern hoch und wurden landeinwärts geweht; über Gemüseplantagen und Schafherden senkte sich ein schmieriger Film.

Bergungsschlepper aus Kapstadt konnten zunächst wegen der Hitze nicht an das mit schwerer Schlagseite treibende Wrack heran. Einen Tag nach Ausbruch des Feuers versank das Heck. Das Vorschiff, das noch einen großen Teil der Ladung enthielt,

Ein Hubschrauber der südafrikanischen Marine setzt einen Sprengfachmann auf dem fast senkrecht aus dem Wasser ragenden Vorschiff des auseinandergebrochenen spanischen Supertankers „Castillo de Bellver" ab. Nach vielen Stunden Brandbekämpfung war es gelungen, den Bugteil des 334-Meter-Schiffes auf die hohe See zu schleppen, während das Heck nahe der Küste unterging. Mittels starker, von außen angebrachter Dynamitladungen wurden dann Löcher in die Bordwand gesprengt, so daß das Wrackteil versank.

drohte zunächst auf die Küste zuzutreiben. Schließlich konnten Schlepper es jedoch auf die offene See hinausschleppen, wo es in 3000 Meter tiefem Wasser gesprengt wurde.
Die Schadenssumme wird mit 175 Millionen Mark angegeben, die ökologischen Schäden an Fischgründen und Langustenbänken nicht mitgerechnet. Drei Besatzungsmitglieder kamen ums Leben. Die Kaproute gehört zu den meistbefahrenen Schiffahrtswegen der Welt. Pro Jahr passieren 30 000 Schiffe das Kap der Guten Hoffnung.

Der größte Teil der Rohölladung allerdings liegt noch immer in seinen Ladetanks und wird über Jahre hinweg die Fischgründe und Langustenbänke gefährden.

Falken, die nur Erster Klasse fliegen

Sie sind die bestumsorgten Fluggäste der Welt: die Falken des Scheichs Rashid bin Said al Maktoum von Dubai. Die seltenen Vögel reisen in einem privaten Langstrecken-Flugzeug ihres Herrn, begleitet von Pflegern, die ihre wertvollen Passagiere nicht aus den Augen lassen. Damit die Tiere nicht unruhig werden, bekommen sie eine Haube über den Kopf. Zur Jagd abgerichtete Falken sind das Hobby vieler Scheichs in den Ländern am Persischen Golf. Nicht erst seit dem Ölreichtum, sondern seit vier Jahrtausenden schon vergnügen sich die Mächtigen im Morgenland mit der Beizjagd. Für einen der selten gewordenen Ger-, Saker- oder Wanderfalken zahlen sie bis zu 30 000 Mark. Einmal im Jahr fliegt der Scheich von Dubai mit seinen 80 Vögeln im Privatjet nach Pakistan. Dort lebt die Kragentrappe, das liebste Beutetier der arabischen Falkner. Sechs Wochen lang dürfen dann ihre schnellen Greife fette Beute machen.

EMERGENCY EXIT

Die Falken kommen wieder

Um die Wanderfalken in Amerika stand es schlecht. Wie in Europa waren sie beinahe ausgerottet. Und die letzten 25 Paare, die es in dem riesigen Land zwischen Atlantik und Pazifik vor 15 Jahren noch gab, konnten keine Jungen mehr aufziehen. Von Rückständen des Pflanzenschutzmittels DDT waren die Tiere so verseucht, daß die Schalen der Eier brachen oder die Embryos schon vor dem Schlüpfen starben. Dann starteten die Amerikaner ein Rettungsprogramm. Wissenschaftler holten frischgelegte Falkeneier aus den Horsten und ließen sie im Labor künstlich ausbrüten. Danach begann der schwierigere Teil: Die Küken mußten von Menschen aufgezogen werden, ohne sich dabei an Menschen zu gewöhnen. Denn die Tiere sollten ja, sobald sie alt genug waren, in die Wildnis ausgesetzt werden und sich dort wie natürlich aufwachsende Falken verhalten. Da kamen die Biologen der Universität von Santa Cruz in Kalifornien auf den Trick mit der Attrappe. Sie bastelten einen Handschuh mit Falkenkopf und konnten so mit getarntem Finger den Jungtieren ihr Futter beibringen. Das Experiment gelang. In den Vereinigten Staaten leben heute schon wieder über 250 Wanderfalken in freier Wildbahn.

Dreimal durch die Hölle und zurück

An der Strandpromenade von Nizza stürzten sich im September 206 Männer und 15 Frauen zur ersten, allerdings noch inoffiziellen Triathlon-Weltmeisterschaft in die Fluten des Mittelmeeres. Nach einem Non-Stop-Dreikampf aus drei Kilometer Schwimmen, 120 Kilometer Radrennen und 32 Kilometer Langstreckenlauf wankte der Amerikaner Mark Allen als erster über die Ziellinie. Sechs Stunden, vier Minuten und 51 Sekunden benötigte der ehemalige Rettungsschwimmer aus Kalifornien – vier Minuten weniger als sein Landsmann Dave Scott, der dreimalige Sieger des traditionellen Triathlon von Hawaii. Auf der Pazifikinsel wurde vor sechs Jahren die Idee zu diesem härtesten Wettkampf der Welt bei einer Biertischwette geboren. Heute stellen sich schon mehr als 350 000 Amerikaner dieser Herausforderung an ihre sportliche Leistungs- und Leidensfähigkeit. Und die Europäer ziehen nach. Zum ersten deutschen Triathlon gingen im Juli bereits 227 Amateure in Immenstadt im Allgäu an den Start.

Die Wälder brannten

**Auf Korsika wütete die schlimmste Feuersbrunst, die die Insel je erlebt hatte. Tagelang flogen die Männer der französischen Luftfeuerwehr ihre Einsätze.
Mit ihren Propellermaschinen nahmen sie Wasser aus dem Meer auf, jagten zum Brandherd, kippten die Ladung von fünf Tonnen Löschwasser in die Glut und füllten erneut die Tanks. Bei ihrem gefährlichen Job kämpften die Piloten nicht etwa gegen unabänderliche Naturgewalten.
Die meisten Feuer entstehen durch Brandstiftung. Ganze Wälder gehen in Flammen auf, weil Großgrundbesitzer auf diese Weise die geschützten Gebiete in lukratives Bauland umwandeln. Und immer häufiger werden Brände von Leuten gelegt, die – wie ein festgenommener deutscher Tourist gestand – „mal die fliegende Feuerwehr im Einsatz sehen" wollen.**

Es war einmal ...

Die „Hanskühnenburg” steht 811 Meter über dem Meeresspiegel auf dem „Acker”, einem Gebirgszug im Oberharz nahe der Sösetalsperre. Das Gasthaus mit seinem massigen Turm ist ein beliebtes Ausflugsziel; hier finden Wanderer unter Hirschgeweihen und vorm Kamin Erholung bei Kräuterschnaps und Erbsensuppe. Als vor elf Jahren dieses Foto entstand, lag die Herberge noch idyllisch versteckt im dunklen Fichtenwald. Damals redete noch niemand vom Waldsterben.

... ein Wald

Heute steht die „Hanskühnenburg" auf einer kahlen Kuppe. Die Luftverschmutzung hat die Fichten krank gemacht; Trockenheit, Wind und Borkenkäfer haben dem angegriffenen Baumbestand den Rest gegeben. Überall in der Bundesrepublik stirbt der Wald mit furchterregender Geschwindigkeit. Nach einer Erhebung des Bonner Landwirtschaftsministeriums vom Oktober sind bereits 34 Prozent des deutschen Waldes krank. Damit hat sich die Schadensfläche gegenüber dem Vorjahr vervierfacht.

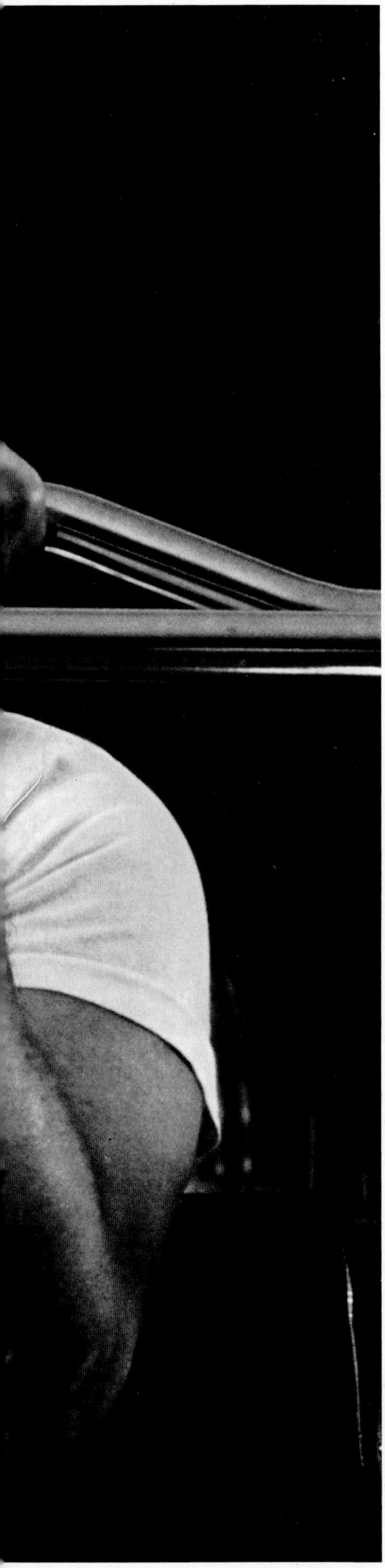

Reagan aus der Asche

Die Prognosen für das dritte Amtsjahr von Ronald Reagan waren durchgängig schlecht. Die Arbeitslosenzahl lag Anfang des Jahres bei der Rekordhöhe von zwölf Millionen. Für das versprochene wirtschaftliche Wachstum gab es nicht einmal Anzeichen. Kein Wunder, daß Reagan bei den Meinungsumfragen die geringste Zustimmungsquote aller US-Nachkriegspräsidenten erhielt.

Die Frage, ob sich Reagan im November 1984 zur Wiederwahl stelle, schien rhetorisch. Mit welcher Bilanz wollte er antreten? Seine Wirtschaftspolitik, eine Mixtur aus Steuerkürzungen und Streichungen bei den staatlichen Sozialprogrammen, produzierte statt Aufschwung größere Haushaltsdefizite. Und seine Politik der Stärke, erst aufrüsten und dann mit den Sowjets über Abrüstung verhandeln, hatte nicht nur die Beziehungen mit Moskau belastet, sondern in Europa eine „Friedensbewegung" entstehen lassen, deren Demonstrationen in Paris, Bonn und London Hunderttausende auf die Straße brachte.

Binnen zwölf Monaten hat sich das Bild völlig verändert. Nie war Ronald Reagans Popularität größer. Gegenüber den aussichtsreichsten Präsidentschaftskandidaten der demokratischen Partei, Walter Mondale und John Glenn, führt er in allen demoskopischen Untersuchungen mit weitem Abstand. Hieß es im Januar 1983: „Wie lange kann sich dieser Präsident noch halten?", so lautete die Frage im Dezember: „Wer kann Reagan stoppen?"

Der wesentliche Grund für den Stimmungsumschwung ist die leichte Besserung der wirtschaftlichen Lage. Noch immer sind mehr als zehn Millionen Amerikaner ohne Arbeit, die meisten davon Schwarze, doch die Talfahrt in die Katastrophe scheint beendet. Bei einem moderaten Wachstum insgesamt verzeichnen das Baugewerbe und die Automobilindustrie die besten Zwischenergebnisse. Wer trotz relativ hoher Zinsraten ein Haus baut oder ein Auto kauft, der muß mit Optimismus in die Zukunft blicken.

Mögen auch andere Faktoren wie die niedrigen Erdölpreise und der hohe Dollarwert ihren Anteil an der wirtschaftlichen Wende haben, für Präsident Reagan gründet sich der Erfolg allein auf die Tatsache, daß er „Kurs gehalten" hat. Und wer wie sein oberster Wirtschaftsberater Martin Feldstein vor den Folgen des ständig wachsenden Haushaltsdefizits warnt, dem legen Reagans Mitstreiter aus dem Weißen Haus den Rücktritt nahe.

Doch mehr noch als der eher herbeigesehnte denn tatsächlich spürbare Aufschwung hat ein außenpolitisches Abenteuer die Popularität Reagans sprunghaft steigen lassen: Die US-Invasion auf Grenada. Mit der Vertreibung des diktarischen Linksregimes des Generals Austin gelang Reagan etwas, auf das er fast drei Jahre hatte warten müssen, ein außenpolitischer Erfolg. Reagans Friedensinitiative für den Nahen Osten brachte statt der erhofften Aussöhnung zwischen den Arabern und Israel fast 250 US-Soldaten den Tod. In Mittelamerika konnten die USA weder mit militärischem Druck das Regime der Sandinistas in Nicaragua disziplinieren, noch mit Milliarden-Hilfe in El Salvador eine Regierung installieren, die das Wort demokratisch verdient. Bei den Verhandlungen mit der Sowjetunion über die Begrenzung von Mittel- und Langstreckenraketen zeichnete sich bereits Mitte des Jahres ab, daß es zu keinem Kompromiß und damit zu keiner Vereinbarung kommen werde.

Das düstere Stimmungsbild änderte sich mit dem Schlag gegen den Karibik-Zwerg. Mochten auch die Begründungen für das Landeunternehmen mehrfach wechseln – mal war die Sicherheit der auf der Insel anwesenden Amerikaner bedroht, mal mußte Washington dem Ausbau einer roten Waffenbasis zuvorkommen, der innenpolitische Erfolg gab dem Präsidenten recht. Vergeblich meldeten aus Europa die Verbündeten Bedenken gegen den Einfall an: Die Demonstration der Stärke tat der amerikanischen Seele gut.

Ronald Reagan war als Präsident nie populärer als Ende 1983. Seit dem US-Einmarsch auf Grenada geht eine Welle nationalen Hochgefühls durch Amerika. Stärke ist Trumpf, und die Arbeit an Gewichten mehr als ein Freizeitvergnügen. Jeden Tag trainiert der 72jährige

Ronald Reagan im Fitneß-Raum des Weißen Hauses. Sein Brustumfang hat sich seit dem ersten Amtstag am 20. Januar 1981 um fünf Zentimeter vergrößert. Mit dem Befund, Reagans Gesundheit sei bemerkenswert, schreiben ihn die Ärzte tauglich für die Wiederwahl.

Älter als ihre Mannschaft

Ein See-Ungeheuer aus grauer Vorzeit tauchte 1983 in der US-Flotte auf: das 270 Meter lange Schlachtschiff „New Jersey". Zusammen mit drei Schwesterschiffen („Iowa-Klasse") lag es seit dem Zweiten Weltkrieg eingemottet an der Pier. Präsident Reagan ließ den Veteranen für eine Milliarde Mark entmotten und modernisieren – unter anderem mit Marschflugkörpern vom Typ „Tomahawk" (rechts ein Probestart). Die Schwesterschiffe, durchweg älter als ihre Mannschaften, folgen in den nächsten Jahren. Sie sollen vor allem der Dritten Welt imponieren. „Nichts ist eindrucksvoller als ein Schlachtschiff mit seinen mächtigen Kanonen am Horizont", ließ sich ein General der US-Marineinfanterie vernehmen. Die 41-Zentimeter-Granaten, eine Tonne schwer, ähneln in

ihrer Wirkung der berüchtigten „Exocet"-Rakete. Doch im Gegensatz zu filigranen Zerstörern können die schwer gepanzerten Veteranen Treffer vom Kaliber der Exocet mühelos wegstecken. Selbst eine Atomexplosion in 600 Meter Entfernung setzt sie, wie ein Test im Juli 1946 ergab, nicht außer Gefecht. Dennoch ist die Wiederbelebung der 40 Jahre alten Monster in den USA umstritten. Sie gleicht, so spottet die Zeitschrift „Newsweek", „dem Versuch, das Heer zu reformieren, indem man General Custer ausgräbt."

Glanz, Glitter und Oberflächlichkeit sind Begriffe, die zum Image der Präsidentengattin Nancy passen. Daß sie auch ganz anders sein kann, bewies sie bei Besuchen von Kinderheimen und im Gespräch mit Drogenabhängigen. Doch der Eindruck, solche Begegnungen seien vorher jeweils auf ihre Publikumswirksamkeit abgeklopft, verstärkt sich noch durch Berichte und Bilder aus Nancys Privatleben. Da setzt sich die First Lady schon mal für die Fotografen aufs Schaukelpferd. Die fröhlich gestellte Pose sollte zugleich Gerüchte widerlegen, wonach die Präsidentengattin an Krebs erkrankt sei und dramatisch an Gewicht verloren habe. Sollte es tatsächlich um Nancys Gesundheitszustand Probleme geben, darüber sind sich Insider in Washington sicher, könnte dies noch in letzter Minute den Präsidenten zum Verzicht auf die Wiederwahl bewegen.

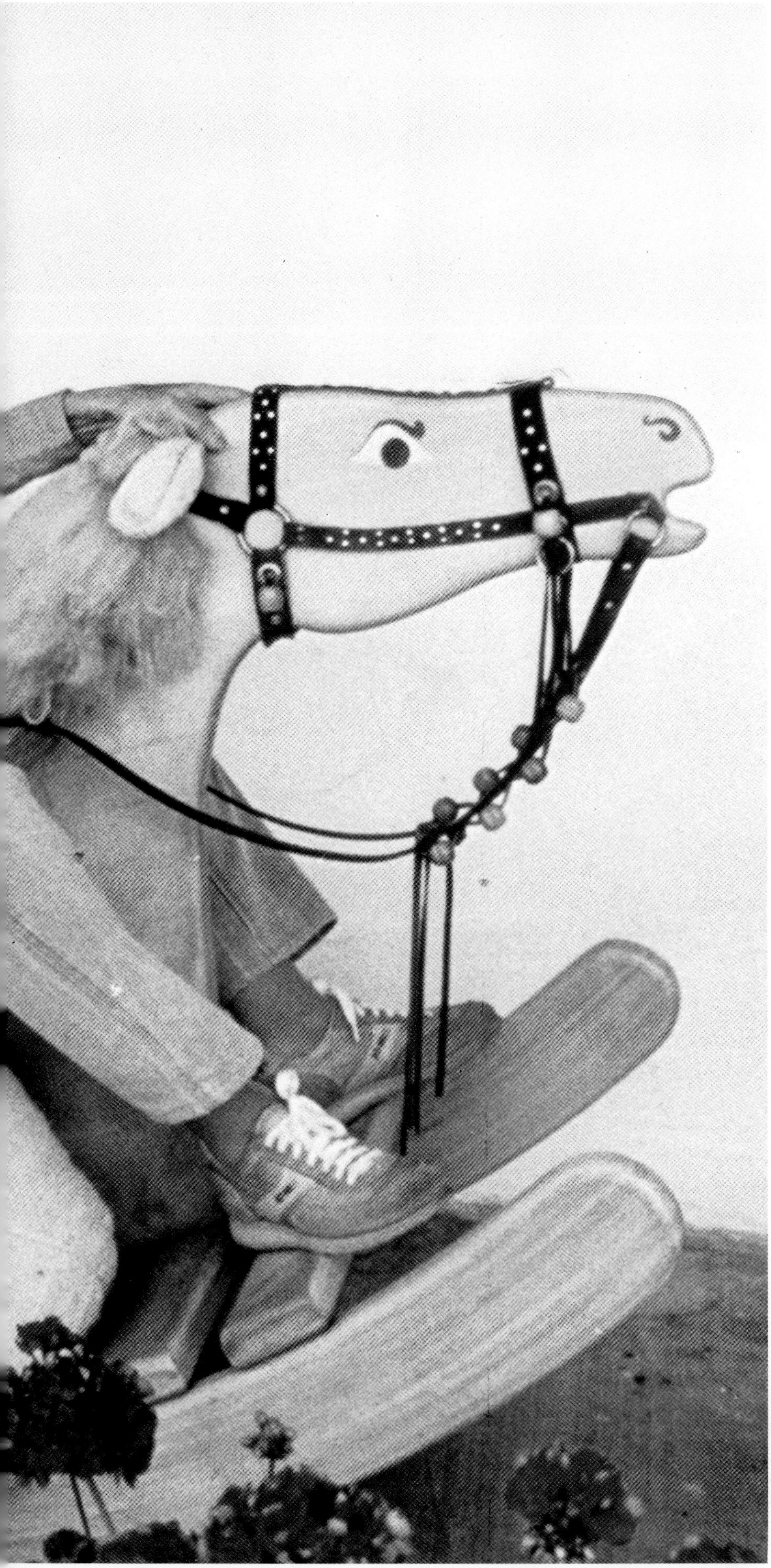

„Wir werden uns nicht länger in der Welt herumstoßen lassen", das hatte Reagan bei seinem Amtsantritt noch unter dem Eindruck der Geiselnahme der US-Botschaftsangehörigen in Teheran und Jimmy Carters hilflosen Protesten versprochen. Jetzt konnte er es beweisen. „Den Vorwurf, daß wir wankelmütig wären, kann uns niemand mehr machen", freute sich Vizepräsident George Bush in einem STERN-Interview.

Vergessen waren, wenigstens für die letzten Wochen des Jahres 1983, alle Berichte über die Diadochenkämpfe der engsten Berater in Reagans Umgebung. Vergessen war, daß Reagans treuester Verbündeter im Kabinett, der stockkonservative Innenminister James Watt, seinen Posten hatte räumen müssen, nachdem er mit einer flapsigen Bemerkung bei einer Pressekonferenz Juden, Neger und Behinderte beleidigt hatte.

Dabei hat sich der in der Gunst plötzlich so hoch gestiegene Reagan um keinen Deut geändert. Sein Interesse für Probleme und Konflikte ist nach wie vor begrenzt. Nur einmal im Monat wagen die Experten vom nationalen Sicherheitsrat, ihm ein Memorandum vorzulegen, das mehr als zehn Seiten umfaßt. Doch wenn er in seinen Reden Falsches verbreitet – über Leonid Breschnjew, den Erfinder des „Nuclear Freeze" oder Alaska, wo angeblich mehr Öl als in Saudi-Arabien lagert –, dann stört sich allenfalls noch ein Leitartikler der „New York Times" daran, das breite Publikum hat seinen Frieden mit dem „großen Kommunikator" gemacht. Kaum einer muckt noch auf, wenn die Präsidentengattin Nancy ausgerechnet jenen Drogensüchtigen Unterstützung verspricht, deren Hilfsprogramme durch die von ihrem Gatten durchgesetzten Kürzungen drastisch reduziert wurden. Obwohl sich Reagan Bedenkzeit bis Ende Januar 1984 erbeten hat, laufen die Vorbereitungen für seine Wiederwahlkampagne bereits auf Hochtouren. Hatte Anfang des Jahres Nancy Reagan signalisiert, sie fühle sich im Weißen Haus nicht wohl, ist jetzt davon nichts mehr zu hören. Im Gegenteil: Mit Reisen zu sozialen Institutionen in mehreren US-Staaten versucht die „First Lady" den Eindruck zu widerlegen, daß es den Reagans an Mitgefühl für die Zukurzgekommenen mangelt.

Der Sieger des Jahres

Die „Australia II" wurde zum Segelstolz des fünften Kontinents, als sie den seit 132 Jahren sieggewohnten Amerikanern die begehrteste Trophäe der Welt abjagte, den America's Cup. Vierzig Millionen Mark hatte es sich Schiffseigner Alan Bond kosten lassen, ehe seine Yacht mit einem revolutionären neuen Kiel den US-Cup-Verteidiger „Liberty" vor der Atlantikküste von Rhode Island in sieben dramatischen Wettfahrten besiegte.

AUSTRALIA II

Der numerierte Bürger

Mit einer Volkszählung sollten umfangreiche Daten über alle Bundesbürger gewonnen werden: Wohnungsgröße, Berufsverhältnisse, Untermieter, Verkehrsmittelwahl, Zimmerausstattung. Im April stoppte das Bundesverfassungsgericht in Karlsruhe zunächst die noch von der sozial-liberalen Regierung beschlossene Volkszählung. Eine Boykottbewegung gab die Parole aus: „Politiker fragen – Bürger antworten nicht." Mitte Dezember entschied das Bundesverfassungsgericht endgültig: Die Volkszählung in der ursprünglich vorgesehenen Form ist verfassungswidrig.

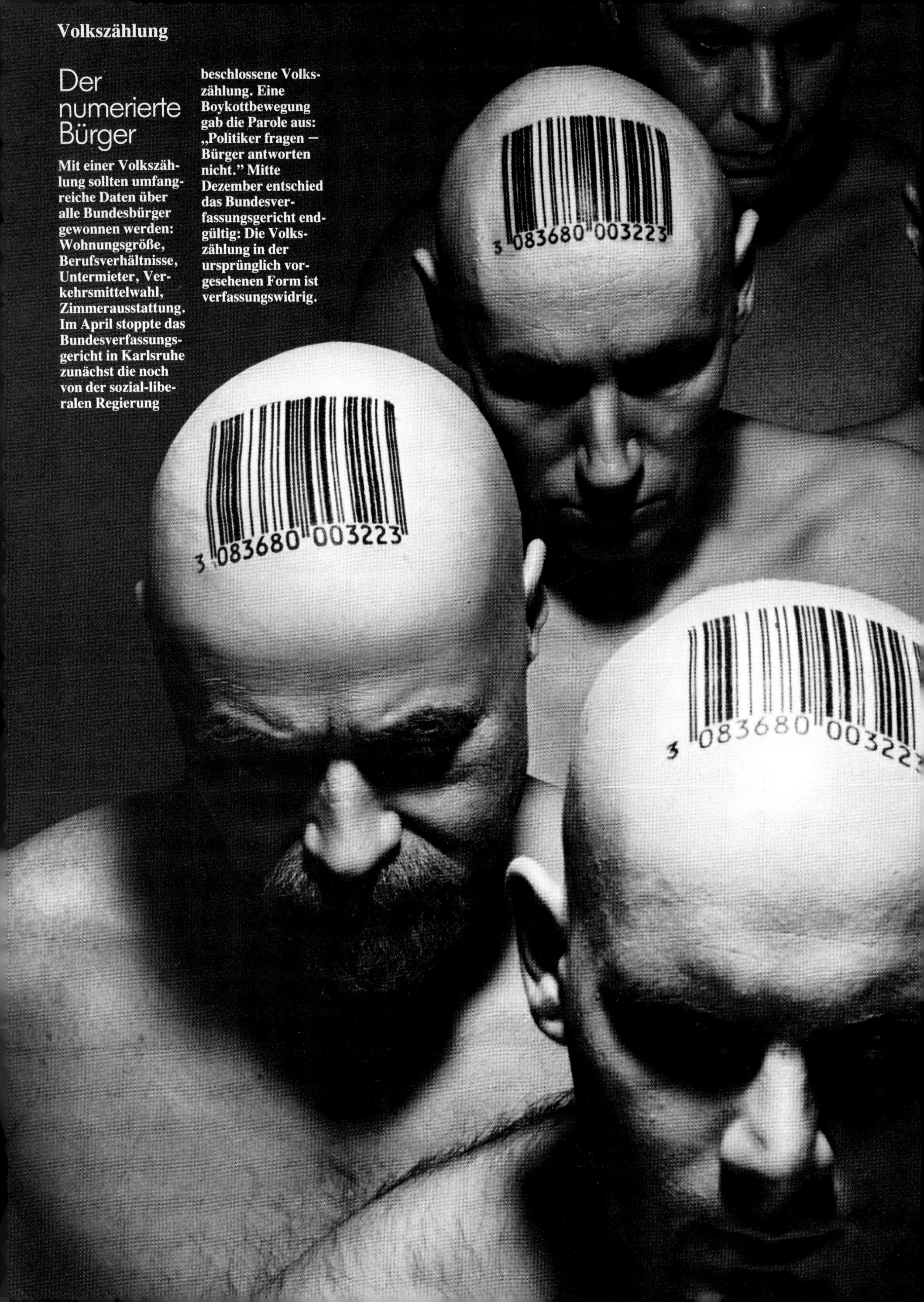

3 083680 003223
3 083680 003223

Vulkanausbruch

Energie von zwanzig Kernkraftwerken

Am 28. März bricht der Vulkan Ätna aus. In zweieinhalb Kilometer Höhe – drei Kilometer vom Hauptkrater entfernt – öffnet sich eine Spalte und entläßt ihre glühende Lava über die Südflanke des Berges. Der letzte Ausbruch zum Süden hin liegt 73 Jahre zurück. Die Energieausschüttung eines solchen Ausbruchs entspricht etwa der von zwanzig Kernkraftwerken der Größenordnung von Biblis. Relativ still und langsam quillt der Lavastrom dahin, zerstört ein Drittel des Gemeindegebietes, frißt Förstereien, kleine Villen, Häuser, Gasthöfe und die Feigen- und Pfirsich-Bäume an der Ätna-Straße. Am 85. Tag nach der Eruption stoppt der Strom, und die Lava versiegt allmählich.

Mit Ingmar Bergmans Film „Das Schweigen" werden vor 20 Jahren zum ersten Mal sexuelle Tabus durchbrochen. Der moralische Mief der Adenauer-Ära entweicht allmählich.

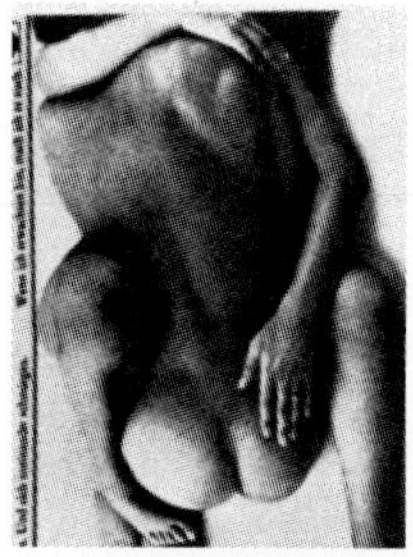

„Zeig mal" heißt 1974 ein neues Buch für Kinder und Jugendliche. Für die Aufklärung müssen nun nicht mehr Bienen und Blumen herhalten.

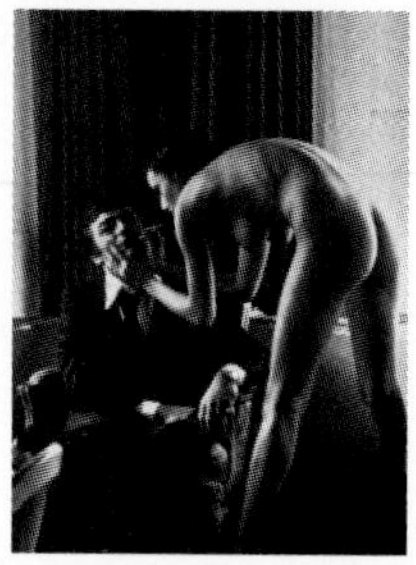

Der Fotograf Helmut Newton zeigt 1978 auf seinen Bildern Frauen in totaler Freizügigkeit. Nacktheit ist endgültig kein Problem mehr — so scheint es.

1982 findet dann die Wende auch in der Kultur statt. Das Bild „Madonna oder Aphrodite" des Malers Otto Fuchs wird aus einer Ausstellung in Dachau entfernt.

„Das Delta der Venus" ist 1983 eines der Bücher, die nun vor Staatsanwälten nicht mehr sicher sind. Erstmals seit Jahren gibt es wieder Beschlagnahmeaktionen im Buchhandel.

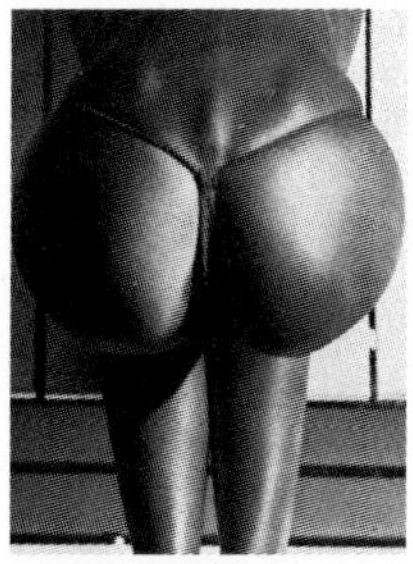

Männermagazine werden wieder unter den Ladentisch verbannt. Ein praller Po wie dieser findet vor den strengen Sittenwächtern keine Gnade mehr.

Eine Zensur findet doch statt

Alle redeten 1983 von der Wende – Friedrich Zimmermann machte sie. Der Bundesinnenminister, zuständig für Kultur (soweit sie nicht in die Kompetenz der Länder fällt), setzte vor allem in der Filmförderung ein deutliches konservatives Signal. Dem Film „Das Gespenst" von Herbert Achternbusch entzog er die zugesagten Bundesmittel, weil religiöse Gefühle verletzt worden seien. Und bei der Übergabe der Bundesfilmpreise machte er deutlich, daß er nicht länger ausgefallene Spitzenleistungen, sondern Publikumswirksames mit Steuermitteln bedenken will. Folgerichtig legte er zum Jahresende ein neues Konzept vor, nach dem künftig die sieben bis acht Millionen Mark Filmförderungsmittel vergeben werden sollen: Er selbst behält sich nun das letzte Urteil vor – nicht mehr ein unabhängiges Gremium soll allein befinden, was künstlerisch wertvoll ist. Filmzensur auch im Auswärtigen Amt: Verhoevens preisgekrönter Film „Die Weiße Rose" durfte nicht mehr in den Goethe-Instituten des Auslands gezeigt werden, weil er sich kritisch mit der Aufarbeitung der Nazi-Justiz befaßt. Das Klima für die Kultur-Wende war geschaffen. So fühlten sich denn auch Staatsanwälte und Richter bemüßigt, angeblich pornografische Literatur zu konfiszieren und zu verbieten. So etwas hatte es seit den Zeiten der Aktion „Saubere Leinwand" nicht mehr gegeben.

Der Mann, der Helmut Kohls „geistig-moralische Erneuerung" auf seine Weise betreibt: Bundesinnenminister Friedrich Zimmermann. Wenn's ums eigene Vergnügen geht, nimmt er es weniger genau.

Ab in den Bunker

Im Untergrund rüstet sich die Bundesrepublik für den Overkill: Wie hier in Berlin-Wedding werden immer mehr U-Bahnhöfe und auch Tiefgaragen zu Atombunkern ausgebaut. Die „Mehrzweckanlagen" mit Tausenden von Metallpritschen und „Einwegdecken" sollen 14 Tage Schutz vor Bomben bieten. Doch wenn die Sirenen wirklich heulen, können die Betonburgen unter der Erde kaum helfen. Nur drei von hundert Bundesbürgern fänden dort überhaupt einen Platz. Vor dem Rest der Flüchtenden müßte der „Bunkerwart" laut Vorschrift mit einer „Dosierungsanlage" die schweren Stahltüren schließen. Und nicht einmal Nahrungsmittel lagern in den Vorratskammern. Stunden oder sogar Tage würde es dauern, um die Bunker in Betrieb zu nehmen. Gegen Volltreffer wäre der Beton sowieso machtlos. Doch selbst wenn Menschen unter der Erde zwei Wochen ausharren könnten, fänden sie nach einem Atomkrieg, so befürchteten Zivilschutzexperten, eine unbewohnbare Wüste vor.

Titel Das war 1983: E. Adams/Liaison-Gamma, Gamma, AP, Fabian/Sygma, Mike Reinhardt, Mail of Sunday, Paul Chesley, Morvan/Sipa, Poly-Press.
8/9 Paul Chesley. 10/11 Alain Guillon. 12/13 Reza/Sipa. 14/15 Aslan-Buch/Pin Up, Denis Taranto/Jet Set. 16/17 Eduardo Frias, Gamma. 18/19 Klaus Drinkwitz, AP. 20/21 Elke Bruhn-Hoffmann/AP (4). 22/23 Stefan Rakus. 24/25 AP. 26/27 Art Seitz/Gamma. 28/29 Pandis, Ellerbrock und Schafft (2). 30/31 Hartmut Schwarzbach, Paul Glaser. 32/33 Jonas Friestad, STERN (2). 34/35 Peter Thomann. 36/37 Herbert Peterhofen, Volker Hinz (3), Klaus Meyer-Andersen. 38/39 AP, Richard Schulze-Vorberg. 40/41 Aloys Spill (2). 42/43 Rainer Martini (3). 44/45 Vincenz Menzel (7). 46/47 New York Institute of Technology, MC Nally/Wheeler (4). 48/49 Michael Kipp, dpa. 50/51 L. Thour, Manfred Kunst. 52/53 Rob Crandall/Photoreporters. 54/55 Robert Lebeck. 56/57 Kim Steel. 58/59 STERN, dpa, Erik Kuck, J. Stappenbeld/De Telegraaf. 60/61 Mustafa Bozdemir. 62/63 Mauro Galligani/Epoca (2). 64/65 Eugen Gerster (2). 66/67 Nancy Ellison/Sygma-Pandis (2), STERN, Bob d'Amico/ABC. 68/69 Erich Lessing, Bildarchiv Preuß. Kulturbesitz, Action Press. 70/71 Robert Lebeck/Karin Rocholl, Karin Rocholl. 72/73 STERN (3). 74/75 Chad Hall (5). 76/77 Francois Lochon/Gamma, Franco Zehnder. 78/79 Irna/Gamma. 80/81 M. Philippot/Sygma-Pandis. 82/83 Tom Jacobi (2). 84/85 Manfred Grohe. 86/87 Dirk Wildt, Jörg Peter Maucher. 88/89 Werek, STERN-Archiv, Robert Lebeck. 90/91 STERN-Archiv (12). 92/93 STERN-Archiv (12). 94/95 Fred Ihrt, dpa, Collectif Presse Paris. 96/97 AP, Susan Biddle/The Denver Post. 98/99 Weyler/Greenpeace. 100/101 AP, Bill Fitz-Patrick/The White House. 102/103 Urraca/Sygma-Pandis. 104/105 AP (3), UPI/dpa (2). 106/107 Fabian/Sygma. 108/109 Press Association, AP (2), Newspapers Association (3). 110/111 Gamma. 112/113 Mail of Sunday London. 114/115 Fred Ihrt, STERN. 116/117 Daniel Velez. 118/119 V. Rajagopal, N.K. Sareen. 120/121 STERN, Bhawan Sigh. 122/123 Alfred/Gamma. 124/125 Manoocher/Sipa, Hatami, Aerospatiale C.E.V. 126/127 Epoca, Shabtai Tal, UPI. 128/129 AP (3). 130/131 Geoffrey Smyth/Time Inc. 132/133 Robert Lebeck, STERN-Archiv (2). 134/135 Wilfried Bauer, STERN-Archiv. 136/137 Zeichnung STERN, AP (3). 138/139 STERN. 140/141 STERN. 142/143 Michael O'Neill/Time-Life Inc. 144/145 Lee Sum Ok/STERN. 146/147 Greg Talley/Gamma-Liaison. 148/149 Gamma, Sygma-Pandis. 150/151 Ovak Arslanian (2). 152/153 Hildesheimer Römer- und Pelizaeus Museum. 154/155 Wolfgang Volz. 156/157 Wolfgang Volz. 158/159 Bruchet/Paris Match, Gamma. 160/161 T.L. Couzin. 162/163 T.L. Couzin. 164/165 Brian Lanker/Focus. 166/167 Jay Ullal. 168/169 Morvan/Sipa (2). 170/171 Sipa Press. 172/173 Morvan/Sipa. 174/175 AP (2). 176/177 Azoulay/Paris Match (2). 178/179 UPI, Reza/Sipa (3). 180/181 Edinger/Gamma, Francis Latreille/France Soir/Gamma. 182/183 P.A. Kroehnert (2). 184/185 STERN. 186/187 Dimitrius/Contact/Focus (2). 188/189 Peter Bizer. 190/191 Chuck Fishman. 192/193 Lord Lichfield/Press Impact, AP. 194/195 Mike Reinhardt. 196/197 Werner Bokelberg. 198/199 Helmut Newton. 200/201 Peter Lindbergh. 202/203 AP, Thema Presseagentur. 204/205 Grey Villet/Life. 206/207 Setboun/Sipa. 208/209 Chris Steele-Perkins/Magnum. 210/211 Efe/Sipa, dpa. 212/213 Volker Krämer. 214/215 Sven Simon. 216/217 Volker Hinz (2). 218/219 Sven Simon, Ralph Rieth. 220/221 Robert Lebeck. 222/223 AP. 224/225 Gamma, Alain Evrard, Dieter Ludwig, Matsumoto/Sygma-Pandis. 226/227 Arturo Mari. 228/229 Interpress/Jürgens, AP. 230/231 Laski/Sipa, Pierre Nadal/Sipa. 232/233 Christian von Alvensleben. 234/235 Jürgen Gebhardt. 236/237 NASA. 238/239 NASA (2). 240/241 NASA. 242/243 Peter Bradt (2), Dick Kettlewell. 244/245 Chris Thomson. 246/247 Sygma. 248/249 Manfred Grohe, Ellerbrock und Schafft, Michael Lange (2). 250/251 Lehtikuva, dpa, AP. 252/253 Frank Herrmann/Colorpic/Contact/Focus. 254/255 Karin Elmers (2). 256/257 Charles Pruhn/Gamma. 258/259 Charles Pruhn/Gamma (2). 260/261 Sharon Hines/Time-Life Inc. 262/263 Frans Lanting. 264/265 Steve Powell/Sports Illustrated/Time-Life Inc. 266/267 Gamma. 268/269 Harzfoto Barke. 270/271 Axel Carp. 272/273 E. Adams/Gamma-Liaison. 274/275 Kenneth L. Barrett, Tom Zimberofe/Sygma, US-Navy. 276/277 Harry Benson. 278/279 Volker Hinz. 280/281 Gerhard Vormwald. 282/283 Franco Cito/Observer Magazine. 284/285 STERN. 286/287 Jürgen Blume.

Eine synchronoptische Tabelle der Ereignisse von Tag zu Tag

das war 83

	Deutschland	Ausland	Kultur/Wissenschaft	Sport
1. Januar	Im Zuge der Sparmaßnahmen der Bundesregierung treten zahlreiche Gesetzesänderungen in Kraft: Kürzung des Kindergeldes, höhere Beitragsbemessungsgrenzen in der Renten- und Arbeitslosenversicherung, Kostenbeteiligung bei Krankenhausaufenthalten und Kuren und Änderungen im Mietrecht („Staffelmiete"). Ferner tritt eine Investitionshilfeabgabe für höhere Einkommensgruppen in Kraft.			
2. Januar		In London bestätigt die Polizei einen schon am 3.12.1982 verübten Bankeinbruch, bei dem Unbekannte umgerechnet 36 Millionen Mark in Form von Bargeld und Wertpapieren erbeutet haben. Dies ist der größte Bankraub der britischen Geschichte.		
4. Januar			Der mit 50 000 Mark dotierte Hessische Kulturpreis wird dem Lyriker Karl Krolow verliehen	
5. Januar		Der Warschauer Pakt schlägt der NATO einen Vertrag über gegenseitigen Gewaltverzicht vor.	Papst Johannes Paul II. ernennt 18 neue Kardinäle.	
6. Januar				Gesamtsieger der deutsch-österreichischen Vierschanzentournee wird der Finne Matti Nykaenen. Bester Springer der Bundesrepublik: Thomas Klauser auf Platz 21.
7. Januar	Bundespräsident Karl Carstens löst den Bundestag auf und legt den Termin für die Bundestagsneuwahl auf den 6. März fest.		Der Kaiserring der Stadt Goslar wird dem Künstler Günther Uecker zugesprochen.	
8. Januar		Die britische Premierministerin Margaret Thatcher trifft überraschend zu einem Besuch auf den Falkland-Inseln ein.		Bei den Deutschen Eiskunstlaufmeisterschaften in Oberstdorf verteidigen Heiko Fischer (Stuttgart) und Manuela Ruben (München) ihre Titel.
9. Januar			Amerikanische Wissenschaftler entdecken erstmals außerhalb unserer Milchstraße ein „Schwarzes Loch". Diese Himmelserscheinung, der Endzustand eines sehr massereichen Sterns, wurde etwa 150 000 Lichtjahre entfernt entdeckt.	
10. Januar				Paul Breitner vom FC Bayern München kündigt für das Saisonende 1982/83 das Ende seiner Laufbahn als aktiver Fußballspieler an.
11. Januar	Herbert Wehner, SPD-Fraktionsvorsitzender im Deutschen Bundestag, verzichtet auf eine neue Kandidatur in seinem Wahlkreis Hamburg-Harburg. Wehner gehörte dem Bundestag seit 34 Jahren an. Nachfolge-Kandidat: der ehemalige Hamburger Bürgermeister H.-U. Klose.	US-Präsident Reagans Chefberater für Abrüstungsfragen, Eugene Rostow, tritt auf Wunsch Reagans zurück. Sein Nachfolger wird der bisherige stellvertretende UNO-Botschafter Kenneth Adelman.	In der Berliner Philharmonie wird Krzysztof Pendereckis „Konzert für Violoncello und Orchester" unter Leitung des Komponisten uraufgeführt.	

	Deutschland	Ausland	Kultur/Wissenschaft	Sport
14. Januar				Der Amerikaner Billy Olson stellt bei einem Hallensportfest in Ottawa/Kanada mit 5,75 Metern einen neuen Hallenweltrekord im Stabhochsprung auf. Der Freiluftweltrekord: 5,81 Meter.
15. Januar			Eva Mattes und Armin Mueller-Stahl erhalten in München den Deutschen Darstellerpreis.	
16. Januar	Andrej Gromyko, sowjetischer Außenminister, trifft zu einem offiziellen Besuch in der Bundesrepublik ein.			
17. Januar		Wegen der schwierigen Wirtschaftslage weist Nigeria etwa zwei Millionen illegale Einwanderer aus, darunter eine Million Ghanesen.		
19. Januar	Alexander Schubart, ehemaliger Sprecher der Bürgerinitiative gegen die Startbahn West des Frankfurter Flughafens, wird wegen versuchter Nötigung der hessischen Landesregierung vom OLG Frankfurt zu zwei Jahren Haft mit Bewährung verurteilt.	Namibia wird wieder der direkten Verwaltung durch Südafrika unterstellt.		
20. Januar	Der Präsident der Französischen Republik, François Mitterrand, kommt anläßlich des 20. Jahrestages der Unterzeichnung des deutsch-französischen Freundschaftsvertrags nach Bonn. Mitterrand spricht vor dem Deutschen Bundestag. Am nächsten Tag nimmt Bundeskanzler Helmut Kohl zum Abschluß der Feierlichkeiten an einer Feierstunde im Pariser Élysée-Palast teil.			Siegfried Held verliert als 116. Trainer seit Gründung der Bundesliga beim FC Schalke 04 vorzeitig seinen Trainerposten. Nachfolger: Jürgen Sundermann. Die 10 000 Kilometer lange Rallye Paris–Dakar wird bei den Automobilen von Jacky Ickx (Belgien) und dem Franzosen Claude Brasseur in einem Mercedes-Geländewagen gewonnen. Bei den Motorrädern siegt der Franzose Hubert Auriol auf BMW.
21. Januar	Der SPD-Wahlparteitag verabschiedet das Wahlprogramm für die Bundestagswahl und nominiert Hans-Jochen Vogel zum Bundeskanzlerkandidaten.		Im Münchner Residenztheater wird Heinar Kipphardts nachgelassenes Stück „Bruder Eichmann" uraufgeführt.	
22. Januar	Die Landesdelegiertenversammlung der CSU nominiert Franz Josef Strauß zum Spitzenkandidaten für die Bundestagswahl.			Der Deutsche Eishockey-Bund schafft den Amateurspieler ab und führt den Begriff „Ligenspieler" für die Aktiven ein, die damit Profis werden.
23. Januar				Der 26jährige Schwede Björn Borg (fünfmaliger Wimbledonsieger) erklärt seinen Rücktritt vom aktiven Tennis.
24. Januar		In Rom werden 32 Mitglieder der Roten Brigaden im Prozeß um die Entführung und Ermordung des ehemaligen italienischen Ministerpräsidenten Aldo Moro im Frühjahr 1978 zu lebenslangen Haftstrafen verurteilt, 27 Angeklagte erhalten Haftstrafen zwischen vier Monaten und 30 Jahren, vier werden freigesprochen.		Der Tscheche Ivan Lendl gewinnt erneut das mit 400 000 Dollar dotierte Masters-Tennisturnier in New York. Er besiegt im Finale den Amerikaner John McEnroe.

	Deutschland	Ausland	Kultur/Wissenschaft	Sport
25. Januar	Der Baukonzern „Neue Heimat” veröffentlicht Auszüge aus dem Sondergutachten der Wirtschaftsprüfungsgesellschaft „Treuarbeit”. Daraus geht hervor, daß durch Privatgeschäfte des ehemaligen Chefs der „Neuen Heimat”, Albert Vietor, dem Unternehmen ein Verlust von rund 105 Millionen Mark entstanden ist.	Die vor zwei Jahren zum Tode verurteilte Witwe Mao Xedongs, Jiang Quing, wird nicht hingerichtet: Ihre Todesstrafe wird in eine lebenslange Freiheitsstrafe umgewandelt.	Der Schriftsteller V.S. Naipaul erhält den Jerusalem-Preis.	
26. Januar	Zwei polnische Sportflieger flüchten mit einer Maschine des Typs Yak 12 A nach West-Berlin.			Der englische Fußballmeister Aston Villa gewinnt den „Super-Cup” gegen den FC Barcelona.
27. Januar			Nach Darstellung von Wissenschaftlern haben die Schäden in den deutschen Wäldern ein beunruhigendes Ausmaß angenommen. Bundesforschungsminister Heinz Riesenhuber spricht auf einer Tagung in Jülich von einer dramatischen Zuspitzung der Lage.	
28. Januar				Rallyeweltmeister Walter Röhrl/Christian Geistdörfer gewinnen zum dritten Mal seit 1980 die Rallye Monte Carlo.
30. Januar				Das mit 650 000 Mark höchstdotierte europäische Trabrennen, der „Prix d'Amérique”, wird in Paris-Vincennes von dem Favoriten „Idéal du Gazeau” mit Eugène Lefevre im Sulky gewonnen.
31. Januar	Der Vizepräsident der USA, George Bush, beginnt seine Europareise mit politischen Gesprächen in Bonn. Am selben Tag besucht er Berlin. In einer Berliner Rede erklärt er die Bereitschaft von US-Präsident Reagan zu einem Gespräch mit dem sowjetischen Parteichef Jurij Andropow über Abrüstungsfragen.			
1. Februar	Bundesaußenminister Hans-Dietrich Genscher führt in Prag zweitägige Konsultationsgespräche mit Regierungsvertretern. Neben Abrüstungsfragen geht es um Probleme der grenzüberschreitenden Umweltverschmutzung. Umweltexperten der Bundesrepublik und der DDR treffen sich in Bonn zu einem ersten Gespräch über die Reinhaltung der Elbe.	Ein Orkan über West- und Nordeuropa fordert 18 Todesopfer und richtet hohe Schäden an.	Der Schweizer Schriftsteller Gerhard Meier erhält den mit 25 000 Mark dotierten Petrarca-Preis 1983.	
2. Februar	Die Bundesregierung beschließt den Weiterbau des umstrittenen Rhein-Main-Donau-Kanals.			
3. Februar	Die Bundesanstalt für Arbeit legt ihren Januar-Bericht vor: 2 487 075 Arbeitslose (Quote 10,2 Prozent), offene Stellen 61 828, Kurzarbeiter 1 190 400.			Norbert Schramm/Oberstdorf wird in Dortmund zum zweiten Mal Eiskunstlauf-Europameister.

	Deutschland	Ausland	Kultur/Wissenschaft	Sport
4. Februar	Der ehemalige Gestapo-Chef von Lyon, Klaus Barbie, wird von Bolivien an Frankreich ausgeliefert.	Der portugiesische Staatspräsident Antonio Ramalho Eanes löst das Parlament auf und gibt den Termin für vorzeitige Neuwahlen bekannt: 25. April 1983.	In Odense/Dänemark wird eine als verschollen geltende Symphonie von Wolfgang Amadeus Mozart entdeckt. Der Komponist soll sie als Neunjähriger geschrieben haben.	
6. Februar				Drei neue Weltrekorde in der Hallen-Leichtathletik: Bill Olson (USA) im Stabhochsprung 5,80 Meter; Carl Lewis (USA) 60 yards in 6,02 Sekunden; Anisoara Cusmir (Rumänien) im Weitsprung der Damen 6,92 Meter.
7. Februar			Der inhaftierte tschechische Dramatiker und Bürgerrechtler Vaclav Havel erhält nach weltweiten Protesten Haftverschonung bis zu seiner Gesundung.	
9. Februar	Bundesinnenminister Friedrich Zimmermann verbietet nach Absprache mit den Innenministern der Länder den als linksextremistisch geltenden türkischen Ausländerverein „Devrimci Sol" und dessen Teilorganisation „Halk Der".			
10. Februar		In London wird ein mutmaßlicher Massenmörder verhaftet. In der Nähe seiner Wohnung sind Leichenteile gefunden worden. Er hat wahrscheinlich 16 Morde begangen.	Geologen aus Göttingen entdecken in der Antarktis 285 Millionen Jahre alte kohleführende Schichten.	
11. Februar			Der Leberkrebs, eine der zehn häufigsten Krebsarten, kann durch neue, gegen die Leberentzündung Hepatitis B verwendete Impfstoffe verhindert werden. Dies stellt eine Expertengruppe der Weltgesundheitsorganisation WHO in Genf fest.	
12. Februar				Der 17jährige Ralf Lübke aus Mülheim verbessert bei den Deutschen Hallen-Meisterschaften der Leichtathleten in Sindelfingen den Weltrekord über 200 Meter auf 20,77 Sekunden. Einen Tag später unterbietet der Italiener Pietro Mennea in Genua diese Marke mit 20,74 Sekunden.
13. Februar		Bei den Präsidentenwahlen im griechischen Teil Zyperns erringt der bisherige Präsident Spyros Kyprianou mit Unterstützung der Kommunisten 56,5 Prozent der Stimmen und bleibt für weitere fünf Jahre im Amt.	Vor allem in Bayreuth und Venedig wird des 100. Todes-Tages von Richard Wagner gedacht.	
14. Februar		Der israelische Verteidigungsminister Ariel Scharon tritt zurück. Hintergrund ist die ihm angelastete Mitverantwortung für das Massaker in zwei Beiruter Palästinenserlagern vor fünf Monaten. Er bleibt trotz Protesten der Opposition als Minister ohne Geschäftsbereich im Kabinett.		

	Deutschland	Ausland	Kultur/Wissenschaft	Sport
15. Februar	Drei Mitglieder einer rechtsextremistischen Terrorgruppe werden in Frankfurt festgenommen. Sie sollen in mehreren US-Wohnsiedlungen Anschläge verübt haben.		Der englische Maler David Hockney erhält den mit 25 000 Mark dotierten Shakespeare-Preis der Hamburger Stiftung F.V.S.	
16. Februar	Das Bundesverffassungsgericht lehnt vier Organklagen von Parlamentsabgeordneten gegen die von Bundespräsident Carstens verfügte Auflösung des neunten Deutschen Bundestages ab. Damit ist der Weg zur Bundestagsneuwahl am 6. März frei.			
17. Februar	Das Schwurgericht München verurteilt den zweifachen Frauenmörder Elmar Schärmer auch in zweiter Instanz zu lebenslanger Freiheitsstrafe.			
18. Februar		Der Sudan gibt die Vereitelung eines von Libyien versuchten Putschversuchs bekannt.	Beginn der 33. Berliner Filmfestspiele.	
20. Februar	Das Bundesjustizministerium gibt bekannt, daß sämtliche Urteile des NS-Volksgerichtshofs und der sogenannten Sondergerichte des Dritten Reiches im Bundeszentralregister getilgt worden sind.	Im indischen Bundesstaat Assam gehen die Wahlen mit dem dritten Wahlgang zu Ende. Bei den damit zusammenhängenden Unruhen sind seit Anfang Februar offiziell über 3000 Menschen ums Leben gekommen.	In der Berliner Akademie der Künste beginnt eine Ausstellung über die Kunst der Nachkriegszeit unter dem Titel „Grauzonen – Farbwelten".	Klaus-Peter Thaler gewinnt bei der Querfeldein-Weltmeisterschaft der Radprofis in Birmingham/England hinter dem Belgier Liboton und dem Schweizer Albert Zweifel die Bronzemedaille.
22. Februar			Die Fernsehserie „Ein Stück Himmel" von Franz Peter Wirth erhält bei der Verleihung des Adolf-Grimme-Preises drei goldene Preise.	
23. Februar			Im Münchner Lenbachhaus wird bis zum 7. April eine umfassende Werkschau Alexej Jawlenskys gezeigt.	In Lissabon erleidet die deutsche Fußball-Nationalmannschaft gegen eine ersatzgeschwächte portugiesische Mannschaft eine Niederlage.
24. Februar		Der amerikanische Präsident Reagan erklärt, die sogenannte Null-Option bei den Genfer Abrüstungsverhandlungen sei kein „Ultimatum".		
26. Februar			Im New Yorker Metropolitan Museum beginnt eine Ausstellung ausgewählter Kunstwerke aus den vatikanischen Museen.	
27. Februar				In Lake Placid/USA belegt Klaus Kopp aus Unterhaching bei den Viererbob-Weltmeisterschaften hinter dem Schweizer Fasser den zweiten Platz.
2. März	Marianne Bachmeier wird vom Lübecker Schwurgericht wegen Totschlags und unerlaubten Waffenbesitzes zu einer Freiheitsstrafe von sechs Jahren verurteilt. Die Gastwirtin hatte am 6.3. 1981 in einem Lübecker Gerichtssaal den mutmaßlichen Mörder ihrer siebenjährigen Tochter erschossen, Klaus Grabowski.	Papst Johannes Paul II. tritt eine siebentägige Reise nach Mittelamerika an. Reiseziele: Costa Rica, Nicaragua, Panama, El Salvador, Guatemala, Honduras, Belize und Haiti.	Der russische Schriftsteller Alexander Solschenizyn erhält den mit 170 000 Dollar dotierten Templeton-Preis für „Fortschritte in der Religion".	

	Deutschland	Ausland	Kultur/Wissenschaft	Sport
4. März			Die Schriftstellerin Sarah Kirsch erhält den mit 10 000 Mark dotierten Literaturpreis der Stadt Bad Gandersheim. In New York beginnt die erste „Deutsche Buchmesse" mit der Ausstellung von rund 17 000 deutschsprachigen Buchtiteln.	
5. März		Bei den Parlamentswahlen in Australien siegt die oppositionelle Labour-Partei. Robert Hawke wird am 11.3. zum neuen Ministerpräsidenten gewählt.		
6. März	Bei der Wahl zum 10. Deutschen Bundestag erreichen CDU/CSU 48,8 Prozent der Stimmen, SPD 38,2, FDP 7,0, die Grünen 5,6 Prozent. Landtagswahl in Rheinland-Pfalz: CDU 51,9 Prozent der Stimmen, SPD 39,6 Prozent, FDP und die Grünen scheitern an der 5-Prozent-Hürde.			Bei der Handball-Weltmeisterschaft der Gruppe B in Holland belegt die Bundesrepublik hinter Ungarn und der CSSR nur den dritten Platz. Die Mannschaft verpaßt damit die Teilnahme an den Olympischen Spielen 1984 in Los Angeles. Bei den Hallen-Europameisterschaften der Leichtathleten in Budapest erringt die Bundesrepublik drei Goldmedaillen (Carlo Tränhardt im Hochsprung, Brigitte Kraus und Thomas Wessinghage über jeweils 1500 Meter). Höhepunkt der Veranstaltung: der neue Hochsprung-Hallenweltrekord der Russin Tamara Bykowa mit 2,03 Metern.
9. März			Im Bonner Schauspielhaus wird Martin Walsers Stück „In Goethes Hand" erstaufgeführt.	
10. März	Sadegh Tabatabai, ehemaliger stellvertretender Ministerpräsident des Iran, wird in Abwesenheit vom Landgericht Düsseldorf wegen Verstoßes gegen das Betäubungsmittelgesetz zu drei Jahren Haft verurteilt.		Die Kölner Kunsthalle zeigt eine umfangreiche Werkschau mit Bildern des französischen Malers Georges Rouault. Der Sammler und Mäzen Peter Ludwig verkauft seine wertvolle Handschriftensammlung an das Getty-Museum in Kalifornien. Damit platzt die umstrittene Gründung einer Stiftung Ludwig. In Trier beginnen Gedenkveranstaltungen zum 100. Todestag von Karl Marx.	Mit Peter Angerer gewinnt zum ersten Mal ein Sportler aus der Bundesrepublik den Weltcup im Biathlon.
11. März			Bernt Engelmann wird auf dem VI. Kongreß des Verbandes deutscher Schriftsteller in seinem Amt als Vorsitzender bestätigt.	Der EV Landshut wird deutscher Eishockeymeister.
12. März	Der Landesparteitag der Berliner FDP beschließt die Bildung einer Koalition mit der CDU.	In der indischen Hauptstadt Neu Delhi geht die 7. Konferenz der blockfreien Staaten zu Ende. Die rund 100 Staats- und Regierungschefs aus vier Kontinenten fordern die Supermächte und die Industriestaaten auf, ihren Beitrag zur Abrüstung und zur Lösung der Weltwirtschaftskrise vor allem mit Hilfen für die Dritte Welt zu leisten.	Im Münchner Haus der Kunst beginnt eine Ausstellung „Im Licht von Claude Lorrain".	

	Deutschland	Ausland	Kultur/Wissenschaft	Sport
13. März	Landtagswahl in Schleswig-Holstein: CDU 49 Prozent der Stimmen, SPD 43,7 Prozent. FDP und Grüne scheitern an der 5-Prozent-Klausel.	Kommunalwahlen in Frankreich: Die Verluste der linken Regierungsparteien im zweiten Wahlgang fallen geringer aus als in der ersten Runde. Die Linksparteien regieren in 120 Städten, die Opposition in 100 Städten.		Beim Großen Preis von Brasilien in Rio de Janeiro siegt Nelson Piquet in einem Brabham-BMW-Turbo. Der Zweitplacierte Keke Rosberg wird disqualifiziert.
15. März				Die 18 Vereine der Fußball-Bundesliga haben insgesamt 43,55 Millionen Mark Schulden.
16. März	Der jordanische König Hussein trifft zu einem Arbeitsbesuch in Bonn ein, um mit führenden Politikern die Nahost-Frage zu erörtern.	Die von 32 Staaten Ost- und Westeuropas sowie den USA und Kanada 1979 unterzeichnete erste gesamteuropäische Konvention über den Umweltschutz tritt in Kraft.		Im Fußball-Europapokal erreicht nur der Hamburger SV das Halbfinale im Meistercup. Bayern München (Pokalsieger) und der 1. FC Kaiserslautern (UEFA) scheiden im Viertelfinale aus.
17. März	Das Bundeskartellamt genehmigt die Übernahme einer 75prozentigen Beteiligung an der Telefunken Fernseh- und Rundfunk GmbH in Hannover durch den französischen Konzern Thomson-Brandt.			
18. März	Die Ministerpräsidenten der Bundesländer unterzeichnen in Bonn den Staatsvertrag der Länder über Bildschirmtext (BTX). Damit wird die Einführung des Systems zum 1. September ermöglicht. Das Amtsgericht Frankfurt bestätigt den Vergleichsvorschlag des Elektro-Konzerns AEG. Demzufolge müssen die Gläubiger des Unternehmens auf 60 Prozent ihrer Forderungen verzichten.			
19. März		Das thailändische Parlament wird von Prem Tinsulanond aufgelöst. Am 18. April sollen Neuwahlen stattfinden.		Der Tschechoslowake Pavel Ploc stellt bei den Skiflug-Weltmeisterschaften in Harrachov/CSSR einen neuen Weltrekord auf.
20. März		Reichstagswahlen in Finnland: Die Regierung aus Sozialdemokraten, Zentrum und Schwedischer Volkspartei behauptet ihre knappe Parlamentsmehrheit.		
21. März	Die D-Mark wird im Europäischen Währungsverbund um 5,5 Prozent aufgewertet. Der CSU-Vorsitzende Franz Josef Strauß gibt seinen Verzicht auf ein Ministeramt in Bonn bekannt.	Zwölf polnische Staatsbürger flüchten mit einem Zivilflugzeug nach Schweden und beantragen politisches Asyl. In Brüssel beginnt eine zweitägige Gipfelkonferenz der Staats- und Regierungschefs der EG. Entscheidungen über Finanzprobleme der Gemeinschaft werden vertagt.	Der Schriftsteller Günter Kunert wird zum 10. „Stadtschreiber" der Stadt Bergen bei Frankfurt gewählt.	
22. März	Die niedersächsische Landesregierung gibt ihr grundsätzliches Einverständnis zum Bau einer Wiederaufarbeitungsanlage für Kernbrennstoffe in Dragahn (Kreis Lüchow-Dannenberg) bekannt.	In Israel wird der sozialdemokratische Abgeordnete Chaim Herzog zum neuen Staatspräsidenten gewählt. In Frankreich wird die Regierung umgebildet. Die Zahl der Minister wird von 34 auf 14 verringert. Pierre Mauroy kündigt eine verschärfte Stabilitätspolitik an.		

	Deutschland	Ausland	Kultur/Wissenschaft	Sport
23. März		US-Präsident Ronald Reagan ordnet ein umfassendes Forschungsprogramm für moderne Defensivwaffen an, das eines Tages Atomraketen überflüssig machen soll. Die Stationierung von Waffensystemen im Weltraum wird nicht mehr ausgeschlossen.	Der Schweizer Autor Gert Hofmann erhält den Hörspielpreis der Kriegsblinden. Bei einer Autographenauktion des Marburger Hauses Stargardt werden zwei Briefe des ehemaligen britischen Premiers Chamberlain an Adolf Hitler für 100 000 Mark zugeschlagen.	
24. März		Der Außenminister der Sowjetunion, Andrej Gromyko, wird zusätzlich zum Ersten stellvertretenden Ministerpräsidenten ernannt.		
25. März			Das Stück „Der neue Prozeß" von Peter Weiss wird an der Freien Volksbühne Berlin erstaufgeführt.	
27. März	Um 02 Uhr wird die Sommerzeit eingeführt.			Bei der 86. Sitzung des Internationalen Olympischen Komitees in Neu Delhi werden neue, stark liberalisierte Zulassungsbestimmungen für Olympische Spiele verabschiedet. Demzufolge dürfen Sportler künftig gegen Bezahlung starten, jedoch muß das Geld bei den Fachverbänden deponiert werden. Diese Entscheidung bedeutet das Ende des Olympia-Amateurs klassischer Prägung.
28. März	Der Aufsichtsrat der Howaldtswerke-Deutsche Werft AG billigt einen vom Vorstand vorgelegten Sanierungsplan, der die Entlassung von rund 4000 HDW-Mitarbeitern vorsieht. Das Kölner Landgericht verurteilt drei ehemalige Devisenhändler des ehemaligen Kölner Bankhauses Herstatt zu hohen Freiheitsstrafen.			Martina Navratilova (USA) gewinnt das mit 350 000 Dollar dotierte Tennis-Turnier von New York gegen Chris Evert-Lloyd (ebenfalls USA). Die Navratilova steigert ihre bisherige Gewinnsumme damit auf 5 161 059 Dollar. Der zweite Lauf zur Formel 1-Weltmeisterschaft in Long Beach wird von dem Nordiren John Watson auf McLaren vor Niki Lauda und René Arnoux gewonnen.
29. März	Der Zehnte Deutsche Bundestag nimmt seine Arbeit auf. Der CDU-Politiker Rainer Barzel wird zum Bundestagspräsidenten, Helmut Kohl, CDU, zum Bundeskanzler gewählt.		Ein Tagebuch des irakischen Königs Faisal I. wird im Londoner Auktionshaus Sotheby's für den aufsehenerregenden Preis von rund 430 000 Mark zugeschlagen.	Fußball-Europameister Deutschland gewinnt in Tirana/Albanien sein zweites Qualfikationsspiel. Der Deutsche Sportbund nominiert die Kernmannschaften für die Olympischen Spiele 1984. Für Sarajevo werden 42 Athlethen, für Los Angeles 85 vornominiert.
30. März	Bundespräsident Karl Carstens ernennt die Mitglieder des zweiten Kabinetts Kohl sowie 25 Parlamentarische Staatssekretäre. Das Bundesverfassungsgericht entscheidet, daß deutsche Gerichte künftig bei einer von der Türkei beantragten Auslieferung türkischer Staatsbürger die genauen Umstände jedes Einzelfalles prüfen müssen. Hintergrund der Entscheidung: der Selbstmord des türkischen Asylanten Altun.	US-Präsident Ronald Reagan gibt die Bereitschaft der USA zu einer Zwischenlösung bei den Genfer Verhandlungen über Mittelstreckenraketen in Europa bekannt. Die Sowjetunion lehnt seinen Vorschlag ab.		

	Deutschland	Ausland	Kultur/Wissenschaft	Sport
31. März		In der kolumbianischen Provinzhauptstadt Popayan kommen bei einem Erdbeben mehrere hundert Menschen ums Leben. Große Teile der historischen Stadt werden zerstört. 150 000 Menschen werden obdachlos.	In Brüssel wird das Grab des Dramatikers Carl Sternheim in letzter Minute vor dem Einebnen gerettet.	Der Internationale Fußballbund weist die Bewerbungen der USA und Kanadas für die Fußball-Weltmeisterschaft 1986 zurück und erklärt lediglich die Kandidatur Mexikos für akzeptabel.
1. April	Auf den niederländischen Antillen wird der seit Mitte 1982 gesuchte Berliner Architekt Dietrich Garski festgenommen. Der Zusammenbruch seiner Firma „Bautechnik" Ende 1980 hatte zum Sturz des damaligen Berliner Senats beigetragen. Garski wird den deutschen Behörden ausgeliefert.	Als erster ägyptischer Staatspräsident reist Husni Mubarak zu einem Staatsbesuch in die Volksrepublik China. Weitere Reiseziele: Nordkorea, Japan und Indonesien.		
2. April			Der Schriftsteller Horst Bienek erhält den Andreas-Gryphius-Preis (10 000 Mark) der Künstlergilde Esslingen.	
5. April	In Nordrhein-Westfalen einigen sich die Metall-Tarifpartner (eine Million Beschäftigte) auf 3,2 Prozent mehr Lohn rückwirkend ab Februar. Dieser „Pilotabschluß" wird später in allen Tarifbezirken übernommen.	Die französische Regierung weist 47 Sowjet-Bürger wegen angeblicher militärischer Spionage aus, darunter einige hochrangige Dipolomaten.		Der Bundesligaverein Borussia Dortmund trennt sich zwei Tage nach dem Ausscheiden im DFB-Vereinspokal von seinem Trainer Karlheinz Feldkamp.
7. April	Die Bundesregierung hinterlegt in Washington und London die Ratifizierungsurkunden für den Beitritt der Bundesrepublik zum Abkommen über das Verbot der Entwicklung, Herstellung und Lagerung bakteriologischer Giftwaffen sowie über die Vernichtung solcher Waffen.	In Prag beenden die Außenminister der Warschauer-Pakt-Staaten zweitägige Beratungen. In einem Kommuniqué wird das Angebot zu einem Gewaltverzichtabkommen bekräftigt.		
8. April			In Hannover-Herrenhausen beginnt die 15. Kunst- und Antiquitätenmesse. Auf einer Tagung in Frankfurt erklären Gynäkologen, die „Mikro-Antibabypille" sei verträglicher als bisher übliche empfängnisverhütende Präparate. Sie könne zudem möglicherweise vor Krebserkrankungen der Unterleibsorgane schützen.	Die Fechter des FC Tauberbischofsheim erringen zum dritten Mal hintereinander den Europapokal im Degenfechten.
9. April	In Süd- und Westdeutschland treten nach starken Regenfällen Flüsse, Bäche und Seen über die Ufer. Auf manchen Strecken muß die Schiffahrt eingestellt werden, zahlreiche Straßen sind unpassierbar. Am schlimmsten betroffen: Köln, Bonn, Trier.			Im 137. Grand National-Hindernisrennen von Aintree bei Liverpool gewinnt der achtjährige Hengst Corbière unter Jockey Ben de Haan. Von 41 gestarteten Pferden erreichen nur zehn das Ziel, eines findet den Tod.
10. April	Der Transitreisende Rudolf Burkert stirbt während einer Vernehmung durch Sicherheitsorgane der DDR am Grenzübergang Berlin-Drewitz. Sein Tod durch Herzversagen führt zu Spannungen in den Beziehungen der beiden deutschen Staaten und zu innenpolitischen Auseinandersetzungen.	Issam Sartawi, ein als gemäßigt geltender PLO-Vertreter, der als Beobachter am 16. Kongreß der Sozialistischen Internationale teilnimmt, wird im Kongreßhotel bei Albufeira/Portugal erschossen. In Damaskus bekennt sich eine radikale Palästinenserorganisation zu dem Attentat.		

	Deutschland	Ausland	Kultur/Wissenschaft	Sport
11. April			Die Literaturredaktion der „Frankfurter Allgemeinen Zeitung" erhält den Alfred-Kerr-Preis für Literaturkritik.	
12. April	Die Hannover-Messe wird eröffnet. 6000 Firmen aus 47 Ländern stellen ihre industriellen Erzeugnisse aus. Die Halbbrüder Heinrich-Maria Ledig-Rowohlt und Harry Rowohlt verkaufen ihre Anteile am Rowohlt Verlag GmbH in Reinbek an Georg von Holtzbrinck.		In Hollywood gehen insgesamt acht „Oscars" bei der 55. Preisverleihung der Filmkunstakademie an Richard Attenboroughs Film „Gandhi".	
13. April	Das Bundesverfassungsgericht in Karslruhe verkündet eine Einstweilige Anordnung gegen die für den 27. April vorgesehene Volkszählung. Das schleswig-holsteinische Kabinett unter Dr. Uwe Barschel (CDU) wird neu gebildet. Seit den 60er Jahren ist erstmals eine Frau wieder Ministerin: Ursula Gräfin von Brockdorff (Soziales).			
14. April	Zum ersten Mal wird ein von den amerikanischen Behörden wegen Nazi-Verbrechen beschuldigter US-Bürger die Vereinigten Staaten verlassen: Hans Lipschis, ehemaliger Wärter in Auschwitz und Birkenau, wird in die Bundesrepublik deportiert.	Der französische Staatspräsident François Mitterrand stattet der Schweiz als erstes französisches Staatsoberhaupt seit 1910 einen Besuch ab. In Washington wird Kenneth Adelman zum neuen Chef der US-Abrüstungsbehörde ernannt. Vorgänger Eugene Rostow war zurückgetreten.	Der polnische Filmregisseur Andrzej Wajda erhält den mit 100 000 Dollar dotierten Athen-Preis der Alexander-Onassis-Stiftung.	
16. April				Italien muß neun Monate nach dem Gewinn der Fußballweltmeisterschaft seine Hoffnungen auf die Teilnahme an der Europameisterschaft 1984 aufgeben, da das letzte Qualifikationsspiel gegen Rumänien mit 0:1 verloren wird.
17. April				In Regina/Kanada wird der deutsche Meister CC Schwenningen im Curling überraschend Vize-Weltmeister. Sieger wird Kanada.
18. April	Die 1982 von Bundespräsident Karl Carstens eingesetzte Sachverständigenkommission überreicht ihr Gutachten zur Parteienfinanzierung. Günstigere Steuerregelungen für Spenden, Mitgliedsbeiträge sowie höhere staatliche Zuwendungen sollen die Lage der Parteien verbessern. Zudem sollen die Wähler durch gesonderte Stimmabgabe festlegen können, welche Partei einen staatlichen Zuschuß erhalten soll.	In Beirut wird die amerikanische Botschaft bei einem Sprengstoffanschlag weitgehend zerstört. Es gibt 66 Tote bzw. Vermißte, darunter 17 Amerikaner.	In Oberhausen beginnen die 29. Westdeutschen Kurzfilmtage.	
19. April		In Madrid beginnt die voraussichtlich letzte Verhandlungsrunde der Konferenz über Sicherheit und Zusammenarbeit in Europa (KSZE).		

	Deutschland	Ausland	Kultur/Wissenschaft	Sport
20. April.				Im Kandidatenturnier zur Schach-Weltmeisterschaft qualifiziert sich Ex-Weltmeister Wassili Smyslow (Sowjet-Union) durch Los-Entscheid gegen den deutschen Robert Hübner. Im Fußball-Europapokal der Landesmeister qualifiziert sich der Hamburger SV gegen Real Sociedad San Sebastian für das Endspiel.
21. April			Die Wartburg wird nach umfassenden Restaurierungsarbeiten wiedereröffnet.	
22. April			Im Pariser Grand Palais beginnt eine umfangreiche Retrospektive mit Werken von Edouard Manet.	
23. April				In Kuala Lumpur büßen die deutschen Hockey-Damen mit 0:2 im Halbfinale gegen Holland den Weltmeister-Titel ein. Nachfolger wird Holland mit einem 4:2 im Endspiel über Kanada, während Deutschland im Kampf um den dritten Platz gegen Australien verliert.
24. April		Die seit dreizehn Jahren allein regierende Sozialistische Partei Österreichs unter Bundeskanzler Bruno Kreisky verliert bei den Parlamentswahlen die absolute Mehrheit. Kreisky tritt daraufhin zurück.		In Wien gewinnt beim fünften Weltcup der Springreiter mit Norman dello Joio zum vierten Mal ein Amerikaner. Bester deutscher: Paul Schockemöhle als Fünfter. Der Kölner Rennfahrer Rolf Stommelen verunglückt beim Sechsstunden-Rennen von Riverside/USA am Steuer eines Porsche tödlich. Er hat von 1969 bis 1978 in der Formel 1 insgesamt 55 Rennen bestritten.
25. April	Das Hamburger Magazin STERN präsentiert auf einer Pressekonferenz einige von insgesamt sechzig Tagebuchheften als Aufzeichnungen Adolf Hitlers. Unter Fachleuten kommt es zu heftigen Diskussionen um die Echtheit dieser Dokumente.	In Portugal geht die Sozialistische Partei unter Mario Soares als stärkste Gruppe aus den Parlamentswahlen hervor.		
26. April	Die Bundesregierung beschließt Fertigstellung und Inbetriebnahme des Schnellen Brüters in Kalkar und des Hochtemperaturreaktors in Schmehausen. Richard Meier, Präsident des Bundesamts für Verfassungsschutz, wird in den einstweiligen Ruhestand versetzt.	Acht Anrainerstaaten des Persischen Golfs verständigen sich über gemeinsame Maßnahmen zur Bekämpfung des riesigen Ölteppichs im Golf. Schon seit Wochen war aus iranischen Quellen Öl ausgelaufen, nachdem die Anlagen im irakisch-iranischen Krieg bombardiert worden waren.		
28. April	Bund, Länder und Gemeinden einigen sich im Finanzplanungsrat, Ausgabenkürzungen vorrangig auf den öffentlichen Dienst und Subventionen zu begrenzen.	In einem Schlußbericht über den Kampf gegen den Terrorismus in den 70er Jahren erklärt die Regierung Argentiniens, die damals „Verschwundenen" müßten als tot betrachtet werden. Der Bericht stößt auf weltweite Proteste.		

	Deutschland	Ausland	Kultur/Wissenschaft	Sport
29. April	Der Bundesrat fordert eine Verschärfung der von der Bundesregierung vorgelegten Verordnung über Großfeuerungsanlagen.	Der italienische Ministerpräsident Amintore Fanfani tritt mit seinem Kabinett zurück, nachdem die Sozialisten unter Bettino Craxi die Regierungskoalition aufgekündigt haben. Damit wird der Weg zu vorgezogenen Neuwahlen frei. Das Berner Büro der sowjetischen Presse-Agentur Nowosti wird von der Schweizer Regierung wegen „fortgesetzter gravierender Einmischung in innerschweizerische Angelegenheiten" geschlossen. Die Sowjetunion protestiert gegen die Maßnahme.	Der Schriftsteller Heinrich Böll wird Ehrenbürger seiner Vaterstadt Köln.	Der Deutsche Fußball-Bund verweigert den beiden Bundesligavereinen VfL Bochum und Karlsruher SC sowie aus der 2. Liga SV Darmstadt 98, Rot-Weiß Essen und FC Augsburg aus wirtschaftlichen Gründen die Lizenzen für die Spielsaison 1983/84.
30. April		242 führende Mitglieder der früheren türkischen Parteien dürfen zehn Jahre lang ihre politischen Rechte nicht ausüben. Unter ihnen der ehemalige Ministerpräsident Bülent Ecevit und Suleiman Demirel.		
1. Mai	Die Mai-Kundgebungen stehen im Zeichen der Forderung nach Maßnahmen gegen die Arbeitslosigkeit. Der Deutsche Gewerkschaftsbund warnt vor wirtschaftspolitischen Maßnahmen zu Lasten der Arbeitnehmer und fordert die 35-Stunden-Woche. Im Freistaat Bayern treten verschärfte Richtlinien über die „Politische Betätigung von Beamten und Richtern" in Kraft. Verboten ist künftig u.a. „gehässige Kritik an den Verfassungsorganen".	In Polen kommt es in mindestens zwanzig Städten zu Demonstrationen für die verbotene Gewerkschaft Solidarität.		Elmar Borrmann aus Tauberbischofsheim gewinnt als erster Fechter der Bundesrepublik den Weltpokal im Degen. Der VfL Gummersbach wird zum fünften Mal Sieger im Handball-Europapokal der Landesmeister.
2. Mai			Das alljährliche Treffen deutschsprachiger Theater in Berlin beginnt mit einer Inszenierung von Peter Handkes „Über die Dörfer".	In München wird die UdSSR durch einen 8:2-Sieg im letzten Spiel über Kanada zum 19. Mal Eishockey-Weltmeister. Sie stellt damit die Rekordserie Kanadas ein. Auf den nächsten Plätzen: CSSR, Kanada und Schweden. John McEnroe/USA wird zum dritten Mal WCT-Tennisweltmeister. Im Finale von Dallas schlägt er den Tschechen Ivan Lendl.
3. Mai	Spaniens Ministerpräsident Felipe Gonzalez besucht die Bundesrepublik und West-Berlin. Wichtigstes Thema seiner Gespräche: der geplante EG-Beitritt Spaniens.	UdSSR-Parteichef Andropow erklärt sich bereit, bei Mittelstreckenraketen in Europa statt Raketen die Zahl der Sprengköpfe zu zählen. Der Vorschlag wird von führenden Politikern im Westen zurückhaltend aufgenommen.	Die katholischen Bischöfe der USA treten in ihrem Hirtenbrief „Krieg und Frieden" für einen Atomrüstungsstopp und gegen den Ersteinsatz von Atomwaffen ein.	
4. Mai	Bundeskanzler Helmut Kohl gibt vor dem Deutschen Bundestag seine zweite Regierungserklärung ab unter dem Titel „Programm der Erneuerung: Freiheit, Mitmenschlichkeit, Verantwortung".	Iran weist 18 sowjetische Diplomaten aus. Ihnen wird „Einmischung in die inneren Angelegenheiten des Landes" vorgeworfen. Zugleich wird die kommunistische Tudeh-Partei verboten.	Auf der Wartburg werden die kirchlichen Feiern zum Luther-Jahr in der DDR eröffnet.	
5. Mai		Chaim Herzog wird als sechster Staatspräsident Israels vereidigt. Sein Vorgänger: Izchak Navon.	Wolfdietrich Schnurre erhält den mit 20 000 Mark dotierten Büchner-Preis 1983.	

	Deutschland	Ausland	Kultur/Wissenschaft	Sport
6. Mai		Nach den Parlamentswahlen in Finnland bleibt der Sozialdemokrat Kalevi Sorsa Ministerpräsident des Landes.		
7. Mai	Bernhard Worms wird zum Spitzenkandidaten der nordrhein-westfälischen CDU für die Landtagswahl 1985 erklärt. Er löst Kurt Biedenkopf ab.		In Cannes beginnen die 36. Internationalen Filmfestspiele. Der japanische Film „Naramaya-Bushi-Ko" von Shohei Imamura erhält die „goldene Palme".	
9. Mai	Das Hamburger Landgericht verurteilt den ehemaligen SS-Unterscharführer Karl Tollkühn wegen Beihilfe zum Mord an Juden in Riga im Herbst 1942 zu dreieinhalb Jahren Haft.		In Madrid wird eine Ausstellung mit dem Titel „Ortega y Gasset und seine Zeit" zum 100. Geburtstag des Philosophen eröffnet. Das indische Kernkraftwerk Tarapur bei Bombay ist Presseberichten zufolge so stark radioaktiv verseucht, daß es kaum noch betrieben werden kann. Ein 1981 von der Weltgesundheitskonferenz beauftragtes Expertenteam kommt zu dem Schluß, daß es im Fall eines atomaren Konflikts keine Möglichkeit gibt, den Opfern eines Atomangriffs ärztliche Hilfe und Versorgung zu geben.	Der Franzose Philippe Jeantot gewinnt in Newport/Rhode Island die Einhand-Segelregatta „Rund um die Welt".
10. Mai	Der Verbandstag des Deutschen Journalisten-Verbands in Hamburg spricht sich für die Bildung einer Medien-Gewerkschaft aus.			
11. Mai			Bertolt Brechts und Paul Dessaus „Herrnburger Bericht" wird in Essen für die Bundesrepublik erstaufgeführt.	In Göteborg gewinnt der FC Aberdeen mit einem Sieg gegen Real Madrid den Europapokal der Pokalsieger.
14. Mai		Von dem seit sechs Wochen aktiven sizilianischen Vulkan Ätna wird die Lava durch Sprengladungen teilweise in ein anderes Bett umgeleitet.	Der russische Regimekritiker Lew Kopelew wird in Hof/Saale mit dem Kulturpreis der deutschen Freimaurer geehrt.	
15. Mai	In Libyen werden acht unter Spionagevedacht verhaftete Deutsche gegen zwei Libyier, die in der Bundesrepublik Landsleute mißhandelt haben sollen, ausgetauscht.			Tom Petranoff (USA) stellt mit 99,72 Metern im Speerwurf einen Traumweltrekord auf. Er überbietet den alten Rekord um volle drei Meter. Der Franzose Yannick Noah wird in Hamburg neuer internationaler deutscher Tennismeister.
16. Mai			Der Schriftsteller Manès Sperber erhält den Friedenspreis des Deutschen Buchhandels 1983.	Der FC Bayern München trennt sich mit sofortiger Wirkung von seinem Trainer Pal Csernai.
17. Mai		Israel und Libanon unterzeichnen ein Truppenrückzugs-Abkommen, in dem der Kriegszustand zwischen beiden Ländern für beendet erklärt wird.		
18. Mai	Bernhard Vogel, CDU, wird erneut zum Ministerpräsidenten von Rheinland-Pfalz gewählt. Die zwanzig ständigen Ausschüsse des Bundestages konstituieren sich neu.		Im New Yorker Auktionshaus Sotheby Parke Bernet wird für das Bild „Warten" von Edgar Degas der neue Höchstpreis von 9,23 Millionen Mark ersteigert.	Der RSC Anderlecht gewinnt den UEFA-Pokal.

	Deutschland	Ausland	Kultur/Wissenschaft	Sport
19. Mai	Auf Antrag der SPD setzt der Bundestag einen Untersuchungsausschuß ein, der die Flick-Spendenaffäre aufklären soll.			Der VfL Gummersbach gewinnt zum zweiten Mal den Supercup im Handball.
20. Mai	Acht in der DDR-Friedensbewegung tätige Bürger aus Jena werden von den DDR-Behörden in den Westen abgeschoben.			
23. Mai	Bayerns Ministerpräsident Franz Josef Strauß besucht Rumänien. Er erörtert mit Staatschef Ceausescu Aussiedler- und Wirtschaftsprobleme. Auf der Jahresversammlung von amnesty international in Kiel wird die Freilassung des sowjetischen Dissidenten Andrej Sacharow verlangt, dessen Leben wegen einer schweren Erkrankung in Gefahr sei.			
24. Mai	Das amerikanische Verteidigungsministerium gibt zu, daß in der Bundesrepublik Nervengas-Granaten gelagert werden. Das Innenministerium in Bonn bestätigt auf Anfrage der Grünen im Bundestag, daß die Bundesregierung zu Zivilschutzzwecken große Mengen Psychopharmaka gekauft und eingelagert hat. Das Bundesverfassungsgericht entscheidet, daß die Mitgliedschaft in einer als verfassungsfeindlich geltenden Partei kein Hindernis für die Zulassung zum Anwaltsberuf ist.	In Österreich wird nach den Wahlen eine sozialliberale Regierung vereidigt. Neuer Bundeskanzler: Fred Sinowatz; Vorgänger: Bruno Kreisky.		
25. Mai	Bundeskanzler Helmut Kohl wird auf dem 31. Bundesparteitag der CDU als Parteivorsitzender bestätigt. An Rhein, Neckar, Saar und Mosel sowie deren Nebenflüssen kommt es zu Überschwemmungen. Besonders betroffen ist Köln mit dem zweithöchsten Pegelstand nach dem Krieg.	Auf dem Nasser-Stausee bei Abu Simbel/Ägypten kommen 300 bis 400 Menschen bei einer Schiffskatastrophe ums Leben.	Die meist tödlich verlaufende Infektionskrankheit AIDS, die in den USA zum Teil schon epidemische Ausmaße angenommen hat, tritt jetzt auch in der Bundesrepublik verstärkt auf.	Der Hamburger SV gewinnt zum ersten Mal in seiner Vereinsgeschichte den Fußball-Europapokal der Landesmeister. Im Athener Finale gewinnt der HSV mit 1:0 gegen Juventus Turin.
26. Mai		Das dänische Parlament rückt von wesentlichen Teilen des NATO-Doppelbeschlusses ab.		
28. Mai	Der SPD-Fraktionsvorsitzende Hans-Jochen Vogel trifft am Werbellin-See mit DDR-Staats- und Parteichef Erich Honecker zusammen. Gesprächsthemen: die Genfer Abrüstungsverhandlungen und der „Mindestumtausch" bei Reisen in die DDR. Bundeskanzler Helmut Kohl nimmt am 9. Wirtschaftsgipfel der sieben führenden westlichen Industriestaaten in Williamsburg/USA teil.		Karl Vibach, Intendant am Berliner Theater des Westens, tritt zurück. Götz Friedrich und Helmut Baumann übernehmen die Leitung.	

	Deutschland	Ausland	Kultur/Wissenschaft	Sport
29. Mai	Der amerikanische Verteidigungsminister Caspar Weinberger führt in der Bundesrepublik Gespräche mit Verteidigungsminister Manfred Wörner über Fragen des NATO-Doppelbeschlusses über Nachrüstung.			
30. Mai	Der Bundesgerichtshof veröffentlicht einen Beschluß vom 2. Mai: Demnach ist ein Wiederaufnahmeverfahren im Fall des Reichstagsbrands 1933 nicht zulässig. Der Bruder des 1933 zum Tode verurteilten Marinus van der Lubbe hatte eine Rehabilitierung angestrebt.	In Williamsburg/USA verpflichten sich die am 9. Weltwirtschafts-Gipfel teilnehmenden Staats- und Regierungschefs zum gemeinsamen Kampf gegen Arbeitslosigkeit, Inflation und Protektionismus sowie zum Abbau des Zinsniveaus. In Peru erklärt die Regierung für zwei Monate den Ausnahmezustand, um einer neuen Terrorwelle einer linksextremen Untergrundorganisation entgegenzuwirken.		
1. Juni	Die Bundesregierung dementiert Gerüchte, wonach der Westen einen Verzicht auf die Pershing II-Rakete bei der Nachrüstung erwäge. Die Bundesregierung stellt zusätzlich 253 Millionen Mark für die S-Bahn in Westberlin zur Verfügung. Damit werden Verhandlungen mit der DDR über eine Übernahme der S-Bahn durch den Westberliner Senat ermöglicht.	Mussa Awad, der Befehlshaber der palästinensischen El Fatah im Libanon, gibt bekannt, er habe sich einer Revolte gegen PLO-Chef Jassir Arafat angeschlossen, und bestätigt seinen harten Konfrontationskurs gegenüber Israel.		
2. Juni			Leopold Sedar Senghor, ehemaliger Staatspräsident des Senegal, wird in die Académie Française aufgenommen. Hans Werner Henzes Werk „Die englische Katze" wird bei den Schwetzinger Festspielen uraufgeführt.	
3. Juni	Die Mai-Zahlen der Bundesanstalt für Arbeit: 2 148 700 Arbeitslose (Quote 8,8 Prozent), 638 800 Kurzarbeiter, 85 800 offene Stellen.	In Argentinien wird das seit 1976 bestehende Streikverbot aufgehoben; am 25. Juni wird das 1979 erlassene Teilverbot von Gewerkschaften aufgehoben.	Die Deutsche Forschungsgemeinschaft gibt in einer Untersuchung bekannt, daß der Nutzen des Stillens höher einzuschätzen sei als mögliche Gesundheitsrisiken durch Chemikalienrückstände.	
4. Juni	In Hannover findet der erste Bundeskongreß der Grünen statt.		Günter Grass wird zum neuen Präsidenten der Berliner Akademie der Künste gewählt.	Der Hamburger SV verteidigt in der Bundesliga seinen Titel als Deutscher Fußballmeister erfolgreich vor dem punktgleichen SV Werder Bremen. Für den HSV entscheidet die bessere Tordifferenz. Er wird damit zum sechsten Mal Meister.
5. Juni		Über hundert sowjetische Urlauber kommen bei einem Schiffsunglück auf der Wolga ums Leben.		Jürgen Hingsen (Uerdingen) wird mit 8777 Punkten neuer Zehnkampf-Weltrekordler. Bisheriger Titelhalter: der Brite Daley Thompson mit 8743 Punkten. Der italienische Weltmeister Giuseppe Saronni gewinnt in Udine den Giro d'Italia. Der Frankfurter Dietrich Thurau wird Fünfter.

	Deutschland	Ausland	Kultur/Wissenschaft	Sport
6. Juni	Der Postverwaltungsrat ändert die Fernmeldeordnung, welche die Kosten der geplanten Kabelanschlüsse regelt. Ferner genehmigt er den Jahresabschluß 1982 der Bundespost mit 1,7 Milliarden Mark Gewinn.			
7. Juni		Der finnisch-sowjetische Freundschaftsvertrag von 1948 wird bei einem Besuch des finnischen Staatspräsidenten Mauno Koivisto in Moskau vorzeitig um zwanzig Jahre verlängert. In Norwegen bildet der konservative Ministerpräsident Kaare Willoch durch die Aufnahme der Christlichen Volkspartei und der Zentrumspartei in seine bisherige Minderheitsregierung eine bürgerliche Mehrheitsregierung.	Die Schriftstellerin Hilde Domin erhält den mit 20 000 Mark dotierten Nelly-Sachs-Preis der Stadt Dortmund zugesprochen.	
8. Juni	Der 20. Deutsche Evangelische Kirchentag (Motto: „Umkehr zum Leben") beginnt in Hannover. Rund 130 000 Menschen nehmen an den Veranstaltungen teil, die zu Demonstrationen für Abrüstung in Ost und West werden. Die DDR schiebt erstmalig zwangsweise ein Mitglied der Jenaer Friedensbewegung in die Bundesrepublik ab, den 28jährigen Roland Jahn.	In Addis Abeba beginnt die 19. Gipfelkonferenz der Organisation für Afrikanische Einheit (OAE).		Marlies Göhr (DDR) stellt in Ostberlin mit 10,88 Sekunden einen neuen 100-m-Weltrekord auf.
9. Juni	Bundeskanzler Helmut Kohl legt seine Regierungserklärung zum Wirtschaftsgipfel von Williamsburg vor. Auf Antrag der SPD konstituiert sich der vom Bundestag eingesetzte Untersuchungsausschuß zur Aufklärung der Flick-Parteispendenaffäre. Nordrhein-Westfalen stimmt als erstes Bundesland der für Mai 1984 vorgesehenen bundesweiten Einführung von Bildschirmtext zu.	In Lissabon wird die neue portugiesische Regierung unter dem sozialistischen Ministerpräsidenten Mario Soares vereidigt. Britische Unterhauswahlen: Die Konservativen erringen mit 397 Mandaten einen klaren Sieg. Labour-Party: 209 Mandate. Premierministerin Margaret Thatcher bildet ihr Kabinett am 11. Juni um. Neuer Außenminister: Sir Geoffrey Howe, neuer Innenminister: Leon Brittan.	„Lenotan", ein Mittel gegen Schwangerschaftserbrechen, das seit 27 Jahren verschrieben wird, wird von der Herstellerfirma weltweit zurückgezogen – wegen „ungerechtfertigter Kritik", wie das Unternehmen Merrell Pharma mitteilt.	
10. Juni	Lothar Späth wird vom CDU-Landesparteitag von Baden-Württemberg in seinem Amt als Vorsitzender der Südwest-CDU bestätigt.		In Halle/Saale werden die 32. Händel-Festspiele eröffnet.	
11. Juni				Der 1. FC Köln gewinnt den DFB-Vereinspokal. Zhu Jianhua stellt in Peking mit 2,37 m einen neuen Hochsprung-Weltrekord der Männer auf.
13. Juni	Bundesarbeitsminister Norbert Blüm, Finanzminister Gerhard Stoltenberg und Wirtschaftsminister Otto Graf Lambsdorff einigen sich auf die Rentenanpassung 1984: effektive Steigerung 1,4 Prozent.			

	Deutschland	Ausland	Kultur/Wissenschaft	Sport
14. Juni	Die Bundesregierung beschließt Hilfen für die deutsche Stahlindustrie in Höhe von drei Milliarden Mark. In Frankfurt beginnt die 22. Hauptversammlung des Deutschen Städtetages.	Die für Entwicklungshilfe zuständigen Minister der EG beschließen in Luxemburg ein Sofortprogramm gegen den Hunger in der Welt. In den nächsten zwei Jahren sollen dafür 112 Millionen Mark aufgewendet werden.		
15. Juni	Sicherheitspolitische Debatte im deutschen Bundestag: Sie konzentriert sich auf das Problem der Nachrüstung. Nach einer Äußerung von Bundesfamilienminister Heiner Geißler, der Pazifismus der 30er Jahre habe Auschwitz erst möglich gemacht, kommt es zu Tumulten.			
16. Juni	Aus Unzufriedenheit mit der Umweltpolitik in Nordrhein-Westfalen tritt NRW-Landwirtschaftsminister Hans Otto Bäumer zurück.	Papst Johannes Paul II. trifft zu seinem zweiten Polen-Besuch in Warschau ein. Jurij Andropow, Generalsekretär der KPdSU, wird vom Obersten Sowjet zum Präsidiumsvorsitzenden dieses Gremiums gewählt, also zum Staatsoberhaupt der Sowjetunion. Damit hat er die drei wichtigsten Staats- und Parteiämter inne: Parteichef, Vorsitzender des Verteidigungsrates und Staatsoberhaupt. In Luxemburg einigen sich die Umweltminister der EG auf eine dramatische Verringerung der Autoabgase.	Der Schriftsteller Horst Bienek erhält den mit 10 000 Mark dotierten Andreas-Gryphius-Preis.	In London wird bei einem Degengefecht der 33jährige John Warburn von der abgebrochenen Klinge seines Gegners an der Kehle durchbohrt und stirbt.
17. Juni	Die Gipfelkonferenz der Staats- und Regierungschefs der Europäischen Gemeinschaft beginnt in Stuttgart.			Der Lübecker Alexander Hagen und sein Vorschotmann Vincent Hüsch werden in Kiel-Schilksee Segel-Europameister in der Starboot-Klasse.
18. Juni		Der 74jährige Li Xiannian wird in Peking zum Staatspräsidenten der Volksrepublik China gewählt.	In München beginnt das erste „Filmfest München" mit der Vorführung von achtzig Filmen.	
19. Juni	Manfred Coppik, ehemaliger SPD-Bundestagsabgeordneter, wird in Frankfurt zum Spitzenkandidaten der Demokratischen Sozialisten für die hessischen Landtagswahlen nominiert.			
22. Juni		Der dänische Steuerrebell und Politiker Mogens Glistrup wird wegen Steuerhinterziehung in letzter Instanz zu drei Jahren Gefängnis ohne Bewährung verurteilt.	Friederike Roth gewinnt in Klagenfurt den Hauptpreis (17 000 Mark) im Wettbewerb um den Ingeborg-Bachmann-Preis.	
23. Juni	Regierungserklärung von Bundeskanzler Helmut Kohl zur Lage der Nation: Er betont, die Bundesregierung wolle der DDR gegenüber eine Politik des Dialogs, des Ausgleichs und der Zusammenarbeit betreiben.			
24. Juni		Syrien weist den Chef der PLO, Jassir Arafat, aus und verbietet ihm die Wiedereinreise nach Syrien.	Im Germanischen Museum in Nürnberg wird die Ausstellung „Martin Luther und die Reformation in Deutschland" eröffnet.	

	Deutschland	Ausland	Kultur/Wissenschaft	Sport
25. Juni	In Krefeld finden Feierlichkeiten zum 300. Jahrestag der ersten Auswanderung von Deutschen nach Amerika statt. Dazu kommt US-Vizepräsident George Bush nach Krefeld. Bei einer Friedensdemonstration kommt es zu gewalttätigen Auseinandersetzungen mit der Polizei.		In Bottrop wird das Josef-Albers-Museum mit Werken des 1933 nach Amerika emigrierten Malers eröffnet.	Deutschlands Dressur-Equipe wird beim Reitturnier in Aachen zum 10. Mal hintereinander Europameister. Michael Groß stellt bei den deutschen Schwimm-Meisterschaften in Hannover im 200-Meter-Freistil einen Weltrekord auf (1:48,22) sowie einen neuen Europarekord im 200-Meter-Schmettern (1:58,22).
26. Juni		Bei vorgezogenen italienischen Parlamentswahlen erleiden die Christdemokraten mit Verlusten von fast sechs Prozent in der Kammer und im Senat die größte Niederlage seit der Parteigründung. Dennoch bleiben sie vor den Kommunisten stärkste Partei des Landes.		Bei den deutschen Leichtathletik-Meisterschaften in Bremen werden vier neue deutsche Rekorde aufgestellt. Peter Bouschen im Dreisprung mit 17,33 m und Christian Haas mit 10,16 Sekunden im 100-m-Lauf ragen als besondere Leistung heraus. Einmalige Leistung: Willi Wülbeck aus Wattenscheid wird zum 10. Mal hintereinander deutscher 800-m-Meister.
27. Juni	Bundeswirtschaftsminister Graf Lambsdorff erörtert in Moskau Möglichkeiten der weiteren wirtschaftlichen Zusammenarbeit mit der UdSSR.			
29. Juni	Die Bundesregierung beschließt den Bundeshaushalt 1984 in Höhe von 257,75 Milliarden Mark. Einsparungen: 6,6 Milliarden, Neuverschuldung 37,3 Milliarden.	In Guatemala wird über das ganze Land der Ausnahmezustand verhängt. Grund: Gerüchte über einen bevorstehenden Putsch gegen die Regierung von General Efraim Rios Montt.	In Wolfenbüttel wird ein neuentdeckter Luther-Text vorgestellt, der früheste bisher bekannt gewordene Druck.	
30. Juni			In Mainz beginnt ein Internationaler Kafka-Kongreß zum Thema „Kafkas Deutung des 20. Jahrhunderts".	
1. Juli	Ein Gesetzantrag des Landes Hessen zur Schaffung besonderer Straftatbestände für Betrug bei Ausschreibungen und bei illegaler Überlassung von Arbeitnehmern wird vom Bundesrat abgelehnt.	Der libysche Revolutionsführer Muammar el-Gaddafi begegnet in Rabat König Hassan von Marokko zum erstenmal seit 1969. Hauptthema der Gespräche: die Westsahara-Frage.		
2. Juli	Auf einem Landesparteitag der westfälischen CDU in Hagen behauptet sich Kurt Biedenkopf als Vorsitzender. In der Nähe von Wustrow (Landkreis Lüchow-Dannenberg) dringen rund zwanzig Kernkraftgegner auf DDR-Gebiet vor und errichten dort Zelte, um gegen die in Dragahn geplante Wiederaufarbeitungsanlage für Kernbrennstoffe zu protestieren. Am 5. Juli wird ein zweites Protestlager auf DDR-Gebiet nahe der Ortschaft Kapern-Gummern errichtet.			Das 22. Deutsche Turnfest mit 65 000 Teilnehmern geht in Frankfurt zu Ende. Der Hengst „Ordos", ein Bruder des Superpferdes „Orofino", gewinnt in Hamburg-Horn mit Peter Alafi im Sattel das 114. Deutsche Galopp-Derby. Martina Navratilova und John McEnroe (beide USA) verteidigen bei den All-England-Tennismeisterschaften in Wimbledon ihre Titel. Für Martina Navratilova ist es der vierte, für John McEnroe der zweite Wimbledon-Sieg.
4. Juli	Bundeskanzler Helmut Kohl und Außenminister Hans-Dietrich Genscher statten der UdSSR einen offiziellen Besuch ab.			

	Deutschland	Ausland	Kultur/Wissenschaft	Sport
5. Juli	Die älteste Bürgerin der Bundesrepublik, Agnes Gerrath aus Kiel, stirbt im Alter von 108 Jahren.		Das Berliner Bundesgesundheitsamt schränkt per Verfügung die Anwendung der „Dreimonatsspritze" zur Empfängnisverhütung ein und verfügt zugleich Gebrauchsinformationen für acetylsalicylsäurehaltige Arzneimittel (Aspirin).	
6. Juli		Ein iranischer Jumbo-Jet wird während eines Inlandfluges von sechs Iranern über Kuweit nach Paris entführt. Am 7. Juli lassen die Entführer die letzten Geiseln frei und geben auf.	Der Schriftsteller und Publizist Axel Eggebrecht erhält den mit 15 000 Mark dotierten Gerrit-Engelke-Preis der Stadt Hannover zugesprochen. Die Münchner Opernfestspiele werden mit Wagners „Rienzi" eröffnet.	
8. Juli	Der CSU-Bundestagsabgeordnete Franz Handlos tritt aus Protest gegen den Führungsstil des CSU-Vorsitzenden Franz Josef Strauß nach 27jähriger Mitgliedschaft aus seiner Partei aus. Er behält sein Bundestagsmandat als Parteiloser.			
10. Juli				Der Amerikaner Jimmy Connors gewinnt mit einem Sieg über Ivan Lendl (CSSR) das Tennisturnier in Sun City/USA und erhält dafür 400 000 Dollar (eine Million Mark).
11. Juli	Eine zweiwöchige Antarktis-Konferenz zum Thema der Ausbeutung der unter dem Eis vermuteten Bodenschätze geht in Bonn ohne greifbare Ergebnisse zu Ende.			
12. Juli		Am dritten „Tag des nationalen Protests" gegen die Wirtschafts- und Sozialpolitik der Militärregierung Chiles kommt es zu Zusammenstößen zwischen Demonstranten und der Polizei.	Auf der Nordseeinsel Pellworm nimmt das größte europäische Sonnenkraftwerk seinen Betrieb auf.	
13. Juli	Die Bundesregierung billigt den von Justizminister Engelhard und Innenminister Zimmermann erarbeiteten Kompromiß zur Verschärfung des Demonstrationsstrafrechts sowie einen Entwurf zur Lockerung des Kontaktsperregesetzes. Die Verschärfung des Demonstrationsrechts stößt auf heftige Proteste, auch bei der Gewerkschaft der Polizei. Der bayerische Landtag verabschiedet gegen die Stimmen der SPD-Opposition einen Gesetzentwurf, demzufolge vom 1. August an in Bayern Teilnehmer an rechtswidrigen oder gewalttätigen Demonstrationen für die entstandenen Polizeikosten aufkommen müssen.			
14. Juli			Bundespräsident Karl Carstens eröffnet die 25. Gandersheimer Domfestspiele.	

	Deutschland	Ausland	Kultur/Wissenschaft	Sport
15. Juli	Der Bundesrat stimmt der Verordnung zur Lockerung des Arbeitsschutzes für Jugendliche zu. In München beginnt der Parteitag der CSU. Am 16. Juli wird Franz Josef Strauß mit 77 Prozent der Stimmen in seinem Amt als Parteivorsitzender bestätigt. Es ist das schlechteste Ergebnis seiner 22jährigen Amtszeit.	Auf dem Pariser Flughafen Orly werden bei einem Bombenanschlag auf den Schalter der türkischen Fluggesellschaft sieben Menschen getötet und 57 verletzt. Auf der Madrider KSZE-Folgekonferenz stimmen 34 der 35 Teilnehmerstaaten dem Schlußdokument zu. Nur Malta verweigert seine Zustimmung.		
16. Juli	Franz Josef Strauß tritt eine mehrtägige „private" Reise in die CSSR, nach Polen und in die DDR an. Am 24. Juli trifft er mit DDR-Staats- und Parteichef Erich Honekker am Werbellinsee zusammen.			
20. Juli	In einer Absichtserklärung beschließt die Bundesregierung, ab 1986 nur noch neue Kraftfahrzeuge zuzulassen, die mit Katalysatoren für bleifreies Benzin ausgerüstet sind, das im gleichen Jahr eingeführt werden soll.			
22. Juli	Die Bundesregierung unterzeichnet das Übereinkommen der UNO gegen jegliche Diskriminierung der Frau.	Das am 13.12.1981 in Polen verhängte Kriegsrecht wird aufgehoben. Das polnische Parlament hat jedoch zuvor Sondergesetze erlassen, mit denen viele der im Kriegsrecht enthaltenen Bestimmungen fortgeschrieben werden. US-Präsident Ronald Reagan ernennt den stellvertretenden Sicherheitsberater Robert McFarlane zu seinem neuen Nahost-Beauftragten als Nachfolger von Philip Habib.		
23. Juli		In Sri Lanka (Ceylon) beginnen rassisch und religiös motivierte blutige Auseinandersetzungen zwischen buddhistischen Singhalesen und hinduistischen Tamilen. Drusenführer Walid Dschumblatt gründet in Libanon eine prosyrische „Nationale Rettungsfront".		
24. Juli			In Vancouver/Kanada beginnt die 6. Vollversammlung des ökumenischen Rats der Kirchen. In Bayreuth beginnen die 72. Richard-Wagner-Festspiele, die im Zeichen des 100. Todestages von Richard Wagner stehen.	Der Franzose Laurent Fignon gewinnt die 70. Tour de France.
25. Juli	Das Saarland wird als sechstes unionsregiertes Bundesland seine Vollzugspolizei mit dem heftig umstrittenen Reizgas CS ausrüsten. Auf einer Strecke zwischen Kiew und Moskau stürzt ein Bus mit deutschen Touristen in einen Fluß. Bei dem Unfall kommen elf Menschen ums Leben.			

	Deutschland	Ausland	Kultur/Wissenschaft	Sport
26. Juli			Der Rolf-Liebermann-Preis für Opernkomponisten (75 000 Mark) wird erstmals vergeben. Preisträger: Konrad Boehmer für das Werk „Dr. Faustus". Die Salzburger Festspiele werden eröffnet.	Erwin Skamrahl (Groß-Ilsede) stellt mit 44,50 Sekunden einen neuen Europarekord über 400 m auf.
27. Juli			Nach Protesten in der Öffentlichkeit verbietet der amerikanische Verteidigungsminister Caspar Weinberger Schießversuche an Hunden im Rahmen der Ausbildung von Militärärzten.	
28. Juli	Franz-Josef Antwerpes, Regierungspräsident von Köln, gibt bekannt, daß auf einer Kölner Mülldeponie innerhalb einer Wasserschutzzone Abraumerde mit arsenhaltigen Rückständen jahrelang illegal gelagert worden ist.			
30. Juli		Die Regierungstruppen des Tschad erobertn die strategisch wichtige Stadt Faya Largeau zurück, die am 24. Juni von aufständischen Einheiten besetzt worden war.		
31. Juli				Bei der Springreiter-Europameisterschaft in Hickstead/England verliert die deutsche Equipe ihren Titel in der Gemeinschaftswertung an die Schweiz und wird Dritter. Paul Schockemöhle (Mühlen) wird auf „Deister" zum zweiten Mal hintereinander Europameister in der Einzelwertung.
2. August		In Neu Delhi unterzeichnen sieben Staaten Dokumente über die „Südasiatische Regionale Zusammenarbeit" auf den Gebieten Landwirtschaft, Post, Fernmeldewesen und Transport. Beteiligte Staaten: Indien, Pakistan, Bangladesch, Sri Lanka, Bhutan, Nepal und die Malediven.		
3. August	Im Hamburger Stadtteil Wilhelmsburg legt ein junger Mann Feuer in einer Kühlhalle. Der Brand vernichtet 5700 Tonnen Butter und 4500 Tonnen andere, leicht verderbliche Lebensmittel. Schaden: rund 100 Millionen Mark. Frank Schwalba-Hoth, ein Abgeordneter der Grünen im hessischen Landtag, bespritzt bei einem Empfang des Landtagspräsidenten für die Kommandeure der US-Streitkräfte in Hessen den US-General Paul S. Williams mit dem eigenen Blut.			
4. August		In Rom wird eine neue italienische Regierung unter dem sozialistischen Ministerpräsidenten Bettino Craxi vereidigt.		

	Deutschland	Ausland	Kultur/Wissenschaft	Sport
5. August	Hans-Jürgen Wischnewski, SPD-Präsidiumsmitglied, bricht zu einer dreiwöchigen Nahost-Reise in sieben arabische Staaten sowie nach Israel auf.	Militärputsch in Obervolta: Der ehemalige Ministerpräsident Hauptmann Thomas Sankara kommt in der Nacht zum 5.8. durch einen fast unblutigen Militärputsch an die Macht. Der pro-westliche Präsident Jean-Baptiste Quédraogo wird verhaftet.	In Locarno beginnt das 36. Internationale Filmfestival. Der „Goldene Leopard" wird an den ungarischen Film „Die Prinzessin" von Pal Erdöss vergeben.	
6. August		Präsidentenwahl in Nigeria: Der bisherige Präsident Shehu Shagari siegt mit 47,3 Prozent der Stimmen. Die Opposition spricht von Wahlmanipulationen.		Bei den Weltmeisterschaften im modernen Fünfkampf in Warendorf belegen die UdSSR, Ungarn und Frankreich die ersten drei Plätze. Einzelweltmeister: Anatoli Starostin (UdSSR). Bei den USA-Schwimm-Meisterschaften werden fünf neue Weltrekorde aufgestellt, allein drei von Rick Carey über 100 und 200 m Rücken.
8. August	Das Bundesverkehrsministerium verabschiedet neue vereinheitlichte Richtlinien für den Lärmschutz beim Straßenbau.	General Efraín Ríos Montt, Staatspräsident von Guatemala, wird von der Militärführung des Landes gestürzt. Neuer Staatschef: Verteidigungsminister General Oscar Humberto Mejía Victores.		
9. August		Nach zehnwöchigem Streik erscheint die britische Wirtschaftszeitung „Financial Times" wieder.	Im Salzburger kleinen Festspielhaus wird das zweite Cello-Konzert von Ernst Krenek uraufgeführt.	
10. August	Die Hamburger Polizei verhaftet bei einem Großeinsatz fast alle Mitglieder der Rockergruppe „Hell's Angels".			Nach 1973 gewinnen Deutschlands Hochseesegler zum zweitenmal den „Admiral's Cup", die inoffizielle Segel-Weltmeisterschaft. Die deutsche Mannschaft gewinnt mit den Yachten „Sabina", „Pinta" und „Outsider".
11. August	In Ostberlin wird mitgeteilt, daß König Carl Gustaf von Schweden und Königin Margarethe von Dänemark die Einladungen der DDR zum offiziellen Festakt aus Anlaß des 500. Geburtstags von Martin Luther aus Termingründen nicht annehmen.	Vierter „Nationaler Protesttag" gegen die Militärjunta in Chile. Bei Demonstrationen werden mindestens 24 Menschen getötet.		Die Fernsehanstalten ARD und ZDF und der DFB einigen sich vertraglich über die Übertragungsrechte an Spielen der 1. und 2. Bundesliga. Die Honorare werden von 7,2 auf knapp acht Millionen Mark erhöht.
12. August			Der Hoffmann und Campe Verlag in Hamburg lehnt ein von ihm selbst in Auftrag gegebenes Buch von Erich Kuby über die STERN-Affäre um die gefälschten Hitler-Tagebücher ab. Autoren und Angestellte protestieren.	
13. August		In Genf endet die zweite Weltkonferenz gegen Rassismus und Rassendiskriminierung ohne Einigung aller Teilnehmerstaaten auf gemeinsame Stellungnahmen.		
14. August			Der Schriftsteller Erich Loest gibt bekannt, daß er nicht in die DDR zurückkehren werde.	Bei den ersten Weltmeisterschaften in der Leichtathletik in Helsinki belegt die Bundesrepublik den fünften Platz mit zwei Gold-, fünf Silbermedaillen und einer Bronzemedaille. Erfolgreichstes Teilnehmerland: die DDR mit zehn Weltmeisterschaften vor den USA mit acht.

	Deutschland	Ausland	Kultur/Wissenschaft	Sport
15. August		Jurij Andropow, sowjetischer Staats- und Parteichef, spricht sich für drastische Änderungen in der Planwirtschaft der UdSSR aus.		Rudi Völler vom SV Werder Bremen wird zum Fußballer des Jahres gewählt.
18. August		UdSSR-Staats- und Parteichef Andropow kündigt bei einem Gespräch mit US-Senatoren im Kreml ein sowjetisches Moratorium für Weltraumwaffen an.		
19. August	Berlins Bausenator Ulrich Rastemborski verläßt mit unbekanntem Ziel die Stadt. Am 25. August gibt er seinen Rücktritt aus persönlichen Gründen bekannt.			
20. August	Der nordrhein-westfälische Ministerpräsident Johannes Rau trifft zu zehntägigen Gesprächen über den deutsch-chinesischen Handel in Peking ein.		In Baden-Baden wird die „3. Biennale der Europäischen Grafik" eröffnet.	
21. August			Die 37. Festspiele von Edinburgh beginnen.	Ulrike Meyfarth (Leverkusen) und Tamara Bykowa (UdSSR) stellen beim Europacup-Finale der Leichtathleten in London mit 2,03 Metern einen neuen Hochsprung-Weltrekord auf.
22. August			In München beginnt der 49. Kongreß des Internationalen Verbandes der bibliothekarischen Vereine und Institutionen. Thema der Tagung: Bibliotheken in einer technisierten Welt.	
24. August	Die Bundesregierung verabschiedet einen Entsorgungsbericht, demzufolge die Entsorgung der Kernkraftwerke und anderer Atomanlagen von radioaktivem Müll langfristig gesichert sei.		Der Schriftsteller Günther Anders erhält den Theodor-W.-Adorno-Preis der Stadt Frankfurt (50 000 Mark) zugesprochen.	
	Egon Bahr, SPD-Sicherheitsexperte, trifft in Ostberlin zu einem Gespräch mit DDR-Staats- und Parteichef Erich Honecker zusammen. Themen: Rüstungsbegrenzung, NATO-Nachrüstung und Sicherheitsfragen.			
25. August	Die „Geheimarmee zur Befreiung Armeniens" verübt ein Sprengstoffattentat auf das französische Konsulat in Westberlin. Ein Mensch wird getötet, 23 weitere werden verletzt.		Der sowjetische Schriftsteller Georgij Wladimow, der in der Bundesrepublik lebt, wird wegen angeblicher „systematischer anti-sowjetischer Tätigkeit" von der UdSSR ausgebürgert.	
			Der Bundesrepublik sei mit dem Forschungsschiff „Polarstern" der Anschluß an die internationale Arktis- und Antarktisforschung gelungen, so Professor Gotthilf Hempel, Direktor des Bremerhavener Alfred-Wegener-Instituts.	
26. August	Bundespräsident Karl Carstens gibt bekannt, er könne die Einladung zur Luther-Feier der DDR-Regierung in Ostberlin aus Termingründen nicht wahrnehmen.			Fünf Tage nach dem Doppel-Weltrekord von London überspringt Tamara Bykowa (UdSSR) allein die neue Weltrekord-Höhe von 2,04 Metern.

	Deutschland	Ausland	Kultur/Wissenschaft	Sport
27. August		An einer Demonstration in Washington/USA für die Rechte der schwarzen Minderheit, für Arbeit, Frieden und Abrüstung nehmen mindestens 250 000 Menschen teil. Eine Boeing 727 der Air France mit 111 Personen an Bord wird auf einem Flug Wien–Paris von vier Arabern entführt. In Genf und Catania/Sizilien werden die meisten Fluggäste freigelassen. In Teheran geben die Entführer am 31. August auf und bitten um politisches Asyl.		In Rom verliert die Bundesrepublik den Titel als Europameister im Wasserball an die UdSSR, die das Turnier vor Ungarn und Spanien gewinnt. Die Europameisterschaften der Schwimmer in Rom enden mit dem dritten Platz der Bundesrepublik hinter der DDR und der UdSSR. Allein Michael Groß wird viermal Europameister.
29. August			Der österreichische Schriftsteller Gerhard Roth erhält den diesjährigen Alfred-Döblin-Preis (15 000 Mark).	
30. August	Kemal Altun, türkischer Asylant, dessen Auslieferung von der Türkei verlangt wird, nimmt sich in Westberlin durch einen Sprung aus dem sechsten Stock des Verwaltungsgerichts Berlin das Leben.		Amerikanische Wissenschaftler entdecken im US-Staat Montana einen fossilen Dinosaurier-Embryo. Der Embryo, rund 70 bis 80 Millionen Jahre alt, ist bei Grabungsarbeiten in einem fossilen Dinosaurier-Ei entdeckt worden.	
31. August	Der Herstatt-Prozeß geht nach viereinhalb Jahren vor dem Kölner Landgericht zu Ende. Die beiden letzten Angeklagten, Bernhard Graf von der Goltz und Heinz Hedderich, erhalten Freiheitsstrafen von je zwei Jahren und fünf Monaten sowie Geldstrafen von je 45 000 Mark wegen Beihilfe zum Bankrott in einem besonders schweren Fall und Untreue.		In Venedig beginnt die 40. Filmbiennale.	
1. September	Die Herbstaktionen der Friedensbewegung beginnen mit der dreitägigen „Prominentenblockade" des amerikanischen Militärdepots in Mutlangen. In Hamburg verbietet das Deutsche Hydrographische Institut wegen anhaltenden Sauerstoffmangels in der Nordsee vorübergehend die „Verklappung" grünsalzhaltiger chemischer Abfälle.	Auf dem Flug New York–Seoul kommt ein südkoreanischer Jumbo-Jet mit 269 Personen an Bord vom Kurs ab und wird bei der Insel Sachalin von einem Kampfflugzeug der UdSSR abgeschossen.		Deutschlands Frauenteam belegt bei den Weltmeisterschaften im Modernen Fünfkampf in Göteborg/Schweden den zweiten Platz hinter Großbritannien.
2. September	Helmut Behrendt wird neuer Chef des Militärischen Abschirmdienstes (MAD).		Im Vatikan beginnt das 33. Generalkapitel des Jesuitenordens. Neuer Generaloberer wird der Niederländer Peter Hans Kolvenbach.	
3. September		Südöstlich von Beirut beginnt der Abzug der israelischen Truppen aus den libanesischen Schuf-Bergen. Danach kommt es in dem geräumten Gebiet zu heftigen Kämpfen zwischen drusischen und christlichen Milizen.	In Bougival bei Paris wird ein Iwan-Turgenjew-Museum eröffnet.	
4. September	Erstmalig reist eine Gruppe von Bundestagsabgeordneten aller vier Fraktionen zur Leipziger Herbstmesse.		In Linz beginnt das 10. Internationale Bruckner-Fest.	Die Ruder-Europameisterschaft in Duisburg endet für die Bundesrepublik mit drei Goldmedaillen und einer Bronzemedaille.

	Deutschland	Ausland	Kultur/Wissenschaft	Sport
5. September	August-Zahlen der Bundesanstalt für Arbeit: 2 196 220 Arbeitslose (Quote 8,9 Prozent), 379 182 Kurzarbeiter, 137 200 offene Stellen. Ex-Bundeskanzler Helmut Schmidt trifft in Ostberlin mit Staats- und Parteichef Erich Honecker zu einem Gespräch zusammen. Die Braunschweiger Physikalisch-Technische Bundesanstalt erteilt für das nukleare Zwischenlager Gorleben die atomrechtliche Aufbewahrungsgenehmigung.		Carl-Friedrich von Weizsäcker erhält den Heine-Preis der Stadt Düsseldorf (25 000 Mark).	
7. September		Am Genfer UNO-Sitz einigen sich die Teilnehmer der Internationalen Palästina-Konferenz auf eine Erklärung, in der ein unabhängiger Staat für die Palästinenser gefordert wird.		
9. September	Die Deutsche Gesellschaft zur Wiederaufarbeitung von Kernbrennstoffen (DWK) übergibt den zuständigen Ministerien Niedersachsens und Bayerns die Sicherheitsberichte über die geplante atomare Wiederaufarbeitungsanlage in Dragahn und Wackersdorf. Die DWK erklärt jedoch nicht öffentlich, wo sie die erste Anlage bauen will.	Das im November 1980 eröffnete Madrider KSZE-Folgetreffen wird formell beendet, nachdem mit Malta ein Kompromiß wegen des Abschlußdokuments erreicht worden ist.		
11. September			Jean-Luc Godard erhält für seinen Film „Prénom Carmen" den „Goldenen Löwen" der Film-Biennale von Venedig.	
12. September	Die Bundesregierung beschließt nach Abstimmung mit den NATO-Partnern, vom 15. September an für zwei Wochen sämtliche Flüge nach und von der Sowjetunion zu suspendieren. Dies ist eine Reaktion auf den Abschuß einer südkoreanischen Verkehrsmaschine durch sowjetische Raketen am 1. September. Nach Bekanntwerden von Plänen zur Entlassung von 1354 Arbeitnehmern der Howaldtswerke-Deutsche Werft AG (HDW) in Hamburg wird das Hamburger Werk mehrere Tage lang von der Belegschaft besetzt. Die Protestaktion bleibt jedoch ohne Erfolg.			
13. September	Der israelische Geschäftsmann Ephraim Halpern wird in Hamburg vor seiner Wohnungstür erschossen. Zu der Tat bekennt sich eine „17. September Sabra and Shatila"-Organisation.			
14. September	Das Kernkraftwerk Krümmel bei Geesthacht nimmt seinen Betrieb auf.		Der Schriftsteller Uwe Johnson erhält den Kölner Literaturpreis (25 000 Mark).	

	Deutschland	Ausland	Kultur/Wissenschaft	Sport
15. September	Richard von Weizsäcker trifft als erster Regierender Bürgermeister Berlins in Ostberlin mit dem DDR-Staatsratsvorsitzenden Erich Honecker zusammen.	Der israelische Ministerpräsident Menachem Begin tritt zurück, bleibt aber bis zur Bildung einer neuen Regierung im Amt. Nachfolger am 21. September: Außenminister Izchak Schamir. In Belgien beginnt ein zehntägiger Generalstreik des öffentlichen Dienstes.		
16. September			Der Zeichner Tomi Ungerer erhält den Jacob-Burckhardt-Preis der Goethe-Stiftung in Basel.	
17. September	In einer Rede vor dem Parteitag der rheinländischen CDU wirft Bundesfamilienminister Heiner Geißler (CDU) der SPD vor, sie werde zur „fünften Kolonne" Moskaus. Nach Protesten der Sozialdemokraten beschließt die SPD-Fraktion, die Kontakte mit Geißler auf das im Grundgesetz vorgeschriebene Minimum zu beschränken.	Andrej Gromyko, sowjetischer Außenminister, sagt seine Teilnahme an der am 20. September beginnenden 38. UNO-Vollversammlung ab, weil angeblich seine Sicherheit bei der Ankunft in New York nicht unbedingt gewährleistet sei.		
19. September	Die Universität Greifswald verleiht dem Vorsitzenden des Kuratoriums der Krupp-Stiftung, Berthold Beitz, die Ehrendoktorwürde der medizinischen Fakultät. Die Bremer Großwerft AG Weser in Gröpelingen wird von der Belegschaft besetzt.			
20. September	Wladimir Semjonow, sowjetischer Botschafter in Bonn, überreicht Bundeskanzler Kohl einen Brief des sowjetischen Staats- und Parteichefs Jurij Andropow, der sich u.a. mit Sicherheitsfragen und Umweltschutzproblemen befaßt.		Die Rheuma-Mittel Amuno Gits und Osmogit werden nach Rücksprache mit dem Bundesgesundheitsamt in Berlin von den Herstellerfirmen zurückgezogen.	
21. September	Gerd Boeden wird neuer Direktor des Bundeskriminalamtes.	Bei einer Massendemonstration gegen den philippinischen Staatspräsidenten Ferdinand Marcos in Manila eröffnet die Polizei das Feuer, als Demonstranten versuchen, den Präsidenten-Palast zu stürmen: 11 Tote, 247 Verletzte.		
22. September				Der Chinese Zhu Jianhua stellt in Shanghai mit 2,38 Metern einen neuen Weltrekord im Hochsprung auf und verbessert damit seinen eigenen Rekord um einen Zentimeter.
23. September		Die sowjetische Erdgasleitung nach Westeuropa ist so weit fertiggestellt, daß die UdSSR ab sofort fünf Milliarden Kubikmeter Gas jährlich liefern könnte.	Samuel Becketts Kurzstück „Was wo" erlebt im Rahmen des „Steirischen Herbstes" in Graz seine Uraufführung.	
24. September		In Monza/Norditalien geht der Prozeß um den Umweltskandal von Seveso mit der Verurteilung mehrerer Verantwortlicher zu Haftstrafen bis zu fünf Jahren zu Ende.		

	Deutschland	Ausland	Kultur/Wissenschaft	Sport
25. September	Landtagswahlen in Hessen: SPD 46,2 Prozent, CDU 39,4 Prozent, FDP 7,6 Prozent, Grüne 5,9 Prozent. Wahl zur Bremischen Bürgerschaft: SPD 51,35 Prozent, CDU 33,31 Prozent, Grüne 5,43 Prozent. Die FDP scheitert an der Fünf-Prozent-Klausel.	Bei Belfast/Nordirland entkommen 38 Terroristen der IRA und der INLA aus dem Maze-Gefängnis.		Die USA verlieren den seit 132 Jahren in ihrem Besitz befindlichen „America's Cup", als die australische Yacht „Australia II" sich vor Newport/Rhode Island gegen das amerikanische Boot „Liberty" mit 4:3 Siegen durchsetzt.
26. September		US-Präsident Ronald Reagan erklärt vor der UNO, bei einer Einigung mit der UdSSR über eine globale Obergrenze für Mittelstreckenraketen seien die USA bereit, das sowjetische Gesamtpotential nicht ausschließlich durch Pershing-II-Raketen und Cruise Missiles in Europa auszugleichen.		
27. September	Die DDR schafft den Zwangsumtausch bei Reisen in die DDR für Kinder unter 14 Jahren ab und regelt Eheschließungen von DDR-Bürgern mit Ausländern und die Behandlung von Anträgen auf Familienzusammenführung neu.			
28. September	Die KKB-Bank in Hilden (Rheinland) wird von zwei Polizeibeamten überfallen, die 182 000 Mark erbeuten.		Ein lange verschollenes Märchen von Wilhelm Grimm aus dem Jahr 1816 taucht in New York wieder auf.	
29. September	Der größte Baupreisskandal der Bundesrepublik: Das Bundeskartellamt verhängt gegen 77 Unternehmen sowie verantwortliche Mitarbeiter der Firmen Bußgelder in Höhe von insgesamt 54 Millionen Mark. Mehr als 100 000 Arbeitnehmer demonstrieren in Bonn gegen die Politik der Bundesregierung in der Stahl- und Werftenindustrie.		Die DDR-Schriftstellerin Christa Wolf erhält den Schiller-Gedächtnispreis des Landes Baden-Württemberg.	
30. September			Das Berliner Bundesgesundheitsamt warnt vor Kauf und Anwendung asiatischer Rheuma- und Asthmamittel, die in der Bundesrepublik nicht zugelassen sind.	
1. Oktober	Die rheinland-pfälzische SPD spricht sich auf ihrem Landesparteitag gegen die geplante Stationierung neuer Mittelstreckenwaffen in der Bundesrepublik aus.	Einer Meldung der sowjetischen Nachrichtenagentur TASS zufolge demonstrieren in Moskau 800 000 Menschen gegen die Aufstellung von Pershing II und Cruise Missiles in Westeuropa.	Der internationale PEN-Club fordert auf seiner 46. Jahrestagung in Caracas/Venezuela die Freilassung von inhaftierten Schriftstellern in aller Welt. Derzeit sollen sich etwa fünfhundert Autoren in Gefängnissen befinden.	
2. Oktober		Auf dem Parteitag der britischen Labour-Partei in Brighton wird Neil Kinnock (41) zum neuen Parteichef und Oppositionsführer als Nachfolger von Michael Foot (70) gewählt.		
3. Oktober	Bundespräsident Karl Carstens trifft zum 300. Jahrestag der Ankunft der ersten deutschen Einwanderer in Amerika zu einem Staatsbesuch in den USA ein.		In Mannheim beginnt die 32. Internationale Filmwoche.	

	Deutschland	Ausland	Kultur/Wissenschaft	Sport
4. Oktober	Die Bundesregierung beschließt ein Sonderprogramm von 160 Millionen Mark zur Schaffung von 7000 bis 8000 überbetrieblichen Ausbildungsplätzen. Der Fernsehjournalist Franz Alt wird von der Intendanz des Südwestfunks (SWF) wegen seiner Parteinahme für die Friedensbewegung als Moderator des Magazins „Report" vorläufig abgelöst. September-Bericht der Bundesanstalt für Arbeit: 2 134 140 Arbeitslose (Quote 8,6 Prozent), 470 208 Kurzarbeiter, 78 157 offene Stellen.			Der Brite Richard Noble stellt mit dem düsengetriebenen Fahrzeug „Thrust II" in der Wüste bei Reno/Nevada mit 1 019,652 Kilometern/Stunde einen neuen absoluten Geschwindigkeits-Weltrekord zu Lande auf.
5. Oktober	Bundeskanzler Helmut Kohl beginnt in Jordanien eine einwöchige Nahost-Reise. DDR-Staats- und Parteichef Erich Honecker bestätigt gegenüber österreichischen Journalisten, daß die Selbstschußanlagen an der gesamten Länge der DDR-Grenze beseitigt werden sollen.	Der polnische Arbeiterführer Lech Walesa wird mit dem Friedensnobelpreis ausgezeichnet. Den Geldpreis in Höhe von umgerechnet 500 000 Mark will er der katholischen Kirche zur Verfügung stellen.		
6. Oktober	Der frühere Bundeskanzler Helmut Schmidt wird Ehrenbürger der Stadt Bonn.		Der englische Schriftsteller William Golding wird mit dem diesjährigen Nobelpreis für Literatur ausgezeichnet. In Zürich wird Friedrich Dürrenmatts Stück „Achterloo" uraufgeführt.	Der Amerikaner Gino Peres erliegt in einem New Yorker Krankenhaus den schweren Kopfverletzungen, die er sich am Vortag bei einem Boxkampf gegen Juan Ramon Cruz zugezogen hat. Er ist der achte Tote des Berufsboxsports 1983. Der schwedische Tennisspieler Mats Wilander wird von der UNESCO mit der Fair-Play-Throphäe für 1982 ausgezeichnet: Er hatte bei einem Tennisturnier auf einen irrtümlich ihm zugesprochenen Matchball verzichtet.
7. Oktober	Die Stadt Ahaus/Westfalen erteilt die Baugenehmigung für das geplante Zwischenlager von abgebrannten Brennelementen aus Kernreaktoren.		In der Berliner Nationalgalerie beginnt die erste umfassende Ausstellung des plastischen Schaffens von Pablo Picasso in Deutschland. Im Düsseldorfer Schauspielhaus wird Bert Brechts Fragment „Das wirkliche Leben des Jakob Geherda" uraufgeführt.	René Weller aus Pforzheim wird nach Max Schmeling und Eckard Dagge der dritte deutsche Boxweltmeister (Superfedergewicht).
8. Oktober				Die Stute „Babesia" überschreitet als erstes deutsches Trabrennpferd die Gewinngrenze von einer Million Mark.
9. Oktober	In München wird der 14. Ordentliche Gewerkschaftstag der IG Metall eröffnet.	Bei einem Bombenanschlag auf eine südkoreanische Regierungsdelegation in Rangun/Birma kommen zwanzig Menschen ums Leben, darunter vier koreanische Minister.		
10. Oktober		Izchak Schamir wird als neuer Ministerpräsident Israels vereidigt. Er übernimmt Koalition und Kabinett seines Vorgängers Begin.		

	Deutschland	Ausland	Kultur/Wissenschaft	Sport
11. Oktober	Die Fraktionen von CDU/CSU, SPD und FDP befürworten einen Gesetzentwurf, der eine Anhebung der Diäten der Abgeordneten des Bundestages rückwirkend zum 1. Juli um 4,26 Prozent vorsieht.	An der ersten in Chile von der Militärregierung zugelassenen Kundgebung nehmen in Santiago de Chile rund 100 000 Menschen teil. Dies ist der 6. Nationale Protesttag.	In Frankfurt beginnt die 35. Frankfurter Buchmesse. 5800 Verlage aus 79 Ländern stellen ihre Bücher aus.	
12. Oktober	Die Bundesregierung beschließt für einen Teil der Nordsee eine Ausdehnung der deutschen Hoheitsgewässer von drei auf zwölf Seemeilen.	Kakuei Tanaka, früherer japanischer Ministerpräsident und Hauptangeklagter im Tokioter Lockheed-Prozeß, wird wegen passiver Bestechung zu vier Jahren Gefängnis und zu einer Geldstrafe von umgerechnet 5,5 Millionen Mark verurteilt.		
14. Oktober		Die Warschauer-Pakt-Außenminister erklären auf ihrer Herbstkonferenz in Sofia die Bereitschaft ihrer Staaten, die Genfer Abrüstungsverhandlungen über das Jahresende hinaus fortzusetzen, falls die NATO den Zeitplan für die Stationierung neuer Mittelstreckenraketen in Europa zurücknimmt.		
15. Oktober	Die Aktionswoche der Friedensbewegung beginnt. Hunderttausende von Menschen demonstrieren gegen die geplante Nachrüstung.			Der Brasilianer Nelson Piquet wird auf einem Brabham mit BMW-Turbo-Motor zum zweiten Mal nach 1981 Weltmeister in der Formel 1. Beim Großen Preis von Südafrika genügt ihm im 15. und letzten Rennen ein dritter Platz zur Weltmeisterschaft.
17. Oktober			Nach zweieinhalbjähriger Bauzeit wird im Kaiser-Wilhelm-Koog in Schleswig-Holstein die „Große Windenergieanlage" (GROWIAN) in Betrieb genommen. Sie soll jährlich zwölf Millionen Kilowattstunden Strom liefern.	Branko Zebec kündigt seinen Trainer-Vertrag mit Fußball-Bundesligaklub Eintracht Frankfurt.
18. Oktober			In Colmar/Elsaß wird die Entdeckung zweier unbekannter Briefe von Georg Büchner bekanntgegeben.	
19. Oktober	In Stuttgart beginnt eine dreitägige Konferenz der Länder-Ministerpräsidenten. Im Mittelpunkt der Gespräche: der öffentliche Dienst und der Umweltschutz.		In Darmstadt beginnt die Herbsttagung der Deutschen Akademie für Sprache und Dichtung. Den diesjährigen Georg-Büchner-Preis (30 000 Mark) erhält der Schriftsteller Wolfdietrich Schnurre.	
20. Oktober		Auf der Karibik-Insel Grenada übernimmt das Militär die Macht. Am 25. Oktober landen Truppen aus den USA und sechs karibischen Inselstaaten auf Grenada.	Der Maler Bernard Schultze erhält den Hessischen Kulturpreis (50 000 Mark).	
22. Oktober			Die New Yorker Metropolitan Opera feiert ihr 100jähriges Bestehen.	
23. Oktober		In Beirut kommen bei Bombenanschlägen von Selbstmordkommandos 229 Amerikaner und 56 Franzosen ums Leben. Eine „Bewegung der Freien Islamischen Revolution" (Anhänger des iranischen Ajatollah Chomeini) bekennt sich zu den Attentaten.		Borussia Dortmund trennt sich von seinem Trainer Uli Maslo.

	Deutschland	Ausland	Kultur/Wissenschaft	Sport
24. Oktober	Die fünf großen Konjunktur-Forschungsinstitute legen ihr gemeinsames Herbstgutachten vor. Für 1984 wird eine Zunahme des realen Bruttosozialprodukts um zwei Prozent sowie eine Preissteigerungsrate von rund drei Prozent erwartet. Ferner wird mit einem Anstieg der Arbeitslosenzahl auf durchschnittlich 2,4 Millionen gerechnet.			
26. Oktober	Mit der Einführung bleifreien Benzins 1986 sollen nach einem Beschluß des Bundeskabinetts auch die Abgaswerte für neue Kraftfahrzeuge den niedrigeren amerikanischen Abgasnormen angepaßt werden. Der EG-Kommission soll offiziell vorgeschlagen werden, diese Werte in der EG zum selben Zeitpunkt einzuführen. Der CSU-Bundestagsabgeordnete Ekkehard Voigt tritt nach 20jähriger Zugehörigkeit aus seiner Partei aus. Grund: Kritik an Franz Josef Strauß. Die Bundestagsfraktionen von CDU/CSU, SPD und FDP haben sich über die Neuregelung der Parteienfinanzierung geeinigt. Künftig sollen Parteien steuerrechtliche wie gemeinnützige Vereine behandelt werden. Die Neuregelung soll Spendenskandale wie im Fall Flick ausschließen.			Der 1. FC Nürnberg entläßt seinen Trainer Udo Klug, der 1. FC Kaiserslautern seinen Trainer Dietrich Weise. Die Zahl der vorzeitigen Trainerwechsel in der Bundesliga erreicht damit 126.
27. Oktober			In München beginnt die 28. Deutsche Kunst- und Antiquitätenmesse. Ein japanisches Automobilunternehmen gibt die Entwicklung eines Ganzkeramik-Dieselmotors bekannt.	
28. Oktober	In Berlin teilt die Polizei mit, daß in den vergangenen Tagen falsche US-Dollarscheine im Wert von insgesamt acht Millionen Dollar beschlagnahmt worden sind.			
29. Oktober		Der österreichische Bundeskanzler Fred Sinowatz wird als Nachfolger Bruno Kreiskys zum Vorsitzenden der Sozialistischen Partei Österreichs gewählt. Kreisky wird Ehrenvorsitzender der SPÖ.		Hermann Neuberger wird vom Deutschen Fußball-Bund für weitere drei Jahre im Amt des Präsidenten bestätigt.
30. Oktober		Der Osten der Türkei wird durch ein Erdbeben der Stärke 6,0 auf der nach oben offenen Richter-Skala erschüttert. Mehr als 1200 Menschen kommen ums Leben, mehr als 20 000 werden obdachlos. Bei den ersten Wahlen in Argentinien seit zehn Jahren siegt die Radikale Bürgerunion mit 52 Prozent der abgegebenen Stimmen. Die Peronisten erreichen 40 Prozent.	In Worms wird bei einem Festakt von Kirchenführern und Politikern das Handeln und Denken Martin Luthers gewürdigt.	Hannu Mikkola und Arne Hertz (Finnland/Schweden) auf Audi Quattro werden durch den zweiten Platz bei der Rallye Elfenbeinküste Rallye-Weltmeister 1983.

	Deutschland	Ausland	Kultur/Wissenschaft	Sport
31. Oktober	Eine Delegation der Grünen im Bundestag protestiert in Ostberlin bei einem Treffen mit Staats- und Parteichef Erich Honecker gegen die Verfolgung der Friedensbewegung der DDR.	Das britische Unterhaus spricht sich mit 362 gegen 218 Stimmen für die Stationierung amerikanischer Cruise Missiles in Großbritannien aus.		
1. November	Bundesfinanzminister Gerhard Stoltenberg trifft im Rahmen einer privaten DDR-Reise zu einem Gespräch mit dem für Wirtschaftsfragen zuständigen SED-Politbüromitglied Günter Mittag zusammen.			
2. November	Die Bundesrepublik enthält sich bei der UNO-Abstimmung über die Grenada-Resolution der Stimme. Diese Entscheidung sowie die Kritik von Franz Josef Strauß an der offiziellen deutschen Bewertung der amerikanischen Invasion in Grenada führen am 10. November im Bundestag zu heftigen Kontroversen zwischen Regierung und Opposition.	In Südafrika sprechen sich 65,9 Prozent der wahlberechtigten weißen Wähler in einer Volksabstimmung über die Verfassungsreform für die Annahme aus. Die Reform soll Asiaten und „Gemischtrassigen" künftig eine stärkere Beteiligung an der politischen Macht ermöglichen. Die UNO-Vollversammlung lehnt diese Verfassungsreform am 15. November ab und erklärt sie für ungültig.		Der FC Bayern München erreicht als einziger bundesdeutscher Verein in den drei Europapokalwettbewerben im UEFA-Pokal die zweite Runde.
3. November	Oktober-Zahlen der Bundesanstalt für Arbeit: 2 147 756 Arbeitslose (Quote 8,7 Prozent), 548 532 Kurzarbeiter, 72 304 offene Stellen.		Das Hölderlin-Haus in Bad Homburg, in dem der Dichter von 1798 bis 1800 und von 1804 bis 1806 lebte, wird abgerissen. In Lübeck beginnen die 25. Nordischen Filmtage.	
4. November	Das bisher größte illegale Kriegswaffenlager seit Kriegsende wird im Raum Offenburg entdeckt.	Bei einem Selbstmordanschlag auf das israelische Hauptquartier in der südlibanesischen Stadt Tyrus kommen 28 Israelis und 32 Araber ums Leben. Die Luftwaffe Israels antwortet mit Vergeltungsangriffen auf palästinensische Stellungen in den Schuf-Bergen. Der libanesische Staatspräsident Gemayel wird von der Genfer „Versöhnungskonferenz" beauftragt, in Europa und den USA Gespräche über den Abzug fremder Truppen aus Libanon zu führen.	Der Gerhart-Hauptmann-Preis 1983 wird zu gleichen Teilen den Autoren Friederike Roth und E.Y. Meyer zuerkannt.	
5. November			Thomas Braschs Theaterstück „Mercedes" erlebt im Züricher Schauspielhaus seine Uraufführung.	Das NOK für Deutschland entscheidet sich in einer Abstimmung für Berchtesgaden als Kandidaten für die Olympischen Winterspiele 1992.
6. November		Erste Parlamentswahlen in der Türkei seit dem Militärputsch 1980: Es siegt die konservative „Vaterlandspartei".		
7. November	Otto Wiesheu, CSU-Generalsekretär, der Ende Oktober unter Alkoholeinfluß einen schweren Verkehrsunfall verursacht hatte, bei dem ein Mensch getötet wurde, wird auf eigenen Wunsch vorläufig von seinen Amtspflichten befreit. Die Staatsanwaltschaft leitet ein Ermittlungsverfahren wegen des Verdachts der fahrlässigen Tötung ein.		Im Budapester Museum der Schönen Künste wird der Diebstahl wertvoller Renaissance-Werke entdeckt, darunter zwei Gemälde Raffaels.	

	Deutschland	Ausland	Kultur/Wissenschaft	Sport
8. November	Ein Erdbeben mit dem Epizentrum im Raum Lüttich und einer Stärke von 5,1 auf der Richter-Skala erschüttert weite Teile Nordrhein-Westfalens.			Bei der Wahl der besten Vereinsmannschaft Europas belegt der Europapokalsieger Hamburger SV nur den zweiten Platz hinter dem FC Aberdeen.
9. November	Die Bremische Bürgerschaft tritt zu ihrer konstituierenden Sitzung zusammen. Neuer Regierungschef: Hans Koschnick.	US-Präsident Ronald Reagan trifft zu einem dreitägigen Besuch in Japan ein.	Fünfzig zum Teil sehr bekannte Mitglieder des Verbandes deutscher Schriftsteller fordern den Rücktritt des VS-Vorsitzenden Bernt Engelmann, der nicht mehr ihr Vertrauen besitze.	
10. November	Gegen die Stimmen von SPD und Grünen verabschiedet der Bundestag das „Gesetz zur Förderung der Rückkehrbereitschaft von Ausländern".	Italiens Außenminister Giulio Andreotti wird zum neuen Präsidenten der Union Europäischer Christdemokraten (UECD) gewählt.	In der Hamburger Kunsthalle wird die Ausstellung „Luther und die Folgen für die Kunst" eröffnet.	
13. November				Bei den Gymnastik-Weltmeisterschaften in Straßburg führen großartige Leistungen dazu, daß die Kampfrichter 17mal die Höchstnote „10" vergeben.
14. November		Ein Pilot der chinesischen Luftwaffe flüchtet mit einer MiG 17 nach Taiwan. Nach dem Prämiensystem für Deserteure aus der Volksrepublik kann er mit rund 1,4 Millionen Dollar Belohnung rechnen. Großbritanniens Verteidigungsminister Michael Heseltine bestätigt die Ankunft der ersten amerikanischen Marschflugkörper in Großbritannien.		
15. November	Neues Postabkommen mit der DDR in Bonn unterzeichnet: Es sieht eine Erhöhung der von der Bundesrepublik gezahlten Pauschale von bisher jährlich 85 Millionen Mark auf künftig 200 Millionen Mark jährlich vor.	Der von türkischen Truppen besetzte Nordteil Zyperns wird zur „Türkischen Republik von Nordzypern" erklärt. Der einseitige Beschluß stößt weltweit auf Ablehnung und wird vom Weltsicherheitsrat für rechtsungültig erklärt.	Der Frankfurter Musikpreis 1984 wird dem Pianisten Alfred Brendel zuerkannt.	Das amerikanische Repräsentantenhaus verabschiedet auf Wunsch des IOC eine Erklärung, derzufolge die USA bei den Olympischen Spielen 1984 in Los Angeles die Einhaltung der olympischen Regeln garantieren.
16. November		Der vorletzte Stützpunkt von PLO-Chef Jassir Arafat fällt, das Flüchtlingslager Badawi im Libanon. Arafat wird mit seinen Getreuen in der nordlibanesischen Stadt Tripoli eingeschlossen.		
18. November	Sonderparteitag der SPD in Köln: Nach zweitägiger Debatte stimmen die Delegierten mit großer Mehrheit gegen die Nachrüstung. Der Bundesparteitag der FDP in Karlsruhe spricht sich für die Nachrüstung aus.	Der amerikanische Kongreß verabschiedet den Verteidigungshaushalt 1984 in Höhe von 249,8 Milliarden Dollar.		
19. November	Der „Kleine Parteitag" der CSU in Hof äußert sich zustimmend zur Nachrüstung.		In der Berliner Nationalgalerie sowie im Martin-Gropius-Bau beginnt die 31. Jahresausstellung des Deutschen Künstlerbundes.	
20. November				Deutschland qualifiziert sich im letzten Qualifikationsspiel zur Endrunde der Fußball-Europameisterschaft 1984 in Frankreich.

	Deutschland	Ausland	Kultur/Wissenschaft	Sport
21. November	Bundespräsident Karl Carstens reist zu einem einwöchigen Staatsbesuch nach Westafrika.		Der 81. Goncourt-Literaturpreis geht an den französischen Schriftsteller Frederik Tristan.	
22. November		Das norwegische Storting spricht sich mit einer Stimme Mehrheit für die Aufstellung neuer Mittelstreckenraketen in Westeuropa aus. Polens Partei- und Regierungschef Wojciech Jaruzelski tritt als Verteidigungsminister zurück und übernimmt den Vorsitz des mit weitgehenden Vollmachten ausgestatteten Komitees zur Verteidigung des Landes.	Der Vorstand des Verbandes deutscher Schriftsteller mit Bernt Engelmann an der Spitze tritt geschlossen zurück.	
23. November	Die Bundesregierung billigt das von Bundesverkehrsminister Werner Dollinger vorgelegte Sanierungskonzept für die Deutsche Bundesbahn.	Ohne Nennung eines neuen Termins unterbricht die sowjetische Delegation die amerikanisch-sowjetischen Gespräche über Mittelstreckenwaffen in Europa in Genf. In Neu Delhi beginnt die Commonwealth-Konferenz, in deren Mittelpunkt Wirtschaftsfragen stehen.		
24. November	In Bonn beginnen die 42. deutsch-französischen Konsultationsgespräche. Themen: Sicherheitsfragen, Vorbereitung des Athener EG-Gipfeltreffens, die beiderseitigen Beziehungen sowie Wirtschaftsfragen.			
25. November	Die ersten Teile der neuen Pershing-II-Raketen treffen in der Bundesrepublik ein.			
26. November	In Mörfelden-Walldorf beginnt die zweitägige Mitgliederversammlung des Bundesverbandes Bürgerinitiativen Umweltschutz (BBU).	Unbekannte rauben aus einem Sicherheitsdepot beim Londoner Flughafen Heathrow Goldbarren und Diamanten im Wert von umgerechnet über 100 Millionen Mark. Es ist der größte Goldraub in der Geschichte Großbritanniens.		
27. November	In München wird die Volkspartei „Die Republikaner" gegründet („unabhängig, konservativ-liberal"). Bundesvorsitzender: der aus der CSU ausgetretene Bundestagsabgeordnete Franz Handlos.	Bei der größten Kundgebung in der Geschichte Uruguays demonstrieren in der Hauptstadt Montevideo 400 000 Menschen für Demokratie, Freiheit und Arbeit.		Bei den ersten Weltmeisterschaften der Eisschützen in Frankfurt holt Deutschland fünf Goldmedaillen und wird erfolgreichste Nation.
28. November	Bundeskanzler Helmut Kohl schlägt den Regierenden Bürgermeister von Berlin, Richard von Weizsäcker, zum Nachfolger von Bundespräsident Karl Carstens vor.	Japans Ministerpräsident Yasuhiro Nakasone löst das japanische Unterhaus auf und macht damit den Weg für Neuwahlen frei.		Der mehrmalige deutsche Trabrenn-Champion Heinz Wewering stellt mit 638 Siegen einen neuen Jahres-Weltrekord auf. Bisherige Rekordzahl: 637 Siege.
29. November	In der Flick-Spendenaffäre erhebt die Bonner Staatsanwaltschaft Anklagen wegen fortgesetzter Bestechung bzw. Bestechlichkeit gegen u.a. Eberhard von Brauchitsch, Hans Friderichs, Horst Ludwig Riemer sowie nach Aufhebung der Immunität am 8. Dezember auch gegen Bundeswirtschaftsminister Otto Graf Lambsdorff.			

	Deutschland	Ausland	Kultur/Wissenschaft	Sport
30. November		Nach zehnjährigen juristischen Auseinandersetzungen wird der 1973 wegen Raubmord zum Tode verurteilte Robert Sullivan in Florida auf dem elektrischen Stuhl hingerichtet. Sullivan beteuerte bis zuletzt seine Unschuld.	Auf einer Auktion des Hauses Stargardt in Marburg wird ein Brief Martin Luthers für 140 000 Mark zugeschlagen.	
1. Dezember	Der Bundestag beschließt gegen die Stimmen der Grünen ein Gesetz zur Neuordnung der Parteienfinanzierung und eine entsprechende Grundgesetzänderung.		Das PEN-Zentrum der Bundesrepublik bedauert in einer Erklärung die zunehmende Diffamierung von Kunst und Künstlern.	
2. Dezember	Novemberzahlen der Bundesanstalt für Arbeit: 2 193 331 Arbeitslose (Quote 8,8 Prozent), 493 964 Kurzarbeiter, 67 059 offene Stellen.		Friedrich Dürrenmatt wird der österreichische Staatspreis für europäische Literatur zugesprochen.	„Sportler des Jahres 1983": der Schwimm-Weltrekordler Michael Groß und die mehrfache Hochsprung-Weltrekordlerin Ulrike Meyfarth. Sie haben diese Auszeichnung schon 1981 und 1982 erhalten. „Mannschaft des Jahres" wird das Handball-Team des VfL Gummersbach.
3. Dezember	Eberhard Diepgen wird neuer Landesvorsitzender der Berliner CDU als Nachfolger Richard von Weizsäckers. Der kommissarische CSU-Generalsekretär Gerold Tandler vergleicht die Ermittlungen gegen Otto Graf Lambsdorff mit der Ermordung von Jürgen Ponto und Hanns-Martin Schleyer. Die Äußerung führt zu heftigen innenpolitischen Auseinandersetzungen und zu einer Strafanzeige des Kölner Generalstaatsanwalts gegen Tandler wegen Beleidigung.		John Neumeiers Ballett „Endstation Sehnsucht" nach dem Theaterstück von Tennessee Williams wird im Kleinen Haus der Württembergischen Staatstheater in Stuttgart uraufgeführt.	
4. Dezember		Der Sozialdemokrat Jaime Lusinchi siegt bei den Präsidentenwahlen in Venezuela mit absoluter Mehrheit.		
5. Dezember		Das polnische Parlament verabschiedet ein Gesetz, demzufolge der Staatsrat im Fall innerer Unruhen den Ausnahmezustand über ganz Polen oder einzelne Regionen verhängen kann.		
6. Dezember		Die Athener EG-Gipfelkonferenz endet ergebnislos.	Das Evangeliar Heinrichs des Löwen wird im Londoner Auktionshaus Sotheby's für rund 32,5 Millionen Mark versteigert. Es ist die bisher höchste für ein Kunstwerk gezahlte Summe.	Rudi Kröner wird nach sechswöchiger Arbeit beim 1. FC Nürnberg als Trainer entlassen.
7. Dezember	Die rechtsradikale „Aktionsfront Nationaler Sozialisten/Nationale Aktivisten" wird vom Bundesinnenministerium verboten.	Beim Zusammenstoß von zwei Flugzeugen auf dem Madrider Flughafen kommen 93 Menschen ums Leben.		Der FC Bayern München scheidet im Achtelfinale des UEFA-Pokals gegen Tottenham Hotspurs aus. Damit ist die letzte am Europapokal beteiligte DFB-Mannschaft aus dem Rennen. Die Mannschaft der Bundesrepublik muß die Qualifikationsspiele zur Fußball-Weltmeisterschaft 1986 in Mexiko gegen die CSSR, Schweden, Portugal und Malta bestreiten.

	Deutschland	Ausland	Kultur/Wissenschaft	Sport
8. Dezember		Lord Carrington, ehemaliger britischer Außenminister, wird einstimmig zum neuen NATO-Generalsekretär als Nachfolger des Niederländers Joseph Luns gewählt.	Die Columbia-Spacelab-Besatzung kehrt nach achttägigem Aufenthalt im All zur Erde zurück.	
9. Dezember		Die dreizehn OPEC-Staaten einigen sich auf ein Einfrieren der Rohölpreise und der Fördermengen.		
10. Dezember	In Münster beginnt der Parteitag der westfälischen CDU.	Der Friedensnobelpreis für Lech Walesa wird in Oslo seiner Frau Danuta überreicht.	Schwedens König Carl Gustaf überreicht in Stockholm die diesjährigen Nobelpreise für Physik, Chemie, Medizin, Wirtschaftswissenschaften und Literatur.	Der VfB Stuttgart wird „Herbstmeister" in der Fußball-Bundesliga.
11. Dezember				Der Hamburger SV verliert in Tokio das Spiel um den Fußball-Weltcup gegen den Südamerikameister Gremio Porto Alegre. Die Langstrecken-Weltmeisterschaft endet mit einem Doppel-Erfolg für Porsche. In der Markenwertung gewinnt Porsche, in der Fahrerwertung verteidigt Jacky Ickx, Belgien, die Weltmeisterschaft. Der Hengst „Orofino" aus dem Gestüt Zoppenbroich wird zum drittenmal hintereinander zum „Galopper des Jahres" gewählt.
13. Dezember	Otto Esser wird auf der Jahresversammlung der Deutschen Arbeitgeberverbände erneut zum Präsidenten gewählt. Hamburgs Umweltsenator Wolfgang Curilla bestätigt, daß in der 1979 stillgelegten Mülldeponie Georgswerder das Seveso-Gift Dioxin und das Pflanzengift E 605 gelagert sind.	Turgut Özal wird neuer Ministerpräsident der Türkei.		
15. Dezember	Das Bundesverfassungsgericht erklärt das Volkszählungsgesetz von 1983 grundsätzlich für verfassungskonform, macht dem Gesetzgeber gleichzeitig aber eine Reihe von Auflagen zum Datenschutz.	Dänemarks Ministerpräsident Poul Schlueter schreibt nach 15monatiger Amtszeit Neuwahlen für den 10.1.1984 aus.		
16. Dezember			Das Klinikum in Aachen, das teuerste Krankenhaus der Bundesrepublik, nimmt nach 12jähriger Bauzeit den Betrieb auf. Es hat 1,6 Milliarden Mark gekostet.	
17. Dezember		In Madrid kommen bei einem Diskothekenbrand 81 Menschen ums Leben. In Amsterdam sterben dreizehn Menschen bei einem Brandanschlag auf einen Sex-Club. Ein Terroranschlag der IRA auf das Londoner Kaufhaus Harrods fordert sechs Todesopfer und 91 Verletzte.		

	Deutschland	Ausland	Kultur/Wissenschaft	Sport
18. Dezember			In der Deutschen Oper Berlin wird eine textliche Neufassung von Jacques Offenbachs „Orpheus in der Unterwelt" gespielt.	
19. Dezember	Bundespräsident Karl Carstens führt Wolfgang Zeidler in das Amt des Präsidenten des Bundesverfassungsgerichts ein. Vorgänger Ernst Benda scheidet aus.			
20. Dezember	Bundeswirtschaftsminister Otto Graf Lambsdorff erklärt, er werde bis zur etwaigen Eröffnung eines Hauptverfahrens gegen ihn in der Flick-Spendenaffäre im Amt bleiben.	PLO-Chef Jassir Arafat und 4000 seiner Anhänger werden von fünf griechischen Schiffen aus dem seit Wochen eingeschlossenen Tripoli evakuiert.		Der FC Aberdeen gewinnt im Rückspiel mit 2:0 über den Hamburger SV den Supercup. Der goldene Jules-Rimet-Pokal wird aus dem Hauptquartier des brasilianischen Fußball-Verbandes gestohlen.
21. Dezember	Die Bayerische Landesregierung beschließt, mit einer Verfassungsänderung den Schutz des Waldes und aller anderen natürlichen Lebensgrundlagen in den Verfassungsrang zu erheben.	Bei einem Bombenanschlag auf einen französischen Militärposten in West-Beirut werden mindestens 23 Menschen getötet und 144 verletzt.		
22. Dezember	Das Bundesverfassungsgericht lehnt drei Anträge auf Erlaß einer Einstweiligen Anordnung gegen die Aufstellung von Pershing II und Marschflugkörpern in der Bundesrepublik als unzulässig ab.		Mit Beginn des Wintersemesters wird an der Hamburger Universität auch das Fach „feministische Theologie" gelehrt.	
27. Dezember	Das Bundeswirtschaftsministerium widerruft Steuervergünstigungen, die dem Flick-Konzern in den 70er Jahren für den Erwerb von Anteilen am US-Konzern Grace gewährt worden waren.			
28. Dezember			In Berlin wird der Grundstein für das „Deutsche Herzzentrum" gelegt. Es soll nach Paris das zweitgrößte in Europa werden.	Australien besiegt in Melbourne im Finale des Davispokals Schweden mit 3:2 und gewinnt damit zum 25. Mal die Trophäe.
29. Dezember	Das Bundesverfassungsgericht entscheidet, daß Zweitwohnungsinhaber keine Zweitwohnungssteuer zahlen müssen.	Die USA kündigen ihren Austritt aus der UNESCO für Ende 1984 an. Begründung: Die UNO-Organisation für Erziehung, Wissenschaft und Kultur sei übermäßig politisiert und habe ihren Etat ungehemmt ausgeweitet.		
30. Dezember	Vertreter des Berliner Senats und der DDR-Reichsbahn unterzeichnen eine Vereinbarung, derzufolge die Betriebsrechte für die in Westberlin gelegenen S-Bahn-Strecken ab 9.1.1984 in westliche Regie übergehen.		Das Berliner Bundesgesundheitsamt wird sich künftig besonders intensiv mit Nebenwirkungen von Rheumamitteln befassen.	
31. Dezember	Bei einem Brand in der Abschiebehaftanstalt Lichterfelde in Westberlin kommen sechs ausländische Häftlinge ums Leben.	In Nigeria wird die Zivilregierung unter Shehu Shagari durch einen unblutigen Militärputsch gestürzt. In den USA fordert eine ungewöhnliche Kältewelle bis zum Monatsende 451 Todesopfer, in Nord-Mexiko etwa hundert Tote.		

3. Januar
Jens Rehn (64), Schriftsteller.

11. Januar
Nikolaj Podgorny (79), von 1965 bis 1977 Staatsoberhaupt der Sowjetunion.

15. Januar
Ernst Erich Noth (73), Schriftsteller und Literaturwissenschaftler.

16. Januar
Vladimir Bacaric (70), letzter noch politisch aktiver Vertrauter des verstorbenen jugoslawischen Staats- und Parteichefs Josip Broz Tito.

20. Januar
Garrincha, eigtl. Manoel dos Santos (49), brasilianischer Fußballstar.

24. Januar
George Cukor (84), amerikanischer Filmregisseur.

26. Januar
Werner Düttmann (61), Architekt und Präsident der Berliner Akademie der Künste.

27. Januar
Georges Bidault (83), ehemaliger französischer Ministerpräsident.
Louis de Funès (68), französischer Filmschauspieler.

12. Februar
Eubie Blake (100), amerikanischer Ragtime-Pianist.

15. Februar
Emile Waldeck-Rochet (77), früherer Generalsekretär der Kommunistischen Partei Frankreichs.

25. Februar
Tennessee Williams (71), amerikanischer Dramatiker.

3. März
Arthur Koestler (77), Schriftsteller.
Valerij Tarsis (76), russischer Schriftsteller.

6. März
Cathy Berberian (57), amerikanische Opernsängerin.

7. März
Igor Markewitsch (70), Dirigent.

8. März
William Walton (80), englischer Komponist.

11. März
Ulf von Euler (78), schwedischer Nobelpreisträger für Medizin.

14. März
Louison Bobet (58), französischer Radrennfahrer.

15. März
Rebecca West (90), englische Schriftstellerin.

18. März
Umberto II. (78), ehemaliger italienischer König.

24. März
Barney Clark (62), Zahnarzt, erster Mensch mit einem künstlichen Herzen.

25. März
Wilhelm Gefeller (76), ehemaliger Vorsitzender der IG Chemie-Papier-Keramik und Gründungsmitglied des DGB.

4. April
Gloria Swanson (84), amerikanische Filmschauspielerin.

15. April
Gyula Illyes (80), ungarischer Schriftsteller.

19. April
Horst Wolfram Geißler (89), Schriftsteller.

20. April
Jerzy Andrzejewski (74), polnischer Schriftsteller.

22. April
Earl „Fatha" Hines (77), amerikanischer Jazzpianist.

24. April
Rolf Stommelen (39), Formel-I-Rennfahrer, verunglückt beim Sechs-Stunden-Rennen von Riverside/USA tödlich.

30. April
George Balanchine (79), russisch-amerikanischer Choreograph.

5. Mai
Richard Hofmann (77), ehemaliger Fußball-Nationalspieler („König Richard").

18. Mai
Alfred Nau (76), von 1946 bis 1975 Schatzmeister der SPD.

20. Mai
Kenneth Clark (79), britischer Kunsthistoriker.

21. Mai
Marie Schlei (63), von 1974 bis 1976 Parlamentarische Staatssekretärin im Bundeskanzleramt, danach bis 1978 Bundesministerin für wirtschaftliche Zusammenarbeit (SPD).

25. Mai
Idris (93), ehemaliger König von Libyen.

29. Mai
Arwid Pelsche (84), sowjetisches Politbüro-Mitglied.

1. Juni
Anna Seghers (82), Schriftstellerin.
Jack Dempsey (87), Boxweltmeister von 1919 bis 1926.

6. Juni
Hans Leip (89), Schriftsteller.

12. Juni
Clemens Holzmeister (97), österreichischer Architekt.
Norma Shearer (80), amerikanische Filmschauspielerin.

15. Juni
Alexej Surkow (83), sowjetischer Schriftsteller.

19. Juni
Georg Diederichs (82), ehemaliger Ministerpräsident von Niedersachsen.
Simscha Ehrlich (67), stellvertretender israelischer Ministerpräsident.

23. Juni
Osvaldo Dorticos (64), ehemaliger kubanischer Staatspräsident.

25. Juni
Alberto Evaristo Ginastera (67), argentinischer Komponist.

4. Juli
Harry James (67), amerikanischer Jazztrompeter.

5. Juli
Hennes Weisweiler (64), Fußballtrainer.

7. Juli
Herman Kahn (61), amerikanischer Zukunftsforscher.

10. Juli
Werner Egk (82), Komponist.
Wolfgang Lukschy (77), Film- und Theaterschauspieler.

19. Juli
Erik Ode (72), Schauspieler und Regisseur.

29. Juli
David Niven (73), britischer Filmschauspieler.
Luis Buñuel (83), spanisch-mexikanischer Filmregisseur.

3. August
Carolyn Jones (54), amerikanische Filmschauspielerin.

13. August
Franz Radziwill (88), Maler.

14. August
Rainer Brambach (66), Lyriker.

17. August
Ira Gershwin (81), Lyriker und Liedertexter.

18. August
Nikolaus Pevsner (81), Kunsthistoriker.

19. August
Aleksandar Rankovic (73), ehemaliger jugoslawischer Innenminister.

21. August
Hans Schalla (79), ehemaliger Intendant der Städtischen Bühnen Bochum.

24. August
Pentti Saarikoski (45), finnischer Schriftsteller.

28. August
José Bergamín (87), spanischer Schriftsteller.

30. August
Gerhard Storz (85), Literaturwissenschaftler und Schriftsteller.

7. September
Joseph Schröffer (80), deutscher Kurienkardinal.

10. September
Johannes Vorster (67), ehemaliger Ministerpräsident Südafrikas.

11. September
Felix Bloch (77), schweizerisch-amerikanischer Nobelpreisträger für Physik.

12. September
Willy Fleckhaus (57), Grafiker und Buchgestalter.

18. September
Friedrich Heer (67), österreichischer Historiker und Schriftsteller.

21. September
Willy Trenk-Trebitsch (81), Schauspieler.

26. September
Tino Rossi (76), französischer Chanson-Sänger.
Leopold III. (81), ehemaliger belgischer König und Vater König Baudouins.

3. Oktober
Kurt Kusenberg (79), Schriftsteller.

9. Oktober
Herbert Weichmann (87), ehemaliger Erster Bürgermeister Hamburgs.

10. Oktober
Sir Ralph Richardson (80), englischer Schauspieler.

11. Oktober
Kurt Debus (74), deutsch-amerikanischer Raketenpionier.

17. Oktober
Raymond Aron (78), französischer Soziologe.

27. Oktober
Kurt Symanzik (59), Physiker.

29. Oktober
Gerhard Prinz (54), Vorstandsvorsitzender der Daimler Benz AG.

1. November
Anthony van Hoboken (96), Musikwissenschaftler.

8. November
André Chamson (83), französischer Schriftsteller.

25. November
Lotte Eisner (87), Film-Historikerin.

26. November
Carl Seemann (73), Pianist.

30. November
Richard Llewellyn (77), britischer Schriftsteller.

5. Dezember
Angelika Hauff (59), Schauspielerin.
Robert Aldrich (65), amerikanischer Filmregisseur.

6. Dezember
Lucienne Boyer (82), französische Chanson-Sängerin.

8. Dezember
Sir Keith Holyoake (79), ehemaliger Premierminister Neuseelands.

19. Dezember
Fania Fénélon (75), französische Sängerin und Autorin.

20. Dezember
Bill Brandt (79), britischer Fotograf.

25. Dezember
Joan Miró (90), spanischer Maler.

28. Dezember
Wilhelm Ritter von Schramm (85), Schriftsteller.
Dennis Wilson (39), amerikanischer Schlagzeuger.

Abed 167
Abs, Hermann Josef 28 f.
Achternbusch, Herbert 285
Adenauer, Konrad 284
Agca, Ali 25
Aldrich, Robert 93
Alfonsín, Raúl 16 f.
Allen, Mark 264
Aloni, Shulamit 127
Altun, Kemal 18 ff.
Amal 169
Andropow, Jurij 144, 202, 251
d'Annunzio, Gabriele 133
Aquino, Benigno 223 ff.
Arafat, Jassir 175, 179
Aridor, Yoram 127
Arige 167
Arkin, William 203
Armstrong, Louis 90
Arthur, Chester A. 131
Ashe, Arthur 26
Aslan 14
Assad, Hafez 175
Austin, Hudson 105

Baba, Ali 208
Bachmeier, Anna 71
Bachmeier, Marianne 70 f.
Badin, Patrick 162
Bahr, Egon 51
Bahro, Rudolf 219
Balanchine, George 91
Barbie, Klaus 149
Bartók, Bela 93
Batt, Jean-Jacques 76
Baum, Gerhart 216
Beamon, Bob 165
Beatrix, Königin der Niederlande 59
Beckmann, Lukas 19, 218
Begin, Menachem 126 f.
Bellwood, Pamela 67
Berberian, Cathy 91
Bergere, Lee 67
Bergman, Ingmar 284
Bergman, Ingrid 90
Berio, Luciano 91
Bernstein, Leonard 69
Biedenkopf, Kurt 86, 202
Biermann, Wolf 19
Bignone, Reynaldo 16 f.
Bishop, Maurice 101 f., 104 f.
Blount, Brian 66
Bochner, Lloyd 67
Börner, Holger 213, 219, 221
Bohm, Hark 71
Bond, Alan 278
Boulez, Pierre 132
Bowie, David 196
Bradt, Peter 243
Brandt, Willy 88 f., 219, 221
Brauchitsch, Eberhard von 39
Brauer, Max 92
Braun, Otto 92
Brecht, Bertolt 91
Breschnjew, Leonid 25, 89 f., 277
Brinkly, Christie 195
Buhari, Mohammed 208
Buñuel, Luis 92
Burton, Richard 132 f.

Cage, John 91
Callaghan, James 96
Came, Richard 28 f.
Caroline, Prinzessin von Monaco 192 f.
Carpentier, Georges 91
Carter, Jimmy 277
Casiraghi, Stefano 193
Castro, Fidel 105
Chaplin, Charlie 93
Chéreau, Patrice 132
Christo 155 f.
Chruschtschow, Nikita 90
Clark, Barney 185
Clark, Lerry 146
Claus, Prinz der Niederlande 59
Coard 105
Colbin, Marie 71
Collins, Joan 67
Corley, Al 67
Cukor, George 90
Custer, George 275

Darnell, Eric 34
Dehler, Thomas 216
Delors, Jacques 82
Dempsey, Jack 91
Devi, Phoolan 188 f.
DeVries, William 185
Diaghilew, Serge 91
Dior, Christian 255
Dixon, Rod 180
Doderer, Ab 59
Dönhoff, Marion Gräfin 202
Domarus, Max 115
Driest, Burkhard 71
Dschumblatt, Walid 176

Edeiken, Steve 52
Egk, Werner 93
Eisner, Lotte 93
Elisabeth II., Königin von England 111
Engelhard, Hans 19
Enomoto, Mieko 129
Ernst August, Prinz von Hannover 28
Eulencamp, Franzbruno 38
Evans, Linda 67

Fanfani, Amintore 96
Farentino, James 67
Feldstein, Martin 273
Flick, Friedrich Karl 39
Foot, Michael 108 f.
Ford, Gerald 96
Forsythe, John 67
Franco, Francisco 92
Fraser, Malcolm 96
Friderichs, Hans 38
Fuchs, Otto 285
Funès, Louis de 90
Fuzhi, Liu 45

Gairy, Eric 101, 106
Galman, Rolando 223 f.
Galtieri, Leopoldo 17
Gandhi, Indira 120 f.
Gandhi, Mahatma 224
Gandhi, Rajiv 121
Garbo, Greta 90
Garriott, Owen 238
Gaudis, Anton 93
Gemayel, Amin 168, 175
Genscher, Hans-Dietrich 19, 37, 216
Gibbons, Laura 75
Gielgud, Sir John 133
Gillespie, Dizzy 90
Gillhausen, Rolf 115
Giscard d'Estaing, Valéry 83, 96
Glenn, John 273
Glotz, Peter 19
Gogol, Nikolaj 93
Goodman, Benny 92
Gracia Patricia, Fürstin von Monaco 192
Grant, Cary 90
Gray, Colin S. 202
Green, Bennie 90
Gromyko, Andrej 144
Gross, Johannes 115
Guilleaume, Günter 221

Händel, Georg Friedrich 69
Hagman, Heidi 66
Hagman, Larry 66
Hahn, Silvia 74 f.
Hall, Chad 74
Hall, Sir Peter 132
Hamel, Lambrecht 135
Handlos, Franz 215
Hawan, Chun Doo 137, 145
Heidemann, Gerd 114 f.
Heineken, Alfred 58 f.
Heinrich der Löwe 28
Heisenberg, Werner 54
Heller, André 69
Hepburn, Katharine 90
Hinchliffe, Richard 246
Hines, Earl 90
Hirohito, japanischer Kaiser 212
Hirsch, Burkhard 216
Hitler, Adolf 88, 114 f., 149
Honecker, Erich 48, 50 f., 218
Hood, Robin 118
Hunebelle, André 90
Hussein, Saddam 125

Ilisarow, Gawril 188

Jablonski, Henryk 226
James, Harry H. 92
James, John 67
Janowski, Marek 132
Jaruzelski, Wojciech 226, 229, 231
Jenninger, Philipp 48
Johannes Paul II (Karol Wojtyla), Papst 25, 193, 226, 228 f., 231
Jospin, Lionel 83
Junot, Philippe 193

Kacere, John 158
Käutner, Helmut 93
Kahn, Herman 92
Kamali, Norma 195
Karmal, Babrak 13
Kawakubo, Rei 201
Keays, Sara 108
Keller, Marthe 133
Kelly, Petra 37, 51, 218
Kennedy, John F. 89
Kinnock, Glenys 109
Kinnock, Neil 109
Khamenei, Ali 123
Khomeini, Ajatollah 123
Kleist, Friedrich von 91
Köster, Peter 76
Koestler, Arthur 91
Kohl, Hannelore 37, 212
Kohl, Helmut 36 f., 48, 50 f., 83, 96, 126, 212 f., 215, 285
Koschnick, Hans 221
Kossygin, Alexej 90
Kowal, Tristin 190
Kraus, H.P. 28 f.
Kühnen, Michael 30 f.
Kujau, Konrad 115
Kwizinski, Julij 251

Lambsdorff, Otto Graf 38 f., 41, 213, 215
Landgrebe, Gudrun, 70 f.
Lang, Fritz 93
Lendl, Ivan 26
LeRoy, Mervyn 93
Lewis, Carl 164 f.
Lichfield, Patrick Lord 192
Lichtenberg, Byron 238 f.
Lindenberg, Udo 48, 51
Liszt, Franz 132
Löwenthal, Richard 220
Looklear, Heather 67
Lubitsch, Ernst 90
Luder, Italo 16
Luther, Martin 135

Maderna, Bruno 91
Maillol, Aristide 158
Maktoum, Rashid bin Said al 260
Mandely, Robert 112
Mann, Thomas 132
Marcos, Ferdinand 224 f.
Marcos, Imelda 225
Martin, Pamela Sue 67
Massoud, Ahmed Shah 13
Mauroy, Pierre 82
McDonald, Larry 137
McEnroe, John 26
Mende, Erich 216
Merbold, Ulf 238 f.
Milhaud, Darius 91
Mille, Cecil B. de 90
Miró, Joan 93
Mitterrand, François 81 ff., 96
Mohamed, Eric 173
Mondale, Walter 273
Montana, Claude 198
Monteverdi, Claudio 91
Moulin, Jean 149
Müller, Otto 89
Murnau, Friedrich Wilhelm 93
Musgrave, Story 241

Nakasone, Yasuhiro 96, 128 f.
Nannen, Henri 88 f.
Nemitz, Manfred 39
Newton, Helmut 284
Nin, Anais 284
Niven, Sir David 93
Noah, Yannick 26

Ode, Erik 93
Olivier, Sir Laurence 133
Ollenhauer, Erich 88
Owens, Jesse 164 f.

Paisley, Ian 112
Palmer, Tony 132 f.
Paringaux, Bernard 94
Parker, Charlie 90
Parker, Robert 238
Parkinson, Anne 108
Parkinson, Cecil 108 f.
Payne, Keith 202
Pearson, Robert 211
Pechstein, Max 89
Perón, Isabelita 16
Perón, Juan 16
Peterson, Donald 241
Picasso, Pablo 89, 93
Podgorny, Nikolaj W. 90
Pollack, Ben 92
Poole Wilson, Nicholas 29
Prokofieff, Sergej 93

Rainier, Fürst von Monaco 59, 193
Ramsaur, Ken 186 f.
Rau, Johannes 89, 221
Reagan, Nancy 276 f.
Reagan, Ronald 50, 83, 96, 101 f., 104, 111, 128, 131, 137, 145, 168, 175, 202 f., 251, 273 f., 276 f.
Redgrave, Vanessa 133
Reiling, Isidor 91
Renoir, Jean 93
Richardson, Sir Ralph 133
Ride, Sally 239
Rogers, William 202 f.
Rossi, Tino 92

Sadr, Musa 169
Schaljapin, Fjodor 91
Schily, Otto 219
Schmidt, Helmut 36, 51, 96, 220 f.
Scholl-Latour, Peter 115
Schwalba-Hoth, Frank 218
Schwarz-Schilling, Christian 213
Scott, Dave 264
Seebacher-Brandt, Brigitte 88, 221
Seghers, Anna 91
Shagari, Shehu 208
Shamir, Yitzhak 126 f.
Shaw, Brewster 238
Simpson, Chester 243
Sinatra, Frank 92
Singh, Arjun 118
Smith, Calvin 165
Solti, Sir Georg 132
Stallone, Sylvester 158
Stewart, James 90
Stoiber, Edmund 215
Stoph, Willi 48
Strauß, Franz Josef 36 f., 48, 50 f., 84, 215
Strawinsky, Igor 91, 93
Streibl, Max 215
Swanson, Gloria 90

Tanaka, Kakuei 128 f.
Tandler, Gerold 215
Tell, Wilhelm 34
Tellez, Tom 165
Thatcher, Margaret 83, 96, 108 f., 112
Theodorakis, Mikis 82
Thomas, Clayton 79
Thorn, Gaston 96
Todd, Michael 93
Tracy, Spencer 90 f.
Trampert, Rainer 219
Trevor-Roper, Sir Hugh 114
Trio (Popgruppe) 233
Trudeau, Pierre 96
Tunney, Gene 91

Uhlmann, Friedrich-August 255
Uhlmann, Otto 255
Uhlmann, Werner 255
Uyl, Joop den 150

Ver, Fabian 224 f.
Verdier, Yves 172
Verhoeven, Michael 285
Verne, Jules 93
Vogel, Hans-Jochen 36 f., 51, 220 f., 251
Vuillamy, Jean-Marie 160, 162

Wagner, Eva 133
Wagner, Richard, 132 f.
Walesa, Lech 228, 231
Watson, Ian 210
Watt, James 277
Weber, Gerhard 76
Wehner, Herbert 221
Weichmann, Herbert 92
Weinberger, Caspar 202
Weisweiler, Hennes 92
Weizsäcker, Richard von 51
Welles, Orson 93
West, Rebecca 90
Widmark, Richard 66
Wilder, Billy 90
Willard, Jess 91
Williams, Tennessee 91
Windelen, Heinrich 51
Wörner, Manfred 213

Xander, Paul 46

Young, John 238

Zieher, Bernd 76
Zimmermann, Friedrich 18 ff., 86, 215, 221, 285
Zinnemann, Fred 93